本书获吉林财经大学出版基金资助

2021 年度国家社会科学基金一般项目（21BZW100）
"宋季厓山海上行朝的文献整理及文学抒写研究"阶段性成果

亡宋流人
家铉翁研究

闫雪莹 著

社会科学文献出版社
SOCIAL SCIENCES ACADEMIC PRESS (CHINA)

家铉翁：亡宋士大夫群体中的"小人物"
（代序）

  明代以后，朝代的兴亡与政权的鼎革成了一个更为沉重的历史话题。反观宋元易代，不仅因为那个时代有民族兴亡，有志士悲歌，还因为那个时代成了后世无数种叙事关注的载体，乃至挖掘出了无数种可供言说的话题，于是成千上万的小人物也在历史的追述中跃然而出，熠熠生辉。所谓小人物，不仅因为他们是普通的血肉之躯，也因为他们一度被历史遮蔽，而立足于当时的历史，有的人又实在不能算小人物，如本书所关注的主人公家铉翁。发掘历史，还原其貌，家铉翁实际上是一位顶天立地的"大人物"。他受命于南宋王朝的危难之际，以祈请使身份被迫北行；他未能以身殉节，但也没有迫于势变而出仕元朝，困守绝境十九年；最后以八十高龄获特赦南归，实现了一个小人物回归故土的人生愿景。这一切，似不及其友人文天祥壮烈，然其志节、人格以及寄寓其中的文学追求、忠义价值等并不在文天祥之下，家铉翁可以说是一位活着的文天祥。对这样一位有着特殊意义的节烈之士给予关注，并挖掘其影响及人文价值，是闫雪莹博士《亡宋流人家铉翁研究》的研究目的所在。

  本书是关于宋末元初时期文人家铉翁研究的第一部专著，灵感来自闫雪莹的博士学位论文（后以《亡宋北解流人作家群体研究》为名出版，中国社会科学出版社 2018 年 11 月出版），是她亡宋流人文学研究的又一部专著。关于家铉翁，正如作者所言："虽有《春秋》学著述，但不以学术彰显；虽有《则堂集》文集，但亦不以文学而闻名。家铉翁之所以名垂青史，是因为他在宋元易代之际非凡的表现、高尚的气节和执着的追求。"

（《导言》）也因为如此，本书主要从其被蒙古人押解至北方的遭际、心态和文学创作入手，从其作为"流人"的身份切入，发现并凸显其作为普通人的一生及其精彩之处，具体展开为三点：

一、忠贞不屈的志节，重在家铉翁的坚守以及其忠贞爱国的独特之处。文天祥之忠节带有一种英雄情结和道义的自我磨砺，具有史诗般的意义；谢枋得的忠义带有一种文人的自赏与激扬，亦足以永载史册。相比之下，家铉翁对节义道德的追求出于一般的道德选择，近于日常，表现自然。孤忠尽节的高尚人格、羁北十九年的困苦寂寞，皆无造作与渲染而成，这是家铉翁足以青史留名的原因。

二、情真意切的文学，重在家铉翁处于圈禁之下不便于倾吐的悲愤和审美表达。由于特殊的家国命运和不事二主的人生选择，他的创作如《寄江南故人》《和归去来辞（并序）》多抒发思念故乡的情感，寄寓亡国之恨、黍离之悲。其文章风格舒缓委婉，情真意切，又大气磅礴，《品堂记》《志堂说》等颇有苏轼遗风。其创作风格与其沉稳而平和的个性、深邃而坚韧的思想以及忠义之风骨有着非常密切的关系。

三、托古言志的学术，重在家铉翁的学问赅博，以及独特的关注对象、阐发要点。其《春秋》学以尊王攘夷、复仇大义、君王自振为主要内容，深寓宋朝覆亡的家国之恨。尤其是，以阐发《春秋》大义影响身边士子，以借杯浇臆的方式述说亡国之臣的志节坚守。《春秋》学，既是他的人生理念，也是其生命存在的一种方式。

以上论述，不乏文学阐释、历史分析诸方面的精到之处，有关实证研究的内容则更令人叹赏，体现了作者出自文献学专业的良好素养，以及对于相关研究的纠谬正论之功。略举数例，以为说明。一是考证了家铉翁之父家丙仲与家大酉的关系。作者据魏了翁《太令人程氏墓志铭》、牟巘《黄提干行状》二文，考出家铉翁的父亲是家大酉的三弟家丙仲，由于丙仲夫妇早逝，所以家铉翁由伯父家大酉抚养成人，从而否定了元代龚璛《〈春秋详说〉跋》认为家大酉是家铉翁之祖的说法。二是厘清了家铉翁父子与牟子才、牟巘父子的关系。家铉翁得到郡望先贤、礼部尚书牟子才的举荐而出任常州太守，与其子牟巘也有密切接交，家铉翁曾举荐牟家的私塾先生黄济叔入仕，并考证出黄济叔也是家铉翁之父所敬重之人。三是确证了家铉翁举荐陈著出任扬州通判的职位及时间。作者根据陈著与家铉翁书信四通，考出南宋咸淳七年（1271），时任浙东提刑的家铉翁荐举嵊县令陈著升任扬州通判。二人年龄、寿考相近，虽俱非以文学见称，但皆以品行耿介、广有人望见著，于此足可以见出作者立足于文献的意识，以及借助于文献发现所进行的史实还原的努力。

家铉翁圈禁流放北方十九年，很多生活细节鲜为人知，而从生活史的角度呈现这位血肉丰满的志士形象，是作者努力的目标之一。她有意识地借助文献发掘进行历史还原研究，让后人了解和理解了家铉翁这段重要的人生历程发生了什么。可以看出，闫雪莹不仅从《则堂集》仅存的序、跋、说、记等文章中，努力爬梳出诸多有关家铉翁的生活细节，揭示出家铉翁与当地人广为交往、开馆教学、青衿为伴的日常生活状态，还借助其他文献的发现、补充、丰富，最大程度地进行还原、深化、细化了他的生活实际和心态。有些文献的使用是颇具意味的，如由陶宗仪《南村辍耕录》所载"奚奴温酒"故事，推测出家铉翁的身边有一位体贴而擅长温酒的女子相伴。家铉翁在杭州时，曾得一位"能温酒"之妾，宋亡后携至北方，直到南归，始终伴其左右，直至离世。可以想见，在漫长的羁北岁月里，家有娴静体贴的"奚娘子"为伴，家铉翁痛苦绝望、深度寂寞的圈禁岁月中一定不缺少慰藉，而这不仅是他的日常生活，也是他进行文学创作的灵感来源所在。

闫雪莹是我在黑龙江大学中国语言文学博士后流动站的合作者，该书是她在2016年出站报告基础上修订完成的。做事认真，倾心学术，肯于钻研，向来是我对她的深刻印象。为了更好地完成出站报告，她阅读大量文献，比较圆满地完成了对历史人物家铉翁的研究，书后所附有关资料的搜集、整理，足以说明这一点。附录一所提供的《家铉翁研究资料汇辑》，哀辑了宋、元、明、清四朝有关家铉翁的史传、方志、诗文、诗文评、序跋书目等五大类文献，亦有功于后续研究。附录二《家铉翁〈则堂集〉集外佚文》，则搜罗了《则堂集》集外佚文6篇，隐佚诗2首，佚诗1首，存目佚诗4首，存目佚文1篇，考证《则堂集》误收诗3首，体现出家铉翁研究资料汇辑与《则堂集》辑佚方面的巨大贡献。为了增加对家铉翁生活的感性认识，闫雪莹还曾专程考察了家铉翁的故里——四川省眉山市东坡区崇礼镇玄翁村，探访家铉翁的故居遗址，游历了《则堂集》中提及的山川，为理解家铉翁、认识家铉翁、探索家铉翁增添了一份情感和心灵上的深层体验。也因为如此，她对历史背景和社会环境均有较为准确的把握，对大小历史事件俱有清晰的描述及较为合适的分析总结。《亡宋流人家铉翁研究》虽是一部宋末元初流人作家的个案研究，但体现出对宋末元初历史深入探赜的努力，表现出较好的学术理念和较强的研究功力。希望闫雪莹珍视这一研究过程的历练和收获，精进于学，收获更多。

杜桂萍

2022 年 11 月 26 日于北京

目　录

导　言

家铉翁是宋亡之际被推到历史前排的亡宋作家之一，也是因拒仕元朝而被流放的流人作家。《宋史》有传。[①] 他属于南宋时期非常典型的集官员、学者、作家于一身的士人精英。家铉翁虽有《春秋》学著述，但不以学术彰显；虽有《则堂集》文集，但亦不以文学而闻名。家铉翁之所以名垂青史，是因为他在宋元易代之际非凡的表现、高尚的气节和执着的追求。

家铉翁（1213～1298?），号则堂，世居眉州。德祐二年（1276）正月十九日，即南宋投降前不久，他与文天祥同时受命于危难，被委以签书枢密院事。宋廷颁布降诏，朝廷重臣皆签字同意投降，唯他拒绝签署降表。文天祥出使元营闻其事，感佩而赋《则堂二首》。德祐二年二月，家铉翁作为五名祈请使之一，被元朝押解大都。三月，他闻知宋恭帝、全太后等宋宫室、朝臣、太学生等三千余人被押往大都，宋彻底灭亡，悲痛欲绝，不食饮数日。待宋恭帝等抵达大都，家铉翁率众使迎迓，跪伏在地，痛责奉使无状，未能完成祈请使祈求元朝保留"宋"名号的使命。元人感其忠心，敬其志节，欲尊以高官，他义不二君，拒绝接受元朝官职，因此被圈禁于河间，遂开馆授学，以《春秋》教授弟子。至元三十一年（1294），元成宗即位，感佩家铉翁高尚的志节，特放归蜀。他时年已逾八十，羁縻北方长达十九载。

羁縻北方的十九年是家铉翁一生中最为漫长也极其特殊的岁月。他积淀了大半生的才华、思想都在这段艰辛的岁月里成熟释放，升华为历史的永恒印迹，留给后世以启迪和思考。家铉翁著述现存《则堂集》六卷、

① （元）脱脱等：《宋史》卷 421《家铉翁传》，中华书局，1977，第 12598～12599 页。

《春秋集传详说》三十卷，二著几乎全部完成于羁北时期。这为后世研究者提供了最好的原始文本。

综观家铉翁的文学创作和著述，若把他放在整个宋代文学史中，他确实不那么引人注目；但是，他因深受理学影响而深蕴的思想光芒，他由沉着冷静的内在品性而彰显的孤忠大义，他为南宋一朝之终结所坚守的人生选择，使他无论在当时，还是后世，都称得上是一位志行卓著的爱国士大夫、一位亡国之臣的典范。在中国历史上，尤其是易代之际的转折点上，家铉翁的存在确实具有重要价值和深远的意义。

一 研究缘起及选题意义

家铉翁所处的时代，正是南宋走向衰落、元朝建立统一中国的特殊历史阶段。由于元朝是蒙古所建，由少数民族政权统治汉人，使那些持有华夷之辨、具有民族气节的士人难以接受。因此，在南宋灭亡后，南宋士人的一个最突出的表现就是不仕新朝，隐居著述、授徒讲学、结社赋诗、唱游山林，由此涌现出一大批有气节、有才学的文学家，宋元之际成为中国历史第一次大规模的遗民高峰。

南宋遗民作家数量众多，明清两朝就已有学者关注这一现象。在现存著述中，明代程敏政（1445～约1499）有《宋遗民录》十五卷（知不足斋丛书本），该书首列王炎午、谢翱、唐珏三人事迹及遗文，在卷七以后，录张毅父、方凤、吴思齐、龚开、汪元量、梁栋、郑思肖、林景熙等八人，所录共十一位遗民，被后世所推崇。此后，生逢明清易代之时的朱明德在《宋遗民录》的基础上，采辑旧闻，辑成《广宋遗民录》，增录至四百余人，著名思想家、学者顾炎武为之作序。

南宋遗民创作出现高峰，表现遗民情结的诗、词、文作品数量十分可观，质量上乘，打破了南宋末年江湖诗派占据诗坛的格局，一扫中小作家群体境界狭小、内容局促的面貌，呈现"国家不幸诗家幸"的景象，被认为"宋之亡也，其诗称盛。……古今之诗莫变于此时，亦莫盛于此时"。① 宋遗民的创作确实是宋代文学史也是中国文学史上一个值得注意的现象。

---

① （清）钱谦益著，（清）钱曾笺注，钱仲联标校《牧斋有学集》卷18，上海古籍出版社，1996，第800～801页。

　　遗民之称谓，首重气节，宋遗民正因凛凛浩然之气节而震誉文学、史学等领域，成为后世崇尚的典范。清初受业于黄宗羲的浙东史学家邵廷采（1648～1711）著有《宋遗民所知传》，书中有云："是人也，不求名而名不可磨灭焉，所恃者人心，非必其天道也。两汉而下，忠义之士至南宋之季盛矣。"① 宋遗民在波诡云谲、风声鹤唳的特殊历史时空里倾洒满腔幽愤之血泪，抒写惊天地泣鬼神之华章，因此被赋予"忠义之士"的美名。这是对遗民在追求完善自身人格方面的高度肯定。

　　宋末除了出现大规模的遗民外，还由于元朝统治者将亡宋宫室、朝臣、太学生等集体押解到大都、上都，进而出现了大量的流人。对于亡宋流人的数量，笔者曾根据《宋史》《元史》《平宋录》《昭忠录》以及地方志等史料文献，按照时间顺序，梳理出四个流人群体："其一，在元朝的迫使下北上大都纳降，于德祐二年二月初九出发的祈请使群体；其二，南宋灭亡后由元朝丞相伯颜押解，于德祐二年三月北上的宫室群体；其三，崖山败亡后，南宋海上行朝（包括文天祥督府）被元军统帅张弘范押解，于元至元十六年（1279）北上的崖山群体；其四，元初向江南求贤，坚辞元朝征聘而被强行押解大都的拒聘群体。"② 这四个群体的流人数量极其可观。其中祈请使群体中，祈请使5人，祈请使团有姓名、官任者15人，随行人从240人，抬扛礼物将兵3000余人③；宫室群体3000余人，《宋季三朝政要》卷5载："宋少帝、全太后出宫，太皇太后以疾留大内，隆国夫人黄氏、朱美人、王夫人以下百余人从行，福王与芮，参政谢堂、高应松，驸马都尉杨镇，台谏阮登炳、邹琥、陈秀伯，知临安府翁仲德等以下数千人，太学、宗学生数百人，皆在遣中。"④ 崖山海战有十余万将士蹈海殉国，其他海上行朝的后宫及文武之臣数量未知，但其中有此前被俘的文天祥，与蹈海未成的行朝礼部侍郎邓光荐同被元朝押解北上。拒聘群体则是元朝在统一全国后，访求江南贤才，谢枋得、宗必经因拒绝元朝征聘而被押解大都，前者绝食殉国，后者系狱三年而归。

① （清）邵廷采：《思复堂文集》卷3《宋遗民所知传》，台北华世出版社，1977年影印光绪十九年会稽徐友兰铸学斋刊本，第398页。
② 闫雪莹：《亡宋北解流人作家群体研究》，中国社会科学出版社，2018，第24页。
③ 闫雪莹：《亡宋祈请使群体及创作考论》，《古籍整理研究学刊》2013年第6期。
④ （元）佚名撰，王瑞来笺证《宋季三朝政要笺证》，中华书局，2010，第437页。

由此可见，比之南宋遗民，亡宋流人群体也是极为特殊的群体。与南宋遗民不同的是，亡宋流人具有鲜明的特征：其一是身份复杂，有帝王后妃、皇亲国戚、朝臣政要、太学生、普通士兵，等等。其二是表现各异，不以气节论。除了文天祥、家铉翁、谢枋得等极少数坚守气节而誓不事元以外，包括宋恭帝、全太后等在内的大多数人都屈辱地投降了元朝，被流放、圈禁，还有的接受了元朝的任职，甚至在押解途中就被委以官衔，还有的担任学官教授，还有的客死北方。其三是远离江南，直面元朝统治者，无以逃避。亡宋流人与南宋遗民最大的区别是他们离开了江南故国，自然环境、社会环境发生了极大的变化，人生境遇出现巨大转折，级别越高的宋人则越会被元人所注意，就越会成为被胁迫和监控的对象。

尽管这些宋人在入元后情况如此复杂多样，庞大的亡宋流人群体也很快地湮没在元朝的统治之中，但仍有一部分宋人在威逼利诱的新朝统治者面前，以坚强的信念、不屈的精神保持了气节、臣节，成为南宋尊严的最后守护者。

本书所论述之家铉翁既是一位独善其身、不仕新朝的南宋遗民，又是一位少有的大义凛然、保有民族气节的亡宋流人。而纵观家铉翁被圈禁北方长达十九载的经历，我们以"亡宋流人"界定身份，更符合其特点。

（一）研究缘起

近年来，笔者一直关注宋元之际的历史、文学及相关文献。在梳理"亡宋北解流人群体"的祈请使群体时，注意到了这位成长于巴蜀，与苏东坡同为四川眉山人的士大夫家铉翁。与宋代士大夫一样，家铉翁亦属集官员、学者、文人三重身份于一身的精英阶层。翻检其文集《则堂集》，则文笔稳健、温婉生动，那种深沉隐忍、随处可捕捉的思乡念国情怀，很快打动笔者，直憾人心。一位耄耋老者、亡国士大夫独居于凄苦之地，坚忍地等待赦免归乡的诏令，这一形象浮现在眼前。

不可否认的是，文天祥与家铉翁的交往及赠诗，增强了笔者研究家铉翁的信心。文天祥在宋亡后两次被元朝押解北方的经历中，都有家铉翁的身影。宋德祐二年二月，赴元营谈判而被扣留的文天祥，与被任命为祈请使的家铉翁等人一并被押解大都，文天祥因得家铉翁"死伤勇，祈而不许，死未为晚"（文天祥《使北序》）的劝解而没有在当时以死殉国，后来虎口逃脱南下抗元。元至元十五年（1278），文天祥被张弘范押解大都，途中特意去家铉翁的圈禁地河间看望了他，赋诗多首，均被收进文天祥的《指南录》《指南后录》《集杜诗》中。文天祥以自己的所闻所见，以动情之笔、诗史之法，抒写了家铉翁非同凡俗的精神境界。

家铉翁远超凡俗的人格理想使笔者心生崇敬，由此对家铉翁产生了强烈的研究意愿。2014 年 4 月，笔者曾专程赴家铉翁的故乡四川眉山进行考察，在眉山市方志办工作人员的指引下，探访了家铉翁的故里，即以家铉翁的名字命名的村庄——眉山市东坡区崇礼镇玄翁村，并在当地老乡的帮助下，找到了家铉翁的故居。笔者还登临了家铉翁《则堂集》中反复吟咏的峨眉山，切身体会到其笔下描绘的峨眉山"崔嵬万寻"的巍峨壮观，欣赏到峨眉山之雪"皓爽高洁"的圣洁之美①，感受到其诗文所蕴含的故国之情、归洁之意。

著名学者傅道彬先生曾说过："感动天文学家的是满天星斗，感动哲学家的是世界的神秘，感动历史学家的是人类的故事……真正的研究往往是从感动开始的。"②正是发自心底的崇敬和感动，使笔者有了探索家铉翁这样一位特殊历史人物的愿望。期冀通过探索和挖掘，增进后世对家铉翁的了解，丰富宋代文学作家的个案研究，也期望通过本书对亡宋流人的论述，使学界对探寻南宋遗民文学、亡宋流人文学有进一步的认识。

（二）研究意义

家铉翁南宋遗民和流人的双重身份，使该研究增添了多维的视角和探索空间。下面从人格、创作及学术三个方面阐释这一选题的价值和意义。

1. 人格方面

家铉翁是中国历史上以人格精神彪炳史册的作家，我们探讨其人格追求及形成问题，能够打破以往仅从文学作品到文学研究的局限。中国历史上，在以暴力变更政权特别是少数民族以强力夺取政权时期，家铉翁是个案，他在人格追求、生存方式等诸多方面都具有典型意义，对于认识特定

---

① （宋）家铉翁：《雪庵记》，载刘琳、曾枣庄主编《全宋文》卷 8069，上海辞书出版社、安徽教育出版社，2006，第 145 页。

② 傅道彬：《晚唐钟声：中国文化的精神原型》，东方出版社，1996，第 394 页。

历史时期的这种类型有较大价值。

(1) 作为遗民：民族精神，激励后世

所谓"遗民"，原是指遭"亡国"之劫后残留下来的百姓，是中国历史上的一个特殊现象。《左传》闵公二年中就有"卫之遗民"的说法，特指改朝换代之时，以气节自励，不事新朝，与新朝采取不合作态度的官吏或知识分子。尤其在少数民族入主中原的朝代，这种情绪更加强烈，遗民数量也就更多。

在中国历史上，作为易代之际的遗民，以宋遗民和明遗民的影响最大，他们不但成就卓著，更以气节名垂千古。那么，对遗民问题研究的意义何在？

笔者认为研究遗民的生平及创作等相关问题，旨在弘扬民族精神。

宋元之易代是少数民族政权取代汉族政权的巨大社会变革，对士人的心灵造成了天崩地裂般的震撼。很长一段时间，夷夏观念在士人心中形成了文化自我中心主义。外敌入侵、国家沦亡的巨大灾难在士人心中引发强烈的心理激变。江山易主之时，相对于那些"改行于中道，失身于暮年"的换骨变节之士，遗民讲究忠臣不事二主，恪守人格气节，遗民身上可歌可泣的事迹为后世所膜拜、效仿，给后世节义之士以对抗新朝的勇气和力量。

家铉翁所代表的南宋遗民正是以自己的方式对抗元朝统治，表达对传统文化的信仰，对民族精神的弘扬。虽然个体的力量有限，但大浪淘沙，历经千年而不朽，成为坚守气节的崇高代表，其事迹和形象对于荡涤社会污浊之气，激发爱国精神，具有非常积极的意义。

同时，南宋遗民作为宋代的一个重要的作家群体，还存在很大研究空间。其一是南宋遗民作家数量多，顾炎武在为朱明德著《广宋遗民录》所作的序中谈到南宋遗民有四百余人①；其二是遗民作家创作数量多，特点突出；其三是遗民文学有很大挖掘空间，除明代程敏政《宋遗民录》所著录的王炎午、郑思肖、邓光荐等作家外，还有作家如牟巘、孙潼发、方逢辰、卫宗武等诸多遗民。他们形象鲜明，著述宏富，影响较大，看似是同

---

① （清）顾炎武："朱君乃采辑旧闻，得程克勤所为《宋遗民录》而广之，至四百余人。"载顾炎武《亭林诗文集》卷2，《四部丛刊》景清康熙本。

类型作家，但在很多方面又有极大的个体差异，是宋元易代之际丰富而生动的存在，应引起学界的关注。

（2）作为流人：遭逢困厄，志节尤坚

"流人"一词，来源已久，早在先秦就已产生。《庄子·杂篇·徐无鬼》云："子不闻夫越之流人乎？去国数日，见其所知而喜。"成玄英疏云："流人：流放之人。"① 而"流放"一词最晚产生于汉代，《汉书》中曾多次出现，如卷98《元后传》载王凤（？～前22）上书乞骸骨："陛下以皇太后故不忍诛废，臣犹自知当远流放。"② 又卷26《天文志》载，汉哀帝建平二年（前5）"八月丁巳，悉复蠲除之，贺良及党与皆伏诛流放"。③ 流放，有驱逐罪犯到边远地区的刑罚之义，而其中"罪犯"的含义，是相对统治阶层的立场及利益来讲的。学者李兴盛认为："流人，就是指作为阶级专政的对象及统治阶级掠夺财富或守边戍边的需要，而被强制迁徙到边远之地予以管制、服役或戍边实边的一种客籍居民。简言之，流人就是流放之人，即流放者。"④ 这是当前学界比较权威的解释。

流放之人、流放者是一个极富创造力的群体。中国历史上曾出现许多在流放期间取得惊人成就的作家，如屈原、李白、柳宗元、韩愈、苏轼、黄庭坚、文天祥、杨慎、王守仁等。当朝者的否定态度、远在异域的悲惨遭遇、与往昔生活环境的断隔，激起流放者愤懑不平的情感，使他们产生超乎寻常的创作激情，具有迥异于平常生活的创作灵感，不幸的流放经历成就了一批又一批的作家，他们在特殊时期的创作成果成为流传千古的不朽之作。

舆图换稿，万里悲辛，家铉翁的流放具有非同寻常的含义。作为元朝政治犯而遭遇流放，这种流放带有永久性的隐喻，隐含着永远离开故乡、永远不得放归。因此是否坚守志节，如何规划流放期间的生活，是摆在他面前的人生选择。他所选择的讲授、疏解《春秋》的生活方式，对后世具有特殊价值和典型意义，为我们认识特定历史时期的流人提供了参照。

---

① 陈鼓应注译《庄子今注今译》，中华书局，1983，第669、671页。
② （汉）班固撰，（唐）颜师古注《汉书》卷98，中华书局，1962，第4022页。
③ （汉）班固撰，（唐）颜师古注《汉书》卷26，第1312页。
④ 李兴盛：《中国流人史·绪论》，黑龙江人民出版社，1996，第3页。

对理想人格的追求是家铉翁的显著特征，"人格作为一个有组织、有层次的系统，包括着与心态相关的需要、理想、信念、尊严、价值取向等等，并通过主体的形象选择和行为准则表现出来"。[①] 中华民族的主流信仰、理想人格、价值观念等一脉相承，不同时代的士人面对相似的社会问题，面对类似的困苦遭际时，总会追溯前贤，寻找解决困境的精神理想和人格偶像，因此对家铉翁的研究具有一定的社会意义，在精神领域具有深远价值。

2. 创作方面

（1）丰富对南宋文学史的研究

作为南宋遗民作家，对家铉翁创作的考察，可从各方面充实宋末文学，丰富对南宋文学史的研究。

首先，为南宋遗民文学研究提供多维视野及动态考察。家铉翁的经历是复杂的，相对于大多数江南遗民没有离开故土，仍在江南这一空间范围之内，家铉翁的活动是流动性的，从南入北，由北归南，无论在时间上还是地域上，都历经了由宋入元的过程。他的文学创作从一个南宋朝官、前朝遗老的视野反映了宋元鼎革这一历史过程，为我们研究宋末文学提供了动态视角。

其次，家铉翁的创作深受南宋理学的影响，为研究理学型文学家的创作提供了宝贵资料。南宋后期对文学影响最大的外在因素就是理学的独尊与兴盛。在理学家看来，文学的价值在于载道明理，诗文以意旨雅正为美，忌雕琢而贵平淡，因此南宋后期诗文中存在一种倾向，即以儒家经典为写作材料，诗歌比兴之体成为"发圣门奥理之秘"的工具。"爱讲道理，发议论，道理往往粗浅，议论往往陈旧，也煞费笔墨去发挥申说"[②]，这种创作风气因为道学的兴盛而普遍流播。《则堂集》虽不乏思乡念国之佳篇，但诗文内容多为说经谈义理，有受到理学影响而讲究义理、风格平正畅达的特点，这为研究南宋文学与理学的关系提供了素材。

（2）丰富爱国主题文学的研究

南宋从建立到覆亡凡一百五十余年，先有女真后有蒙古，少数民族政

---

① 杜桂萍：《清初杂剧研究》，人民文学出版社，2005，第148页。
② 钱锺书：《宋诗选注·序》，人民文学出版社，1958。

权的威胁始终存在，和战争议也不曾平息，抒发爱国情感的文学作品因而成为南宋文学的重要构成部分。岳飞、陆游、辛弃疾、文天祥的创作，以及众多论政言兵的文章，千古之下读来仍感动人心。

家铉翁深沉的故国之思是其爱国思想的最好明证。《则堂集》中对于巴蜀风物、习俗的思念，对于巴蜀人物尤其是其乡贤苏轼的赞美，体现出浓厚的家国情怀。其爱国思想不但表现在诗文之中，更表现在他以生命为代价恪守君臣之道，坚持人格操守，并身体力行，以耄耋之年讲授《春秋》，将自己对故国的思念深蕴其中，将对元朝灭宋的愤懑深隐在日常解经之中。这种更高境界的爱国方式，丰富忠君爱国的表现形式，值得后世探讨。

3. 学术方面

经学是中国传统社会的主流话语，《春秋》学在济世教化方面显示出强大功力，宋代《春秋》学在《春秋》学史上更是大放异彩。家铉翁《春秋集传详说》应是其为弟子讲授《春秋》的讲义，意义已超出讲义本身。

宋代始终处于少数民族政权威胁之下，统治者重视《春秋》学，希冀以此激励士人形成尊王攘夷的思想，激发他们的抗击之志。宋代《春秋》学不但学者众多，而且名家、大家辈出，著述成果丰硕，《春秋》俨然已被阐释成整个社会的伦理教科书。文人士子以《春秋》大法砥砺士节，以《春秋》大义教育士人，影响世风。

作为南宋晚期的一位重要《春秋》学学者，家铉翁治《春秋》，一是以阐发《春秋》大义影响身边的士子为人生理念，二是为他在羁留期间找到了一种生活方式，三是成为一个亡国之臣坚守志节的一种表达形式。他认为《春秋》是经非史，蕴含"尊王""攘夷"之大义，复仇之指归，抒发了元朝亡宋的忧愤。研究家铉翁的《春秋集传详说》，对深入了解其人其事，理解宋代《春秋》学，具有重要意义。

二　后世接受与研究回顾

据已有文献资料可知，元明清的一些学者已注意到家铉翁的特殊经历对个人精神及士节世风的影响。然而目前学界对家铉翁的关注还较少，对其研究尚未深入系统展开。下面分析元明清后世对家铉翁的接受情况，梳理当代学者的相关研究成果，探寻研究空间，展望对其研究的长远目标。

（一）元明清对家铉翁的接受

家铉翁的事迹，史籍文献多有记载，如《宋史》卷421、明柯维骐《宋史新编》卷159、明钱士升《南宋书》卷62、清万斯同《宋季忠义录》卷10等。史学家多从君臣角度对家铉翁展开评价，如《宋史》云："家铉翁义不二君，足为臣轨"①；《宋史新编》赞其"义不仕元"②；《南宋书》则以"纯臣"评价："铉翁播越羁囚，隐沦草莽，要归洁其身矣。"③ 尽管国灭主辱，但家铉翁恪守人臣之义，彰显了士大夫的节操。家铉翁遭遇亡国之痛、夷夏之变，其立身行事最能引起宋遗民以及明遗民的关注，且多围绕气节、人格方面予以评说。

1. 宋明遗民对家铉翁的评价

家铉翁作为被羁北方的南宋重臣，又是唯一一位持节南归的亡宋祈请使，其经历自然是宋遗民关注的焦点；而同为遭受异族入侵的明遗民，表现出高尚人格的家铉翁成为他们的精神榜样。

（1）南宋遗民评价：名节千古

家铉翁交游广泛，宋亡之前，他与知名士人牟子才、牟巘父子，陈著以及谢枋得等均有交游；宋亡以后，他与北解流人汪元量、张观光等交往颇多；南归之后，受到林景熙、孙潼发等江南遗民的崇高礼赞。而在所有的宋遗民中，家铉翁与文天祥的交谊最深，二人曾共同被元军押解北上，在文天祥长妹懿孙身陷大都之时，家铉翁曾倾囊相助，赎出懿孙。文天祥感佩于家铉翁的忠义壮举，曾先后为家铉翁赋诗九首。④ 至元十五年（1278）文天祥被二次押解北上途中，专程前往河间，拜望家铉翁，二人"相对大哭"，文天祥慨叹家铉翁"风采非复宿昔"，而"忠贞俨然，使人望而知敬"（《家枢密铉翁第一百三十八》）。情意之深厚，由此可见一斑。另外，谢翱曾赋《怀峨眉家先生》诗，其中有"魂梦来巴峡，衣冠老代

---

① （元）脱脱等：《宋史》卷421，中华书局，1977，第12603页。
② （明）柯维骐：《宋史新编》卷159，台北新文丰出版公司，1974，第628页。
③ （明）钱士升撰，林开甲、唐子恒点校《南宋书》卷62，齐鲁社，2000，第936页。
④ 文天祥有《则堂（二首）》《使北（其五）》《思则堂先生》《怀则堂实堂》《河间（三首）》《家枢密铉翁第一百三十八》诗凡九首，载《文山先生全集》卷13《指南录》、卷14《指南后录》、卷16《集杜诗》，《四部丛刊》景明刊本。

州。平生仗忠信，心自与身仇”句赞美家铉翁历尽艰辛而恪守忠义的高尚人格。家铉翁南归时，林景熙赋《闻家则堂大参归自北寄呈》诗，有“衣冠万里风尘老，名节千年日月悬”句预言其必以坚贞志节名垂千古。

除此之外，宋遗民的后代对家铉翁亦多有关注。元初儒士张枢乃南宋太学生、北解流人张观光之子，藏有其父观光在大都时所得铉翁之赠诗。张枢的友人、号有“儒林四杰”之一的柳贯作有《跋张直夫先生所得家枢密四诗》，其中“公之是心，知有名义，而不知有死生。《春秋》之用，深切著明，固一世之伟人”，赞家铉翁重名节、忘生死，完节南归的品格；吴师道在《家则堂诗卷后题》一文中亦颂扬家铉翁“秉节守义，归洁其身”，在宋季诗文著述中，“则文天祥、谢枋得之诗章，与家公之《春秋义说》是也”，认为家铉翁是以个人的节行践履《春秋》经训的典范。

（2）明遗民的评价：振扬正气

明清易代之际，南宋遗民的志行节操普遍受到明遗民的推崇，家铉翁就是其中之一。著名遗民方文、徐枋、王夫之等慷慨悲吟，以其事迹激励士行，砥砺世风。

方文取宋末遗民六人（谢枋得、家铉翁、唐珏、郑思肖、王炎午、谢翱）而成《六声猿》，其二《家参政河间谈经》咏叹其不仕元朝的气节；另有《春日斋居杂咏》（其二）亦是咏叹河间讲学之事。被誉为“海内三遗民”之一的徐枋多次在文中提到家铉翁，其文《李侍御灌溪先生哀辞（并序）》赞家铉翁坚守节操，可称“完人”：“昔宋室既亡，故相家铉翁隐居教授，不涉世事，又十九年而逝，而史称为宋遗臣。呜呼，自昔适丁革运之会，守身异代之后，未有如此之贞确久长而不渝者。设历年更久，守身益固，年考益高，而皭然不滓，聿称完人，则其人之存亡，不更重于往哲乎？”① 其文《答宫保张大司农书（名有誉）》云：“李伯纪无救于中原之陷，家铉翁不能挽临安之亡，意者天笃生若人，又以振两间之正气，维万古之纲常，为大且重，而非所论于一国一朝之存亡乎？”② 认为家铉翁虽不能力挽狂澜，却能恪守君臣之礼，重名节，振正气。

王夫之对家铉翁亦是敬叹不已，他认为家铉翁授《春秋》乃是尊攘大

① （明）徐枋：《居易堂集》卷19，华东师范大学出版社，2009，第466页。
② （明）徐枋：《居易堂集》卷2，第29～30页。

义，立言痛切，其《殷浴日时艺序》云："家则堂南归，以《春秋》教授，则未知其所授者，以道圣人经世之意邪，其以为所授者羔雁之技邪，夫必有辨。技道合，则则堂可无河汉于叠山。何也？其登之技者，敬而乐也。敬业以尽人，乐群以因天。进乎道矣。"① 这里颂赞家铉翁以名节为重，是忠义之臣。王夫之在《读通鉴论》中说："诸子者，视家铉翁、谢枋得而尤可不死，然而毅然以名教自尽也，不尤贤乎？"②

此外，入清削发为僧的严首升在《田伯珩书来示毛君近拢有妹自军中赎归感赋》诗中，以"处士应归文氏妹"句咏叹家铉翁救赎文天祥妹的义举。莆田抗清志士郑郏在《恭谒先师黄文明公祠感赋（其二）》中感赋："敢道铉翁存教泽，徒传皋羽解歌诗。"③ 他由自己抗清失败隐居深山的经历，联想到家铉翁羁北授学的经历。

2. 元明清时期的其他评价

德祐二年，元兵入临安，南宋危在旦夕。此时，既有如文天祥起兵勤王，视死如归者，又有如宗室赵孟頫、宰相留梦炎等投降叛国，入仕元朝者。后世在提及家铉翁时，多将其放置于南宋灭亡的历史环境，在比较中彰显其人格。

（1）与文天祥相提并论

明代瞿佑《归田诗话》有《家铉翁持节》条："元兵南下，次高亭，宋朝纳降。吴坚为左相，家铉翁为参政，与贾余庆、刘岊为祈请使北行。文天祥诗云：'当代老儒居首揆，殿前陪拜率公卿。'又云：'程婴存赵真公志，赖有忠良壮此行。'前谓吴，后谓家也。至北，铉翁抗节不屈，拘留河间。世祖崩，成宗即位，始赐衣服，遣还乡里，年逾八十矣……可谓不负文山所期矣。"④ 使北之际，文天祥看到其他祈请使庸懦无能，唯家铉翁"意北主或可语，冀一见陈说"（《使北·序》），对祈请抱有一线希望，并劝阻文天祥不要急于以身殉国。这令文天祥极为敬佩，故在诗中将家铉翁比作春秋时期救孤存赵、忍辱负重的义士程婴。家铉翁后来被圈禁河

① （清）王夫之著，阳建雄校注《〈姜斋文集〉校注》，湘潭大学出版社，2013，第107～108页。

② （清）王夫之：《读通鉴论》卷18，中华书局，1975，第624页。

③ （清）陈汝咸：（康熙）《漳浦县志》卷18，民国十七年翻印本。

④ （明）瞿佑：《归田诗话》中卷，中华书局，1985，第25～26页。

间，抗节不屈，没有辜负当年文天祥对他的期望。

文天祥、谢枋得、汪元量等都是宋亡被羁押北方的南宋朝官，后世多将他们并提。如四库全书馆纂修官朱筠，曾赋《家铉翁馆》诗："宋室金书元絜臣，海滨东望失闽津。泣庭别对传经客，书帛全无得信人。死者叠文同不愧，邑中轼辙此堪亲。吊公刚过陶篱候，三复当年赐号真。"① 其中"死者叠文同不愧"："文"指文山；"叠"，指叠山，谢枋得。朱筠此诗意在说明，家铉翁虽然没有刚烈地以死殉国，但是他以老迈之身持节十九载，这种爱国的方式和崇高的气节同样令人敬佩，其精神气节与文天祥、谢枋得相比并不逊色。又如清代孙锡蕃《访黄慈云征士》诗："铉翁旧服青鞋老，元量离琴爨尾焦"，歌咏家铉翁持节河间，依旧穿着南宋旧服青鞋，不食元禄，令人敬叹。

（2）与宋季降臣作对比

宋季涌现出了一批忠义之士，也出现了一些失节降臣，最为后世所不齿的有留梦炎，昔为南宋状元宰相，后来仕元三十年至翰林学士承旨；赵孟頫以赵宋宗室之身，仕元而为翰林学士。家铉翁与他们形成鲜明对照。《宋史新编》卷159云："家铉翁义不仕元，其顾视留梦炎辈，何啻犬彘也。"② 清张时泰《御批续资治通鉴纲目》所作《广义》亦有这样的评价："君子观铉翁之高致，则赵孟頫合亦惭愧于地下矣。"③ 明代学者何乔新的评价最为透辟："若家铉翁者，可谓不负所学矣！铉翁学专《春秋》，其于君臣上下之分，道义功利之辨，讲之明而信之笃矣……所谓忠臣不事二君者，铉翁有之矣。彼梦炎、孟頫，影缨垂组，扬扬出入元之朝廷者，闻铉翁之风，其颡能无泚乎？"④

故宋左丞相吴坚虽未无耻叛国，但懦弱无为，带头投降，令后世讥讽。近代学者张元济慨叹："（坚）既跻高位，遽易初衷，稽首敌庭，偷生异域，至不克与文文山、家则堂诸子同为宋室之完臣，岂不大可哀乎！"⑤

① （清）朱筠：《笥河诗集》卷7，清嘉庆九年朱珪椒华吟舫刻本。

② （明）柯维骐：《宋史新编》卷159，第628页。

③ （明）商辂：《御批续资治通鉴纲目》卷23，《景印文渊阁四库全书》本。

④ （明）何乔新：《赐宋使者家铉翁号处士遣还乡》，《椒邱文集》卷8，《景印文渊阁四库全书》本。

⑤ 张元济：《跋张子语录》，载《张元济全集》第9卷，商务印书馆，2010，第160页。

同为朝臣、祈请使，家铉翁与吴坚亦形成鲜明对照。

总体而言，后世对家铉翁的接受主要集中在对其事迹和志节的评价上，而对家铉翁在文学、经学方面所取得的成就，还未进行深入研究。

（二）当代家铉翁的研究

当代学者对家铉翁已开展了一些研究工作，在诗文整理、生平考证、文学、经学等领域已渐次铺开，家铉翁研究的学术价值不断地呈现出来。目前共有 7 篇期刊论文、1 篇硕士学位论文和 1 篇博士学位论文对其展开专门论述，期刊论文：魏崇武的《论家铉翁的思想特征——兼论其北上传学的学术史意义》[1]、《江南遗老瀛边客——家铉翁被元朝羁縻河间的日子》[2]，笔者的《家铉翁〈则堂集〉漏佚、隐佚、误收诗文考》[3]《宋末家铉翁先祖及家人族亲考述》[4]《家铉翁羁北交游考》[5]《亡宋流人家铉翁的家国情怀》[6]，张尚英的《家铉翁〈春秋〉学述论》[7]；硕博论文：陈娟的硕士学位论文《家铉翁及其诗文研究》[8]，胡宇芳的博士学位论文《家铉翁〈春秋集传详说〉研究》[9]，笔者的博士学位论文《亡宋北解流人诗文研究》[10]中的两个章节"临危受命者的故国情怀""家铉翁在元明清的接受与传播"。下面对当代家铉翁的研究成果做一梳理。

1. 书目著录和文献整理

关于家铉翁著述的存佚情况，许肇鼎《宋代蜀人著作存佚录》最早提及：其著述今存《则堂集》六卷、《春秋集传详说》三十卷、《纲领》一卷；

---

① 魏崇武：《论家铉翁的思想特征——兼论其北上传学的学术史意义》，《西南民族大学学报》（人文社科版）2006 年第 3 期。
② 魏崇武：《江南遗老瀛边客——家铉翁被元朝羁縻河间的日子》，《文史知识》2006 年第 7 期。
③ 闫雪莹：《家铉翁〈则堂集〉漏佚、隐佚、误收诗文考》，《古籍整理研究学刊》2012 年第 2 期。
④ 闫雪莹：《宋末家铉翁先祖及家人族亲考述》，《吉林广播电视大学学报》2012 年第 11 期。
⑤ 闫雪莹：《家铉翁羁北交游考》，《文艺评论》2013 年第 12 期。
⑥ 闫雪莹：《亡宋流人家铉翁的家国情怀》，《北方论丛》2016 年第 3 期。
⑦ 张尚英：《家铉翁〈春秋〉学述论》，《儒藏论坛》第六辑，四川文艺出版社，2012。
⑧ 陈娟：《家铉翁及其诗文研究》，硕士学位论文，南京师范大学，2010。
⑨ 胡宇芳：《家铉翁〈春秋集传详说〉研究》，博士学位论文，北京大学，2010。
⑩ 闫雪莹：《亡宋北解流人诗文研究》，博士学位论文，东北师范大学，2012。

另有《说易》、《春秋叙例》（一卷）、《孝经解义》（二卷），均已佚。①

《则堂集》编刊情况不详。孔凡礼《宋代文史论丛》对其书目著录情况进行了介绍："其集，《文渊阁书目》卷九著录，谓一部六册，完全。《箓竹堂书目》卷三著录，谓六册。《国史经籍志》卷五著录，谓十六卷，明《内阁藏书目录》卷三同。《千顷堂书目》卷二十九著录，谓十八卷。知其集明末清初犹存。清修《四库全书》时，其集不见，乃自《永乐大典》辑出，编为六卷：卷一至卷四收制、记、序、说、书后、跋、箴、赞、偈、疏、祭文等各体文共八十四篇；卷五至卷六收四言诗二首、五古六首、七古三十三首、五绝一首、七绝四十六首、七律九首、词三首、骚体二首。"②

最早关注《则堂集》版本的是傅增湘先生。据《藏园群书题记》载，他"从文津阁中抄出，校以四库馆当日原编清本，凡改正一百一十八字，其卷第先后文字编数一切皆同，惟字句小有参差"。③惜其所校今未能见。四川大学古籍整理研究所编的《现存宋人别集版本目录》详细著录了《则堂集》的现存版本及馆藏情况：清乾隆翰林院抄本（四库底本），藏于北京图书馆；清道光二十八年（1848）东武刘氏嘉荫簃抄本，清刘喜海跋，藏于北京图书馆；清知白斋抄本，存卷一至卷四，藏于北京图书馆；清抄本，藏于南京图书馆；抄本，藏于上海图书馆，以及《四库全书》（抄本、影印本、缩印本）、四库全书珍本初集等；另有诗余一卷，收在《彊村丛书》。④

学界对《则堂集》的整理成果见于《全宋诗》等断代诗文总集。其中《全宋诗》（卷3343～3344）收录其诗二卷，凡68题，100余首。唐圭璋编《全宋词》（第4册）收录其词3首。此外，《全宋文》（卷8066～8072）、《全元文》（卷407～411）均收录其文，凡80余篇。关于家铉翁诗文的辑佚，傅增湘《宋代蜀文辑存》（卷94）辑补家铉翁文5篇。⑤闫雪莹有《家铉翁〈则堂集〉漏佚、隐佚、误收诗文考》一文。

关于《春秋集传详说》，目前学界尚未对其进行整理，仅有吉林文史

① 许肇鼎：《宋代蜀人著作存佚录》，巴蜀书社，1986，第380～381页。
② 孔凡礼：《宋代文史论丛》，学苑出版社，2006，第192页。
③ 傅增湘：《校钞本则堂集跋》，《藏园群书题记》卷15，上海古籍出版社，1989，第761页。
④ 四川大学古籍整理研究所编《现存宋人别集版本目录》，巴蜀书社，1990，第324～325页。
⑤ 傅增湘：《宋代蜀文辑存》，江安傅氏刊行，1943。

出版社于 2005 年以《景印文渊阁四库全书》本为底本影印出版。

2. 生平事迹研究

家铉翁的生平，由于没有年谱、行状、墓志铭等流传下来，只能通过详检其著述得以了解。

关于其生年，学界大多认为是宁宗嘉定六年（1213），依据是林景熙《闻家则堂大参归自北寄呈》诗下元代章祖程的笺注："至元三十一年甲午，召还放自便。乃归江南，时年八十有二矣。"[①] 但李兴盛认为家铉翁生年当在 1214 年，他指出，1213 年和 1214 年，二者可能在周岁或虚岁上产生差异，依据是家铉翁《心斋说》中所云"岁在癸亥（景定四年，1263），余年半百"。[②] 按，家铉翁虽自云"岁在癸亥，余年半百"，但这应是虚指，章祖程是林景熙门人，其《白石樵唱注》辞义翔实[③]，又距离家铉翁的年代较近，其说当可信。

其卒年，学界目前尚未做深入研究。据《宋史》本传载："元成宗皇帝即位，放还……又数年以寿终。"因有"数年"字样，一般认为卒于大德二年（1298）前后，家铉翁年寿在 86 岁左右。

对于其他事迹研究的有：魏崇武《江南遗老瀛边客——家铉翁被元朝羁縻河间的日子》是学界对家铉翁进行专门探讨的第一篇论文，该文从《则堂集》中的 20 余篇诗文入手，勾勒出家铉翁羁縻河间的很多生活细节。笔者的《宋末家铉翁先祖及家人族亲考述》考论了家铉翁先祖、族人、父亲及其弟的一些情况，考证得知：家铉翁之先祖自唐末迁居入蜀，宋以后就是眉州的望族，族人显达可考者 20 余人，而家铉翁是家氏族人中最有代表性的人物之一。其父在南宋理宗时曾任经筵之职，家学有传；弟祖仁勤于《易》，入元隐居不仕。另外，拙文《家铉翁羁北交游考》考证了其羁留北方期间与亡宋北解流人、乡邻弟子的交游活动，《亡宋祈请使群体及其创作考论》[④] 则从祈请使身份的角度，考述了家铉翁在宋亡之际

---

① （宋）林景熙著，陈增杰校注《林景熙诗集校注》，浙江古籍出版社，1995，第 63 页。

② 李兴盛：《中国流人史》，第 517 页。

③ （清）孙诒让《温州经籍志》卷 24 载："宜竹章处士祖程，乾隆《平阳县志·文苑传》有传……宜竹亲及霁山之门，见闻最悉。其《白石樵唱注》，疏通证明，多得霁山微旨，至于诗中本事，考核尤详。"（民国十年刻本，第 1503 页）

④ 闫雪莹：《亡宋祈请使群体及其创作考论》，《古籍整理研究学刊》2013 年第 6 期。

的行迹及节操。

3. 文学研究

现存《则堂集》是家铉翁羁北生活、抒发故国情怀的重要著述，也是研究其文学创作的珍贵文献。《则堂集》今存作品虽不多，却值得重视，正所谓文因人而重，亦如《四库全书总目》所云："零篇断简，以其人重之可也。"①

（1）选本收录情况

早在宋末元初，家铉翁的作品就被谢翱收入《天地间集》。《天地间集》现存一卷，系谢翱所录宋末故臣遗老之诗，"凡文天祥、家铉翁、文及翁、谢枋得、郑协、柴望、徐直方、何新之、王仲素、谢钥、陆鼍、何天定、王曼之、范协、吴子文、韩竹坡、林熙十七人，而诗仅二十首。考宋濂作《翱传》，称《天地间集》五卷，则此非完书，意原本已佚"。②《天地间集》所录第一首诗就是家铉翁的《寄江南故人》。值得思考的是，今存《天地间集》所录的前四位作家"家铉翁、文天祥、文及翁、谢枋得"都是宋亡被羁留北方的南宋故臣。这或可说明，在当时人们就已经注意到羁北作家与江南遗民作家在经历及创作上的不同，故在编录上有所区分。

至清代，《天地间集》作为宋人所编宋诗、宋遗民作品的重要选本而被《宋诗钞》《宋元诗会》全文甄录，家铉翁《寄江南故人》自然被收入其中。值得一提的是，《宋元诗会》后注有家铉翁小传凡 75 字③，借诗以存史。此外，《御选宋诗》和《宋诗纪事》亦有对家铉翁诗的收录：《御选宋诗》收录一首（《寄江南故人》）；《宋诗纪事》收录三首：除《寄江南故人》外，另从《洞霄诗集》辑得《寄洞霄道友清溪翁》，从《河间府志》辑得《九日登瀛台》。由此可见，家铉翁作为羁北"独得全节"的亡宋祈请使而受到清人的关注，而《寄江南故人》诗则以其浓郁的乡国之思成为家铉翁的代表作。关于这首诗，明末清初诗评家贺贻孙的《诗筏》在论及宋末诗歌时曾说："宋末诗人，当革命之际，一腔悲愤，尽泄于诗。

---

① （清）永瑢等：《四库全书总目》卷165，中华书局，1965，第1416页。

② （清）永瑢等：《四库全书总目》卷165，第1414页。

③ （清）陈焯：《宋元诗会》卷51附《天地间集》，《景印文渊阁四库全书》本。

如家铉翁《忆故人》诗云：'曾向钱塘住，闻鹃忆蜀乡。不知今夜梦，到蜀到钱塘？'情真语切，意在言外，何遽减唐人耶？"① 其认为《寄江南故人》具有唐诗气象，是宋遗民的经典之作。

另外，家铉翁有文《题中州诗集后》，《则堂集》失收，最早被收录在苏天爵所编《元文类》中。在这篇跋文中，家铉翁有感于元好问《中州集》收入被金朝扣留的南宋使者之诗作，提出了"壤地有南北，而人物无南北，道统文脉无南北"的华夏文化一统的著名观点。

（2）文学史著作的介绍

目前有两部断代文学史研究专题——方勇所著《南宋遗民诗人群体研究》②、牛海蓉所著《元初宋金遗民词人研究》③ 从遗民作家的角度对家铉翁诗词多有探讨。而李兴盛的《中国流人史》则早在 20 世纪 90 年代就从流人角度对家铉翁的生平及创作进行考察；笔者的博士学位论文《亡宋北解流人诗文研究》亦是从流人角度展开论述。

之所以强调家铉翁的流人身份，是因为宋末元初曾有大批宋人被长期羁留北方。除了家铉翁所代表的祈请使群体外，还有德祐二年被元朝丞相伯颜押解的宋宫室群体（包括恭帝、全太后、昭仪王清惠等三宫成员，福王赵与芮、参政谢堂、驸马都尉杨镇等宗室成员，高应松、汪元量等官员，以及太学生，加之随行人员等数千人），崖山群体（崖山败亡后的南宋海上行朝，包括文天祥督府），以及元初坚辞元朝征聘而被强行押解大都的拒聘者，如谢枋得等。他们虽被分批押解，但在北方，彼此的生活产生了交集。如汪元量南还时，诸多羁北宋人前来饯行，家铉翁即其中之一，元遁贤《读汪水云诗集》载："（水云）南归时，幼主瀛国公，福王平原郡公赵与芮，驸马右丞杨镇，故相吴坚、留梦炎，参政家铉翁、文及翁，提刑陈杰，青阳梦炎，与宫人王昭仪清惠以下廿有九人，分韵赋诗，以饯其行。"④ 这说明宋末元初在北方羁留着一大批不仕元朝的亡宋流人，他们的存在使南宋遗民在地域上不局限于江南，还包括以大都为中心的亡

---

① 郭绍虞、富寿荪编《清诗话续编》（上），上海古籍出版社，1983，第 195 页。

② 方勇：《南宋遗民诗人群体研究》，人民出版社，2000。

③ 牛海蓉：《元初宋金遗民词人研究》，中国社会科学出版社，2007。

④ （元）遁贤：《读汪水云诗集》，载《水云集》（附录上），《景印文渊阁四库全书》本。

宋流人活动的区域。

（3）其他著作及论文

较早关注家铉翁文学创作的是祝尚书，他在著作《宋代巴蜀文学通论》中有"俯仰无愧的家铉翁"一章，指出"《则堂集》中大量的是堂室寺阁等记，以及序、说、书后之类，内容则多为说经谈义理……有诗两卷，许多为题画、赏花及其他日常生活题材，最多不过思乡而已。旧伤一旦触及，他痛苦的泪水就会潸然而下"①，抓住了家铉翁创作说经谈理、思乡怀国的特点。陈娟《家铉翁及其诗文研究》将家铉翁的诗歌概括为"风格多样（平正质朴、沉郁悲凉、清新自然、想象奇妙），善用典故"两个特点，认为其诗歌的不足之处表现在题材内容上，论经说理、酬宾赠友类诗歌占了很大部分，反映社会生活的作品太少。

家铉翁之文，学界亦有所关注。笔者的《亡宋流人家铉翁的家国情怀》是专门论述家铉翁文学创作的文章，认为其诗文"以抒发故乡之思、故国之念和坚守之志而深切动人，从中体现出深厚的家国情怀。其诗文多以乡国之思蕴含黍离之悲，以前朝遗民流寓之身、亡国之恨不便于直接表达之故也"。②傅德岷《论宋元之际的"三翁"的散文》认为其文"尚理善议"，"充满爱国情怀，托物言志，抒怀表节"。③另外，从地域特点来看，家铉翁的创作濡染苏轼遗风。祝尚书以《云斋记》为例，论述了家铉翁文继承苏轼笔法，"颇有些苏氏纵横辩驳之风；陈娟亦认为其"文辞端谨质朴，却善于议论，明辩博发，有苏轼遗风"。这一点与《四库全书总目》"铉翁隶籍眉山，与苏轼为里人。故集中如文《品堂记》《养志堂记》《志堂说》《笃信斋说》《跋太白赏月图》《和归去来词》诸篇及《豌豆菜》诗，自注间或称述轼事迹"④的认识相一致。

家铉翁的创作成就虽不够突出，但"词意真朴，文不掩质，亦异乎南宋末年纤诡繁碎之格，尚为多有可取耳"。与文天祥、林景熙、谢枋得等很多南宋遗民作家一样，家铉翁亦以重气节而流芳千古。其文学创作在内

①　祝尚书：《宋代巴蜀文学通论》，巴蜀书社，2005，第499~506页。
②　闫雪莹：《亡宋流人家铉翁的家国情怀》，《北方论丛》2016年第3期。
③　傅德岷：《论宋元之际的"三翁"的散文》，《西南民族学院学报》（哲学社会科学版）2002年第11期。
④　（清）永瑢等：《四库全书总目》卷165，第1416页。

容和艺术形式上或有所欠缺，却能表现出真挚情性和凛然风骨，加之特殊时代背景和个人遭际、才情等因素，亦能自成格局，正如王水照、熊海英所云："志士遗民之诗以气节精神胜，不能全以工拙论。"①

家铉翁深受南宋理学的影响，列入"象山学案"②，在思想上很有特点。魏崇武有《论家铉翁的思想特征——兼论其北上传学的学术史意义》一文，认为家铉翁的学术渊源具有宗陆兼朱的特点，最早北上传播陆学，是北方学术圈和会朱陆的先驱。陈娟认为家铉翁深受儒家思想影响，却也吸收佛老思想寻求精神安慰。

4. 《春秋》学研究

宋代经学繁盛，《易》学、《春秋》学堪称显学。家铉翁家学渊源深厚，又深受宋代学术思想的影响，在经学方面颇有成就。家铉翁曾自道："平生著书苦不多，可传者见之《春秋》与《周易》"（《假馆诗》），遗憾的是，其易学著述已不可考。今存《春秋集传详说》及《纲领》是研究其《春秋》学的重要文献。

李建军的《宋代〈春秋〉学与宋型文化》是最早关注家铉翁《春秋》学的著述，其在"宋代《春秋》学的演变阶段"一节中，将家铉翁作为南宋晚期的 11 位重要学者之一加以论述，认为家氏的《春秋》学极力反对以史视《春秋》……与其说是在探讨《春秋》的言外之旨，不如说是在抒发夷狄华夏、元朝亡宋的忧愤。同时认为，家铉翁不仅通过著述阐扬《春秋》的"宏纲奥旨"，而且通过行事践履了《春秋》大义，彰显出深受《春秋》濡染的宋代士人的昭昭气节。③

胡宇芳的博士学位论文《家铉翁〈春秋集传详说〉研究》是第一篇研究专述，探讨了家铉翁对《春秋》经性质、宗旨的认识以及《春秋集传详说》的撰述方式、解经方法等问题。该文指出："家铉翁认为《春秋》是经非史，寓有孔子明王道的政治理想"，"兼采三传及其注疏，取舍前贤时修之说，既是家铉翁研治《春秋》的方法，也是《春秋集传详说》的撰述方式"。其《春秋》学思想，有"王霸、夷夏、自强、复仇的观点，对自

---

① 王水照、熊海英：《南宋文学史》，人民出版社，2009，第 322 页。
② （清）王梓材、冯云濠：《宋元学案补遗》卷 58，广陵书社，2006，第 126 页。
③ 李建军：《宋代〈春秋〉学与宋型文化》，中国社会科学出版社，2008，第 75、252 页。

强和复仇的阐述具有鲜明的时代特色"。

张尚英《家铉翁〈春秋〉学述论》则关注到宋代学术思想对家氏《春秋》学的影响，认为"家铉翁对《春秋》性质、三传、起止、义例、尊王攘夷等问题的阐发，具有宋代《春秋》学会通三传、重经世致用的典型特点。同时，由于身处宋末，他对宋代《春秋》学的一些偏颇之处作了修正；在理学盛行的背景下，他的《春秋》学打上了理学的烙印"。张尚英此文得其要旨，论述精辟。

据《宋史·家铉翁传》载，家铉翁在河间，以《春秋》教授弟子，"数为诸生谈宋故事及宋兴亡之故，或流涕太息"，可以说《春秋集传详说》是家铉翁的讲义，是他在孤苦漫长的等待中寄托家国情怀、纾解痛苦的重要方式。因此，家铉翁对《春秋》学的阐发，与时代背景和特殊经历有极为密切的关系。

（三）研究的困境与出路

从目前研究看，学界已关注到家铉翁的生平事迹、文学创作、《春秋》学成就等诸领域，但多单枪匹马，若能全面深入探讨，从多学科进行阐发，则不但能促进对家铉翁的研究，且对宋末元初的遗民作家网络及分布格局研究具有重要价值。

首先是对家铉翁的著述进行整理出版。尤其是《春秋集传详说》尚未进行整理，如对其开展深入研究，则具有一定的难度。其次是创作研究。研究其诗文创作，为理解宋末文学创作提供了新的视角，丰富了以往单纯从遗民角度进行研究的视域。再次是人格研究。家铉翁的人格特征胜于其作品本身的魅力，因此要着力探讨家铉翁的人格追求及人格形成。最后是《春秋》学研究，唯有将其《则堂集》与《春秋集传详说》结合起来，才能深刻理解家铉翁之羁北心态、学术思想与人格内涵。

作为一位以气节为当时及后世所称道的爱国士大夫，家铉翁在文学史上有比较特殊的位置，可谓自成一家。而在精神气节上，家铉翁与文天祥具有同样的历史意义。我们运用文献学的方法、文学的观念、史学的观照以及传播学的视域，多角度、深层次研究家铉翁，将其内涵充分挖掘与展示，进而达到宏观与微观的印证。

第一章　家铉翁的生存环境

家铉翁出生于宋宁宗嘉定六年（1213），约卒于元成宗大德二年（1298），一生跨越宋元两朝，历经南宋宁宗、理宗、度宗、恭帝四帝，元朝世祖、成宗二帝。南宋后期，政局日衰、国事日蹙，处于兴盛时期的蒙古军挥师南下，王朝的衰落和少数民族的入侵是南宋面临的主要问题。在文化上，经过两宋百余年的思想浸润，儒学达到顶峰，理学思想深入士大夫的精神世界，并因朝廷的重视，理学内容被纳入官学教材而逐渐确立了正统地位。文学深受理学的影响，在内容上倾向谈义说理，风格上注重思辨，诗风平稳清淡。学术上，由于两宋饱受辽、金、西夏、蒙古等周边少数民族威胁，所以代表尊王攘夷思想的《春秋》学极度繁荣，涌现出大量的《春秋》学著作，彰显民族精神和纲常大义。

家铉翁的成长深受时代环境、社会状况、学术思潮等的影响。本章概述宋末元初的政治、思想、学术以及文学等领域的情况，以此融合家铉翁的生存环境，为相关研究和论述做基础性铺垫。

第一节　宋末元初的政治

家铉翁童年时期（12 岁前）处于宁宗统治后期。

开禧北伐的失败和宋金"嘉定和议"的签订，给南宋士气以沉重打击，巨额赔款使财政坠入深渊，南宋由中兴逐渐走向衰落。而后，理宗在位四十年、度宗在位十年，至恭帝垂帘听政，南宋政治经济日趋衰落直至灭亡。

一　走向衰亡的南宋后期

任何人都不是一个孤立的个体，而是处于群体中。与同时代士人的横向比较能使我们增加对作家个案的了解。在家铉翁的同龄人中，既有著名学者、程朱理学的继承者黄震（1213～1281）①，亦有祸国殃民、恶名昭著的官员贾似道（1213～1275）②；既有与家铉翁同宗同族的兄弟——学者型官员家坤翁（1213～?）③，还有宗室赵孟頫的父亲赵与訔（1213～1265）。④由此，我们似能构建一个感性的历史时空。此外，在家铉翁前一年出生的知名人物，有南宋著名遗民、柴氏四隐之一的柴望（1212～1280）⑤，南宋忠臣、谏官陈仲微⑥；而在家铉翁后一年（1214）出生又与家铉翁约同年去

---

① （宋）黄震（1213～1281），字东发，慈溪（今属浙江）人。宝祐四年（1256）进士，调吴县尉，后擢史馆检阅，参与编修宁宗、理宗两朝《国史》《实录》。宋亡不仕，隐于宝幢山，饿死。以儒学称，学宗朱熹，排佛老。著有《古今纪要》十九卷，《戊辰修史传》一卷，《黄氏日钞》九十七卷。《宋史》卷438有传。

② （宋）贾似道（1213～1275），字师宪，号秋壑，天台（今属浙江）人，涉子。以父荫补官，以姐为贵妃获宠，官运日隆。开庆元年（1259），拜右丞相，密遣使入元军议输岁币求和，旋以功召入朝，权倾中外。咸淳三年（1267），除太师、平章军国重事。德祐元年（1275），元兵破鄂州，被迫出督师，兵溃鲁港。罢平章、都督，谪为高州团练使，循州安置，籍其家。至漳州木棉庵，为郑虎臣所杀。《宋史》卷474有传。

③ （宋）家坤翁（1213～?），号颐山，眉州（今四川眉山）人。淳祐二年知诸暨县。历司农丞，除枢密院编修官兼度支郎中。景定三年（1262）以户部郎中出知抚州。坤翁博雅有家学，尝纂《景定临川志》三十五卷，《永乐大典》卷19419存其残卷。事见弘治《抚州府志》卷17。

④ （宋）赵与訔（1213～1265），字中父，号菊坡，吴兴（今浙江湖州）人，孟頫父。淳祐十年（1250），知嘉兴府，改浙西提举，知平江府。度宗即位，除户部侍郎兼知临安府、浙西安抚使。咸淳元年，赐进士出身。事见赵孟頫《先侍郎阡表》（《松雪斋集》卷8）。

⑤ （宋）柴望（1212～1280），字仲山，号秋堂，江山（今属浙江）人。嘉熙间为太学上舍生。淳祐六年（1246）元旦日食，诏求直言，上《丙丁龟鉴》，忤时相，下临安狱，后放归田里，京师名公祖道涌金门外，赋诗为别。端宗立，以布衣入直前殿。景炎二年（1277），特旨授迪功郎，史馆国史编校。宋亡，杜门谢客。今存《秋堂集》二卷。事具《秋堂集》附里人苏幼安所撰《宋国史秋堂柴公墓志铭》。

⑥ （宋）陈仲微（1212～1283）字致广，号遂初，高安（今属江西）人。嘉熙二年（1238）进士。迁秘书监，寻拜右正言、左司谏、殿中侍御史。德祐元年（1275），除兵部侍郎，修国史。二年，随二王入广。益王即位海上，拜吏部尚书、给事中。崖山兵败，走安南。越四年卒。《宋史》卷422有传。

世的，是其好友文学家陈著。① 在南宋时，家铉翁的知名度并不是很高，直到南宋灭亡之际，他才正式登上历史的舞台。

家铉翁出生之时（1213）是宁宗执政的第十九年。宁宗体质羸弱，史称"不慧"，平庸无能、缺少主见。开禧二年（1206），宁宗下诏出师北伐，南宋将帅乏人，前线进攻连连受挫。此时四川发生吴曦叛变，南宋腹背受敌。开禧三年，掌握军政大权的韩侂胄被史弥远（1164~1233）等伪造密旨，由禁军杀害，南宋将其首级献于金国以求和。嘉定元年（1208），宋金签订《嘉定和议》，增岁币银至三十万两，绢至三十万匹，另给犒军银三百万两。《嘉定和议》的签订给南宋人民带来了沉重的经济负担。北伐失败后，南宋进入由史弥远独相的时代，宁宗如同傀儡，处处受史弥远的摆布，国家衰颓，每况愈下。

理宗朝：家铉翁十三岁至五十二岁。

理宗在位期间（1225~1264），前十年朝政由史弥远控制。理宗由史弥远扶植从一介平民走向帝位，即位之初，面对权势熏天的史弥远，渊默十年无为。史弥远死后，理宗欲有作为，经历了短暂的"端平更化"，然而朝令夕改，建树无多。理宗后期，政治风气衰颓，"今朝廷之上，百辟晏然，言论多于施行，浮文妨于实务。后族王宫之冗费，列曹坐局之常程，群工闲慢之差除，诸道非泛之申请，以至土木经营，时节宴游，神霄祈禳，大礼锡赏，藻饰治具，无异平时。至于治兵足食之方，修车备马之事，乃缺略不讲"。② 国势衰落，但王宫贵族用度不减，对于战备之事，却忽略不言。理宗嗜欲怠政，信任奸佞，丁大全（1191~1263）、贾似道等相继擅权，"窃弄威福，与相始终"。理宗年间，临安奢靡之极，"山外青山楼外楼，西湖歌舞几时休。暖风熏得游人醉，直把杭州作汴州"，这是诗人林升（字龙发，号可山）淳祐年间所作，描写当时临安实况，颇能道出统治者生活之腐败浮靡。

---

① （宋）陈著（1214~1297），字子微，号本堂，鄞县（今浙江宁波）人。宝祐四年进士。景定元年（1260），为白鹭洲书院山长。吴潜荐于朝，以不登贾似道门，授安福令。官至临安府签判，转运判，擢太学博士。咸淳十年（1274），以监察御史知台州。宋亡，隐居四明山中。今存《本堂文集》九十四卷。事见《宋史翼》卷25、清樊景瑞《宋太傅陈本堂先生传》。

② （元）脱脱等：《宋史》卷408《吴昌裔传》，第12303页。

对外关系方面，随着金朝的衰亡，南宋由与金朝的对峙逐渐演变为与蒙古的对峙。金贞祐二年（1214），金宣宗迁都汴京，北方地区沦为蒙古属地。端平元年（1234），蒙宋联合灭金。金亡后，蒙古对南宋虎视眈眈，南宋面临比金朝更加强大的威胁。同年十二月，蒙古遣使者责问宋破坏盟约出兵河南，作为进犯宋的借口。次年六月，蒙古兵分三路大举南进。七月，西路蒙古军由窝阔台次子阔端统帅入蜀。

端平三年，蒙古五十万大军攻入汉中，长驱入蜀，一月之间，成都府、利州及潼川府三路俱陷。西蜀所存，仅夔州一路，以及潼川府路所属的顺庆府（今四川南充）。宋淳祐十一年（1251），蒙哥继承汗位，不断派军向宋进扰。宝祐六年（1258），蒙哥汗自率西路蒙古军四万攻蜀，分兵三道。一路占城夺地，开庆元年（1259），进攻合州（今合川）钓鱼山，宋坚决抵抗。蒙哥汗因攻城受伤死于钓鱼山下。此时蒙古内部发生了争夺汗位的事变，领军的忽必烈欲北返。时宋右丞相贾似道遣使向忽必烈求和，愿称臣纳贡、割让长江以北土地。直到蒙古至元元年（1264），忽必烈获得汗位争夺战的胜利，其间无暇他顾，南宋政权虽摇摇欲坠，但尚能维持。

度宗朝：家铉翁五十三岁至六十二岁。

度宗执政的十年（1265～1274）是南宋走向灭亡的时期。度宗先天不足，"七岁始言"，沉湎荒乐，政权全委于贾相之手。最深重的危机迫在眉睫，财政濒于崩溃。蒙古步步紧逼，四方告急，屡丧国土。四川六十余州，到咸淳四年（1268）只存下十余州，"所谓二十余州，又皆荒残，或一州而存一县，或一县而存一乡"。[①] 咸淳四年，蒙古包围襄樊。至元八年（1271，南宋咸淳七年）忽必烈定国号为"大元"，次年建都大都（今北京）。咸淳九年襄阳失陷，南宋门户大开，失去了最有利的地理优势，国家几乎限于坐以待毙的绝境。

恭帝朝：家铉翁六十二岁至六十四岁。

咸淳十年七月，度宗去世，四岁幼子赵㬎继位，是为恭帝，由理宗皇后谢道清垂帘听政。德祐元年（1275）初，元军顺流东下，南宋江南城邑

---

① （宋）佚名：《咸淳遗事》卷7，《景印文渊阁四库全书》本。

纷纷望风而降。二月，贾似道于丁家洲（今安徽贵池北）抗击元军，元朝丞相伯颜夹江而进。宋军大败，江东及淮西诸郡相继败降。三月，元军占领建康府，南宋执政大臣束手无策，临安城内朝官争相避匿逃遁。十一月，伯颜分兵三路直奔南宋都城临安。元军长驱直入。次年正月初八日，伯颜进至皋亭山（今杭州东北），宋遣使迎降，求保留宋朝。次日，文天祥临危受命，被委以右丞相兼枢密使，入元营交涉，被元军扣留。二月初五，宋恭帝降。五月初，恭帝及生母全太后等被押至大都，恭帝被降封为瀛国公，元至元十九年（1282）被迁往上都（开平府，今内蒙古锡林郭勒盟正蓝旗东），后为僧，元至治三年（1323）卒。

二　矛盾尖锐的元朝初期

元世祖朝：家铉翁六十四岁至八十二岁。

忽必烈时代，蒙古统治集团越来越清楚地意识到土地和百姓对于国家的重要性。恢复经济和发展农业生产，成为元初的主要发展目标。自1235年窝阔台对宋用兵，至1276年伯颜入临安，南宋恭帝投降，1279年元朝彻底消灭南宋残部政权，蒙宋战争达四十多年。这使江南经济等各方面遭到严重破坏。用人方面，元人仿效金朝做法，分全国人民为四等：蒙古人，亦称"国人"；色目人，包括西域各部族，约二十族，亦称"诸国人"；汉人，即黄河流域之中国人，原受金人统治者；南人，即长江流域及其以南之中国人，为南宋所统治者。[①] 等级制度伤害了江南人民的利益，加之管理不善，对外用兵，兵役、徭役繁重，社会状况和阶级关系一直比较紧张。至元二十年，南方各地发生起义有二百余起，其中广东爆发的欧南喜、黎德起义，起义兵多达二十万人。至元二十四年，福建畲族钟明亮起义，起义人数达十万人，抗争时间长达五年。又至元二十六年，江南发生四百余起起义。虽然起义都被元政府镇压，但这些情况反映了元初存在较为激烈的社会矛盾和民族矛盾。

除此之外，江南还发生了一件令人发指的事情，那就是至元二十二

---

① 钱谦益《十驾斋养新录》卷九《赵世延杨朵儿只皆色目》云："汉人、南人之分，以宋、金边疆为断。江浙、湖广、江西三行省为南人，河南省唯江北、淮南诸路为南人。"程羽黑笺注《十驾斋养新录笺注·经史之部》，上海书店出版社，2015，第302页。

年，南宋六陵惨遭元朝江南释教总统杨琏真加的盗掘。据《元史·释老传》记载："有杨琏真加者，世祖用为江南释教总统，发掘故宋赵氏诸陵之在钱唐、绍兴者及其大臣冢墓凡一百一所。"①周密《癸辛杂识》记之更详："将宁宗、杨后、理宗、度宗四陵，盗行发掘，割破棺椁，尽取宝货，不计其数。又断理宗头，沥取水银、含珠，用船装载宝货，回至迎恩门。……将孟后、徽宗、郑后、高宗、吴后、孝宗、谢后、光宗等陵尽发掘，劫取宝货，毁弃骸骨。"②元僧的恶行激起了江南人民的极大愤慨，著名遗民唐珏、林景熙、谢翱等冒生命危险密收遗骨，葬于兰亭附近，植冬青树以作标记，作诗以纪其事。

元成宗朝：家铉翁八十二岁至八十六岁。元成宗大德二年（1298）前后，家铉翁离世。

元成宗铁穆耳（1265～1307）于忽必烈去世这一年（1294）即皇帝位，他积极实施儒家仁政，发展生产，恢复经济。同时成宗继承世祖的施政主张，重视儒教，主张"尊孔崇儒"，建立儒学教育机构，并且付诸行动，如元成宗刚刚即位就"诏中外崇奉孔子"，在他即位后的第三个月，就考虑到要重用儒士，尤其像家铉翁这样既秉持儒家思想，又坚守君臣之义的前朝遗老，"欲显擢之"③，但遭到家铉翁的拒绝。成宗尊重家铉翁的意愿，不但未治其罪，而且赐千金，放还眉山，赐号"处士"，但家铉翁皆辞不受。

第二节　宋末元初的思想

宋代是中国历史文化发展的繁荣期，不仅"华夏民族之文化，历数千载之演进，而造极于赵宋之世"④，而且在宋代，"中国的文化是世界上最光辉的"。⑤若论学术，一向以汉、宋并称；论文学，则唐、宋并举；在艺

---

①（明）宋濂等：《元史》卷202《释老传》，中华书局，1997，第4521页。

②（宋）周密撰，吴企明点校《癸辛杂识》"杨髡发陵"条，中华书局，1988，第152页。

③（明）曹学佺：《蜀中广记》卷46，《景印文渊阁四库全书》本。

④ 陈寅恪：《金明馆丛稿二编》，上海古籍出版社，1980，第245页。

⑤〔英〕杰弗里·巴勒克拉夫主编《泰晤士世界历史地图集》，生活·读书·新知三联书店，1992，第127页。

术方面，乃宋、元同列。可见，宋代文化已成为中国封建时代文化发展的高峰。

一　以理学为主的南宋后期

两宋统治者在政策上以文治国、以名利劝学，这对教育、思想和学术产生了重要影响，最明显的一个标志是新儒学即理学思想的诞生。南宋时期儒学各派互争雄长，各学派之间既互相论辩又互相补充，构筑起中国儒学发展史上的一个新阶段。

宋代尊崇理学。继先秦子学、汉唐经学之后，宋代兴起新儒学。在汉代，儒学主要以经学形式出现，但从汉末魏晋兴起特别是隋唐时期繁盛的佛教和道教，极大地冲击了以注经为特点的经学，儒学趋向衰落。儒学思想家们要想捍卫孔、孟传统，首先要反击对抗佛学。唐代中后期，韩愈在倡导古文运动的同时，力排佛家和道家，高举儒学旗帜。唐末五代以后，面对佛道之学的挑战以及社会危机不断呈现，宋代儒家学者吸收并改造释、道思想，进行内在批判，致力于儒学复兴。与此同时，宋代统治集团清楚地认识到，要想树立中央权威，必须明君臣纲纪，而明纲纪则必须修礼乐，修礼乐则必须重儒术。儒学重新兴盛的社会环境得以形成。

由此，宋代思想界崛起了一代新儒生，他们既受过正统的儒家文化的教育，饱览释、道典籍，精通佛、道哲学，与高僧道人结为契友，又不失纯儒之本色。他们以传统儒学的理论作为基本框架，对佛教、道教的思辨哲学进行深入钻研，创立了新儒学的思想体系。始于北宋周敦颐，经程颢、程颐，于南宋朱熹集大成，南宋是理学发展的鼎盛时期。宋代理学是融合了释、道思想精髓的新儒学。

理学在中国历史上占有十分重要的地位。南宋以后的历朝封建统治者尊崇理学，并作为科举取士的主要内容。南宋士人在日常的读书中，深受儒家思想的浸泽，在道德修养、人文素养方面，都有很高的理论建树，至家国覆亡之际，忠君爱国、君臣大义的观念激发了士人的内在情怀。因此，宋末多忠义死节之士，这一现象在历史上是非常突出的，"臣子慕义，相率蹈节，矢不奴异族者，皆是也。文天祥之伟烈行谊，著在当时，炳耀千古，固不待言，而门人故吏，与崖山倾覆，死忠死节之仁人志士，何其多也"。①　即是明证。理学在思想领域对中华民族性格的塑造产生了深刻影响。

两宋重视发展佛教。纵观两宋佛教与政治的关系，大致上是比较和谐融洽的。宋王朝总结了历史上灭佛与崇佛两方面的经验教训，一方面适当地扶持佛教，使它能够有助于教化；另一方面，又对佛教加以约束和限制，使其不致脱离政权的约束。宋朝统治者亲倡佛教。太祖、真宗崇佛热情很高，佛学思想广泛地渗入到文化领域。南宋后期，理宗崇奉佛教，他不仅对佛教感兴趣，理解佛教教义，而且在行动上也有不少扶持佛教的举措。理宗御书寺院匾额、为僧人赐号等事，史料多有记载，此不赘述。理宗的崇尚和倡导促进了佛教在南宋后期的兴盛。

宋代崇奉道教。两宋社会矛盾尖锐，民族矛盾尤为突出，道教的兴盛与贯穿这一时代始终的民族矛盾关系很大。宋代的经济文化比较繁荣，但其国力远弱于汉、唐，少数民族政权的侵扰严重威胁宋朝安全。为了平复心理上的不安全感，宋朝统治者乞助于道教神灵，安定民心，缓和国内阶级矛盾。宋代的帝王对道教都很崇奉，真宗、徽宗尤其以崇道著称。至南宋，统治者吸取了宋徽宗崇道亡国的教训，对道教没有特别的崇奉，施行严格的管理。但这时南宋受到金、蒙古（元）的威胁、逼迫，民族矛盾和社会矛盾都极尖锐，政治黑暗，社会动荡，人民生活陷入水深火热之中，现实的苦难促使民间道教活动空前活跃，统治者寻求宗教以祈求护祐的心理也愈发强烈。道教教义顺应三教融合的时代潮流，积极融摄儒、佛二家的学说，提倡明心见性、性命双修，其心性之说与佛教、理学非常相近。道教与理学、佛教相融合。

总之，宋代皇帝大力崇奉道教，统治者希冀团结道士，利用道教巩固统治。有宋一代，道教一直有其存在的空间，并影响宋代士人的精神风貌。

二　思想合流的元朝初期

蒙古占领北方地区后，在耶律楚材（1190～1244）、杨惟中（1205～1259）、姚枢（1201～1278）等儒士的帮助下，蒙古族统治者意识到利用

① 周全：《宋遗民志节与文学·自序》，东吴大学出版社，1994，第1页。

儒学思想进行教化和统治的重要性。在南宋与金的对峙时期，南北关系紧张，文化交流极少，其时"南北道绝，载籍不相通"①，理学著作在北方流传不多。至太宗七年（1235，宋端平二年），蒙古占领德安（今湖北安陆），杨惟中、姚枢等从俘虏中挑出赵复（1215～1306），把赵复请到燕京（今北京），建立太极书院，赵复选取周敦颐、二程、朱熹等著书八千余卷，使之广为传播，由此北方始知程朱理学。姚枢、杨惟中等从其学，许衡（1209～1281）、刘因（1249～1293）等以赵复所传，使北方理学盛行。

第三节　宋末元初的学术

宋代学术繁荣，重文轻武，政府积极提倡教育，书院讲学之风极盛，促进了各种学术与文化的繁荣。

一　宋代经学繁盛

两宋《春秋》学繁盛。宋代是一个内忧外患十分严重的朝代，"《春秋》以道名分"，微言大义，其所提倡的"尊王攘夷"、复仇思想、"大一统"观念切合宋儒经世致用的思想，故而大兴《春秋》之学。有宋一代，春秋学实为显学，为经学之主流。《四库全书总目》称，"说《春秋》者，莫夥于两宋"。② 有学者统计，"宋代共有各种《春秋》学专著达602种，其中有122种为朱彝尊《经义考》所无，存59种。600多种《春秋》学专著，这在经部文献中，可能只有《易》学文献能与之相埒，其他则不能与之媲美，比如宋代《尚书》学专著在400种左右，较《春秋》学专著少了200种，《诗经》学专著也只有300种左右"。③ 这充分表明，宋代《春秋》学在整个《春秋》学史上占有举足轻重的地位。

两宋《易》学活跃。随着儒家文化的复兴，原本被列为儒家学说经典的《周易》的思想和理论，被不断地开发、运用和发挥。在这样的形势下，不论是在崇尚道教、道家的士人中，还是在信奉佛学的教徒中，都有

---

①　（明）宋濂等：《元史》卷189《赵复传》，中华书局，1976，第4314页。

②　（清）永瑢等：《四库全书总目》卷29，第234页。

③　张尚英、舒大刚：《宋代〈春秋〉学文献与宋代〈春秋〉学》，《求索》2007年第7期。

将《周易》中的思想和理论拿来借鉴乃至直接应用的士人。这一时期，"易学"领域出现了两汉以后少有的活跃和创新局面。据《宋史·艺文志》，宋儒所著经部书，以《春秋》类居首，《易》类次之。北宋解易的有六十余家，其中不乏著名的哲学家和思想家，如李觏、胡瑗、周敦颐、邵雍、王安石、张载、程颢和程颐等；其他如欧阳修、苏轼、司马光等文学家和历史学家，他们都精通易学，在学术界掀起了研究《周易》的热潮。

南宋时期，邵雍、二程、张载三家易学广为流传，而程氏易学成为易学发展的主流，象数之学也通过程朱学派的学者得到发展。朱熹作为宋代理学集大成，通过对《周易》经传的解释，对北宋以后的易学和哲学的发展做了一次总结，对此后易学的发展起到深刻影响。与朱熹同时的杨万里，发明程氏易学，著有《诚斋易传》；陆九渊的大弟子杨简继承程颐和陆九渊的易说，著《杨氏易传》和《己易》，以人心解易，认为易之道在人之心，成为宋明时期心学派易学的代表人物之一。

"四书"被列为重要的儒家经典，成为显学。宋代以降，随着儒学复兴运动的开展，《论语》《大学》《中庸》《孟子》引起不同学派学者的广泛重视。经过张载、二程等人的大力提倡，四书的地位得以迅速提高。南宋时期，朱熹在此基础上正式将四著并称，倾注毕生心血研究"四书"，最终撰成《四书章句集注》，确立了以四书为核心的经典体系的地位，四书成为最重要的儒学经典。此后，以《四书章句集注》为核心的"四书"学不仅为士人学者广泛传习研究，还逐渐获得了历代统治集团的尊崇，取得了官方学术的地位。在南宋宁宗朝、理宗朝，朱熹《四书章句集注》被陆续指定为官学教材，到延祐二年（1315），朱注的四书又成为科举取士的标准，其影响所及，从太学到地方官学、私学，课堂讲诵，师徒授受，皆奉之为圭臬。宋代"四书"学的兴起，无疑是中国思想学术史上继董仲舒"罢黜百家、独尊儒术"之后的一件大事。

二 宋代史学繁荣

宋代史学空前繁荣。新史体先后创设，长篇巨著之多，史学家成就之大，各种地理志的纂修，足以凌驾汉唐，睥睨明清，尤其注重史学著述，在通史的编撰方面，有司马光编《资治通鉴》，袁枢著《通鉴纪事本末》，郑樵著《通志》，马端临著《文献通考》（元时完成），这些著作对旧史料的整理和考订，有很大的功绩。

南宋史学，区域性发展非常明显。家铉翁的故乡四川是南宋史学最为发达的地区之一，这是家铉翁成长过程中极为有利的文化环境。四川最著名的史学家为有"二李"之称的李焘和李心传两人，李焘一生史著甚富，最著名的乃《续资治通鉴长编》；李心传曾出任史官，最著名的史学著作乃《建炎以来系年要录》《建炎以来朝野杂记》。其他稍有名气的史学家也很多，如眉山王称和他的《东都事略》、李攸和他的《宋朝事实》，眉州丹棱彭百川和他的《太平事迹统类》《中兴治迹统类》，眉山杜大珪和他的《名臣碑传琬琰集》，李焘之子李埴和他的《皇宋十朝纲要》、李璧和他的《国朝中兴诸臣奏议》等。

浙东史学更是一支非常有特色的史学派别。著作的史学家有一百五十人左右，绝大多数集中在浙东，以温州、宁波、金华、绍兴、台州居多。如宁波史学大家王应麟，其《汉书艺文志考证》《困学纪闻》《玉海》，黄震《黄氏日钞》，其著史料丰富，内容广泛，极具史学价值。

此外，江西地区也出现了一大批史学家和史学著作。其著名者有临江军清江的徐梦莘及他的《三朝北盟会编》、饶州鄱阳的"三洪"（洪皓、洪适、洪迈）等。吉州史学家集中在庐陵，其中罗泌著有《路史》。

第四节　宋末元初的文学

南宋后期的文学成就虽不及南宋前期的文学成就，但也独具特色。南宋最著名的文学家大多在宋宁宗开禧年间（1205～1207）去世，巨星的陨落，使文坛一派黯淡。南宋政治和文学的中兴之局就此结束，文学则延续自身发展的轨迹，在文学观念与创作实践两个方面表现出融合和深化的态势。

宋代文学的显著特点是作家的身份。北宋的士大夫精英大都集官僚、文人、学者于一身，南宋士人中的一部分也基本继承这一特征。而到南宋中后期，平民作家、江湖作家纷纷登上了文学的舞台。另外，"依违于科举体制而派生的两类文士，……入仕作家具有较强的社会承担精神与精英意识，外来军事打击所催生的国难意识，使他们深感民族存亡的沉重"。①
他们的文学创作，反抗外族侵略的诗文——抗金、抗元是最为集中的主
题，洋溢着慷慨昂扬、悲愤勃郁的情感基调，纵贯于南宋诗坛。这样的主
题及风格在中国文学史上具有特殊的意义和价值，为后世民族危急时刻文
学的楷模，既是汉唐文学所未有，也为北宋文学所罕见。

一　深受理学思想的影响

南宋后期对文学影响最大的外在因素就是理学的独尊与兴盛。自理宗
朝理学取得独尊地位，理学家把持仕途要津，理学传播途径由书院为主的
私学转为官学，理学成为社会主流思潮。一时风气极盛。

宋末重道轻文，古文渐衰。理学思想首先通过科举考试促使太学、场
屋文学发生了变化。孝宗朝、光宗朝和宁宗朝的前期，时文风气主要受到
浙东学者的影响，论、策、经义往往各抒己见，注重实事，多以以欧阳修
和苏轼为代表的元祐之文为文体典范。朱熹对此极为不满，谓："今人为
经义者，全不顾经文，务自立说，心粗胆大，敢为新奇诡异之论。"② 自来
科场所重，便是士子所习，理学思想取得独尊地位，撰写性理之文可获得
科第功名，于是时竞趋之，"士非尧、舜、文王、周、孔不谈，非《语》
《孟》《中庸》《大学》不观，言必称周、程、张、朱，学必曰'致知格
物'"③，一时盛况空前。

南宋后期，四六文渐趋衰落。散文方面，场屋时文的文风虚浮至于极
点。元初刘埙曾回顾宋末文场风气："而比岁襄围六年，如火益热，即使
刮绝浮虚，一意救国，犹恐不葸，士大夫沉痼积习，君亡之不恤，而时文
乃不可一日废也。痛念癸酉之春，樊城暴骨，杀气蔽天，樊陷而襄已失
矣。壮士大马如云，轻舟利楫如神，敌已刻日渡江吞东南，我方放解试。
明年春又放省试。朝士惟谈某经义好，某赋佳，举吾国之精神、工力一萃
于文，而家国则置度外。是夏，又放类试，至秋参注。甫毕，而阳罗血
战，浮尸蔽江。未几，上流失守，国随以亡，乃与南唐无异。悲夫！爱文

---

① 王水照：《南宋文学的时代特点与历史定位》，《文学遗产》2010 年第 1 期。
② （宋）朱熹：《朱子语类》卷 109《论取士》，《景印文渊阁四库全书》本。
③ （宋）罗大经：《鹤林玉露》丙编卷 5 "读书"，中华书局，1983，第 314 页。

而不爱国，恤士类之不得试，而不恤庙社之为墟！由是言之，斯文也，在今日为背时之文，在当日为亡国之具，夫安忍言之！"① 由此可知，场屋充斥高谈性命义理的空洞陈腐之文。

此外，理学家编选文集的风气日胜。最有代表性的选本为真德秀所编《文章正宗》和《续文章正宗》各二十卷。真德秀以文字载道穷理、轻视文辞的文章观与朱熹一脉相承，这对散文创作的趋向颇有影响。其时，不但古文中常谈道论理，场屋所作亦充斥性命道德之谈。淳祐年间"全尚性理，时竞趋之，即可以钓致科第功名。自此非《四书》《东西铭》《太极图》《通书》《语录》不复道矣"。② 唯有永嘉学派的叶适通过师门授受，其学术传人如陈耆卿、吴子良等皆文胜于学，自成一派。

宋末诗风多议论，诗趣尽失。理学掌握了话语权，在相当程度上影响各体文学创作，伊、洛道统的文学史观、文学价值观和审美观对其后的文学创作也产生了深远的影响。在理学家看来，文学的价值在于载道明理，诗文以意旨雅正为美，忌雕琢而贵平淡，故南宋后期诗文中存在一种倾向，即以儒家经典为写作材料，诗歌比兴之体成为阐发义理的工具。作家所阐释的"道理往往粗浅，议论往往陈旧，也煞费笔墨去发挥申说"③，这种诗歌创作风气因为理学的兴盛而普遍流传。

理学思想对于诗歌创作的影响越来越大。由于理学思想成为科举取士过程中具有主导力的因素，一部分士人为了仕途，不得不放弃诗歌。而一般的诗人耳濡目染，也不免写出陈述性命道德的迂腐熟滥之作。叶适认为："洛学兴而文字坏"，袁桷甚至断言："后宋百五十余年，理学兴而文艺绝。"④ 可见理学对宋代文学发展产生非常大的负面影响。

二 江湖诗派的偏狭寡趣

南宋后期科举受阻以及城市商业文化的发展，使大部分士人无法通过

---

① （元）刘埙：《答友人论时文书》，《全元文》卷340，江苏古籍出版社，1999，第221～222页。

② （宋）周密：《癸辛杂识》后集"太学文变"条，第65页。

③ 钱锺书选注《宋诗选注·序》，第9页。

④ （元）袁桷：《戴先生墓志铭》，载陆晓冬、黄天美点校《戴表元集》（下），浙江古籍出版社，2014，第806页。

科举而达到仕进之阶，这些科举失意者大多数流向市井，个人的才艺创作成为谋生的手段。

南渡之后，南宋疆域减少五分之二，江西、浙江、福建等地教育发达，读书人的数量大幅增加，即使幸运中选，官职也越来越紧缺，理宗时，竟至六七人共守一缺。文人通过科举考试入仕，以官禄资身奉家已经越来越难。为了谋生，一些文人只能以文字为生，或为瓦舍勾栏创作话本，或为人代写书信、文字，或做私塾先生，或行谒权门换取馈赠，以出卖文学换取生活所需，用精神产品交换物质产品。① 这样的人越来越多，形成文人阶层中层级较低的群体，江湖诗人就是典型。

社会地位的下降，导致文人自我身份意识发生变化，其创作的性质也相应改变。江湖诗人喜欢抒写个人经历和情感，一般趣味较"小"的诗词创作，对国事的关心与普通平民一样，他们不倾向于表现干预时政、社会的重大题材。

三　遗民作家的慷慨悲歌

宋元之交的遗民诗人多关注个人的精神世界，但也以不凡之笔鲜明地表现出爱国主义精神，且表现时代政局重大主题的作品层出不穷。谢翱、林景熙、汪元量、郑思肖、方凤、方逢辰等遗民诗人，建立诗社，逐渐形成遗民群体，彼此交游唱和，作品思想内容相近，多表现故国之思、黍离之悲，是宋末元初的重要作家。

家国惊变打破了诗道萎靡沉滞的局面，诗歌成为南宋遗民倾诉民族危亡、自身遭遇的悲愤幽怨之情的最佳载体。遗民们尽情倾吐满腔爱国忠愤、黍离之悲和故国之思，虽然在艺术的推敲琢磨方面或有所欠缺，但诗中可见真挚性情、高洁节操和凛然风骨，全然去除了南宋后期诗歌虚浮滑薄的弊病。故人言："唐之诗，入宋而衰，宋之亡也，其诗称盛。皋羽之恸西台，玉潜之悲竺国，水云之苕歌，谷音之越吟，如穷冬冱寒，风高气栗，悲噎怒号，万籁杂作，古今之诗莫变于此时，亦莫盛于此时。……考诸当日

---

① 王水照：《作品、产品与商品——古代文学作品商品化的一点考察》，《文学遗产》2007
年第 3 期。

之诗，则其人犹存，其事犹在，残篇啮翰，与金匮石室之书并悬日月。"①

易代之后，遗民诗人组织了许多社团，例如月泉吟社、山阴诗社、航清吟社，等等。社团成员之间集会唱和、切磋诗艺的同时，也是寻找精神上的相互支持和慰藉。诗人们血泪交迸，或慷慨悲歌，或哀感低吟，亡国之诗风貌发生巨变。

要之，南宋后期，国势衰落，少数民族入侵，是政治局势的主旋律。思想方面，理学确立，释、道为辅；学术方面，则经学、史学高度繁荣；文学方面，深受理学影响，诗风重道轻文，重谈义理。

家铉翁就生活在这样的环境之中。南宋繁荣的文化、成熟的思想，浓厚的学术气氛，为他的成长提供了良好的条件。然而，元朝军队的入侵使他的生活一直笼罩在宋元战争的背景之下。纵观家铉翁的思想、学术与文学，与南宋文化总体发展特点相一致。同时，作为元初羁縻北方的学者，其《春秋》学思想虽然在南宋时期积累而成，但《春秋集传详说》著于元初，并成书于元初，在传播学术方面起到了融合南北学术的积极意义。而其文学创作为南宋遗民文学增加了独特的风景。可以说，南宋灭亡的这一时代环境改变了家铉翁的生活，也成就了他的学术造诣和文学才能。

---

① （清）钱谦益：《牧斋有学集》卷18《胡致果诗序》，清康熙刻本。

第二章　家铉翁的家族世系

家铉翁出生在四川眉州一个世代为官的名门望族。据可考的史料，自西周至宋代，家氏一族有多位达官显宦，具有正直忠义的优秀品质，代表人物如仁宗时的家勤国、哲宗时的家愿、宁宗时的家大酋等，均以重大义、讲名节而载入史册。家铉翁作为家氏后裔，秉承了家族的优秀品格。

眉州，今四川省眉山市，位于四川西南部。宋代眉州学术兴盛，名儒巨公彬彬辈出，其文化的发达程度仅次于浙东地区。这与安史之乱、唐末黄巢起义以及五代的社会动乱有一定关系。① 其时，眉州是接纳迁徙的世家大族最多的地区，眉山史氏（史清卿、史尧弼、史绳祖）、丹棱李氏（李焘、李璧、李埴）等学术家族都是在这一时期迁入眉州的，"宋时眉州苏、程、家、史，是称著姓"。② 不但眉州多名门望族，其周边如成都、隆州等都有显赫的文化家族，而且家族之间有较密的姻亲关系及学缘关系，一时间，蜀中成为全国的文化重地。家铉翁浸润其中，其身上既带有家氏家风的印记，又深受蜀中学术、眉山文化的影响。

第一节　家铉翁先祖及世系考

家氏源出姬姓，周幽王时有周大夫家父，其后以家为氏。望出京兆郡

---

① 祝尚书：《论宋代文化中的"眉山现象"》，《四川大学学报》（哲学社会科学版）2004 年第 3 期。

② （清）《（嘉庆）眉州属志》卷 19《杂记》，清嘉庆十七年刻本。

（今陕西西安）、南安郡（今甘肃陇西）。① 唐五代时迁至四川眉州，家氏一族在宋代最为兴盛，曾出现十余位具有一定政治影响和学术地位的人物，载入史册，光耀门楣。宋末蒙古入侵，眉州家氏多迁至浙东，其后家族逐渐衰落。

一　家氏的起源和发展

家氏起源可以追溯到西周时期。宋吕陶（1028～1104）为家定国（1031～1094）、魏了翁（1178～1237）为家炎（1145～1231）所作墓志铭都有关于家氏起源的记载，且大体一致。吕陶所作《朝请郎新知嘉州家府君墓志铭》云：

> 自周衰，大夫家父之后迁于晋，至唐德宗时，有为职方员外郎者，从乘舆幸山南，因入蜀游青衣，访故人，路眉，爱乐风土，遂居眉山，今十一世矣。②

文中"大夫家父"，见于《诗经·小雅·节南山》："节彼南山，维石岩岩。赫赫师尹，民具尔瞻。忧心如惔，不敢戏谈。国既卒斩，何用不监……家父作诵，以究王讻。式讹尔心，以畜万邦。"家父是《节南山》的作者。《毛诗序》："《节南山》，家父刺幽王也。"郑玄《笺》云："家父，字，周大夫也。"③ 周幽王时，整日游逸，不问国政，任用太师尹氏，尹氏执政不公，罪恶多端，政治混乱，百姓苦不堪言，国家危在旦夕。周大夫家父大胆直言，作此讽谏诗。宋朱熹注云："此诗家父所作，刺王用尹氏以致乱。"

---

① （宋）郑樵《通志》卷27《氏族略》第三："家氏，姬姓，周大夫家父之后，以字为氏。又鲁有子家氏，亦为家氏鲁之公族。宋朝家静，登进士第，蜀人也。又有家彬、家仲，并眉州人。望出南安、京兆。"（《景印文渊阁四库全书》本）（明）凌迪知《万姓统谱》卷36："家，京兆角音。周大夫家父之后。又望出南安，今钱塘有此姓。"（《景印文渊阁四库全书》本）（清）章履仁辑《姓史人物考》卷4："家：京兆，又望出南安，今钱唐有此姓。"（清乾隆二十年刻本）

② （宋）吕陶：《朝请郎新知嘉州家府君墓志铭》，《净德集》卷23，中华书局，1985，第254页。

③ （汉）毛亨传，（汉）郑玄笺，（唐）孔颖达疏《毛诗注疏》（附释音）卷12，载王云五主编《万有文库》（第二集），商务印书馆，1935，第963～964页。

魏了翁文与上文的说法基本一致，其《知富顺监致仕家侯炎墓志铭》载："家氏见于《节南山》之乱及《春秋经》，至晋大夫仆徒、唐侍御史方，世济休闻。方事德宗，以言事忤奸臣杞，出刺戎州。自戎居眉，族乃大。"① 据魏了翁文，家氏最早亦可追溯到西周末期的大夫家父。

宋代郑樵所著《通志·氏族略》是宋代姓氏研究的文献，其中载家氏起源云："家氏，姬姓，周大夫家父之后，以字为氏。"② 家姓源出姬姓，家父死后，遂以家为姓。宋代章定《名贤氏族言行类稿》、明代凌迪知《万姓统谱》等姓氏文献亦载：家氏乃周大夫家父之后。③

家氏代出名人。自周大夫家父之后，春秋时期有家父，晋有家仆徒，汉代家羡为剧令，唐代家师谅以孝悌闻名。宋王应麟《姓氏急就篇》卷上《曾袮昭穆家法正》载："家氏出于周《诗》，《春秋》有家父，晋有家仆徒。《风俗通》汉家羡为剧令。唐《孝友传》家师谅。宋家安国、定国。"④清代张澍《姓氏寻源》卷15"家氏"条亦载："家氏出于周家伯，为幽王太宰。又家父为大夫。《诗·节南山》家父刺厉王也。郑笺：家父，字，周大夫。《正义》曰：作诗刺王而自称字者，期于申写下情，冀上改悟而已。家父尽忠竭诚，不惮殊罚，故自载字焉。《姓苑》云：家，姓，周大夫家父之后。又鲁有子家驹，亦为家氏。宋时蜀之眉州多家姓，为望族。"⑤

家氏一族于唐德宗（780～805年在位）时迁居入蜀。吕陶《朝请郎新知嘉州家府君墓志铭》云："至唐德宗时，有为职方员外郎者，从乘舆幸山南，因入蜀游青衣，访故人，路眉，爱乐风土，遂居眉山。"魏了翁《知富顺监致仕家侯炎墓志铭》记载略有不同："……至晋大夫仆徒、唐侍御史方，世济休闻。方事德宗，以言事忤奸臣杞，出刺戎州。自戎居眉，族乃大。"二文记载虽然有所不同，但都是说家氏是在唐德宗时迁入蜀中的。从大的历史环境上看，吕陶文所云"从乘舆幸山南，因入蜀游青衣，访故人，路眉，爱乐风土"有美化先祖之意，不可尽信。而魏了翁文则比

---

① （宋）魏了翁：《知富顺监致仕家侯炎墓志铭》，《全宋文》卷7126，第320页。
② （宋）郑樵：《通志》卷27《氏族略》第三，《景印文渊阁四库全书》本。
③ （宋）章定《名贤氏族言行类稿》（《景印文渊阁四库全书》本），（明）凌迪知《万姓统谱》卷36（《景印文渊阁四库全书》本）。
④ （宋）王应麟：《姓氏急就篇》卷上《曾袮昭穆家法正》，《景印文渊阁四库全书》本。
⑤ （清）张澍编纂，赵振兴校点《姓氏寻源》卷15，岳麓书社，1992，第193页。

较明确：唐侍御史家方因言而忤奸臣卢杞，故贬为戎州（治今四川宜宾）刺史，而后由戎州迁入眉州，这一记载有史可循，相对可信。

据魏了翁文之意，家氏家族是以游宦而迁居蜀中的。在安史之乱至五代时期，为避战乱，北方士人纷纷入蜀，曾出现过一次大规模的移民运动，历时一百余年，移民数量相当可观。移民择地而居，据统计，眉州在四川各州中接纳移民数量最多。① 眉州风景秀丽，物产丰富，又与易遭战乱的巴蜀首府成都等地有相对安全的距离，因此很多北方士人选择眉州作为理想的居所。入蜀士人中，很多是衣冠之族、官宦世家，在眉州得到进一步的发展，一时间"重于天下"。② 家氏作为其中一个重要入蜀家族，在宋代逐渐壮大，成为著姓。

二 家铉翁家族世系考

家氏在蜀中是一个大族，有显赫的声名。魏了翁《知富顺监致仕家侯炎墓志铭》一文记录了家氏一族在唐宋时期的源流和发展。

（家）方五传曰季遵，为导江令，耻仕孟氏，隐岷山之麓，宝庆初赐号冲洁。三传为大理评事正，正生朝议大夫隐，隐生太中大夫定国，历怀安、渠、嘉三郡守，是为侯之高祖。曾祖彬，元丰三年进士，哲宗朝为尚书吏部郎中，六持使节，赠银青光禄大夫。祖彦，知资、荣二州，绍兴间用赵忠简公荐召，未造朝卒。考铸，知隆州，赠宣奉大夫。妣淑人孙氏。

据此文及史书记载可知，唐德宗时期的侍御史家方五传曰季遵，季遵三传为大理评事家正，家正生朝议大夫家隐，家隐生太中大夫家定国（1031～1094），家定国之子为家彬，家彬之子为家彦，家彦之子为家铸，家铸之子为家炎（1145～1231），家炎之子为家寅翁。

---

① 刘琳：《唐宋之际北人迁蜀与四川文化的发展》，《宋代文化研究》（第二集），四川大学出版社，1992。

② （宋）史尧弼《简池守孙公哀词》："吾州所以重于天下者，以风俗厚，议论正，士大夫有家法，而子孙能世守，往往可以传后世，风州里。"（《全宋文》卷4833，第80页）肯定眉州在全国的重要地位，可见当时人们就已认识到眉州在文化上的优势。

家铉翁所在的族系是家定国之弟家勤国一支，自其六世祖家勤国以后，世代皆有人在朝廷或眉州出任显官，代有人才，仁宗时的家勤国、家安国、家定国，哲宗时的家愿，宁宗时的家大酉、家炎，理宗时的家坤翁等，既有政绩，又有文行。同时，在一些历史大事件中，家氏族人每有不凡的表现，且青史垂名。

（一）家勤国

家勤国，眉州人，家愿之父，忧学忧国。宋仁宗庆历（1041～1048）、嘉祐（1056～1063）间与从兄安国、定国同从刘巨游，与苏轼兄弟为同门友，《宋元学案》将其位列"二苏讲友"。① 王安石久废《春秋》学，勤国愤之，著《春秋新义》。熙宁、元丰间思想纷乱，而元祐朝，司马光当政，废除新法，又纠正弯曲做过了头，家勤国忧虑不安，因而建筑房屋，作《室喻》，苏轼、苏辙兄弟读后，为之钦佩敬叹。事迹见《宋史》卷390《家愿传》。

（二）家愿

家愿（1073～?），勤国之子，字处厚，眉山人。幼好学，弱冠游京师。宋哲宗绍圣元年（1094）进士。元符三年（1100）帝以日食求言，愿以普州乐至（今四川乐至）县令，应诏对十事，极论时政，凡万言，提出正本、敬德、谨好恶、审信任、开言路、详听言、破党议、登硕德、从宽厚、崇名节等十点建议。徽宗崇宁元年（1102），诏令册立元祐、元符上书人姓名，家愿册上有名，入元祐党籍，谪监华州西岳庙。此后近十年不调。大观四年（1110），彗星出现，照例行赦，解除党禁，家愿因之获释，调知双流县，通判文州（今甘肃文县）。时郡守郑行纯倚内侍势恣意妄为，罢蕃夷互市，挑起边衅，愿力阻之，不从，径下令复其旧。守怒，交章互奏，俱报罢。而愿以曾入党籍，谪英州酒税，量移黄州（今湖北黄冈）、果州（今四川南充）通判。靖康初年，备列谏官，继任开封府工曹，未及赴任，京城失守。高宗南渡，擢知阆州（今四川阆中），寻移彭州（今四川彭州市）。一年，辞官归里，卒于家。苏辙尝读愿之策论，谓其少年能

---

① 《宋元学案》卷99《苏轼蜀学略》，载《黄宗羲全集》（六），浙江古籍出版社，1999，第867页。

不为进取计，异时当以直道闻，后果如期言。著有《罪言》，今佚。《宋史》《南宋书》有传。

家愿处于宋室南渡前后，政权更替之时，社会动荡，正道颇艰。然而家愿立身处世能够正直敢言，不畏权势而坚持正义，不计个人得失而忠心国事，即使历经艰难挫折亦不悔，令人敬叹，因而名垂史册。淳祐间，愿曾孙大酉侍讲经筵，因从容及之，上改容嘉叹，宣取所上书，又亲书"西社同门友，元符上书人"十大字以赐。《宋史》本传赞家愿"奇迈危言，摧折弗悔，咸有可称"。①《宋史新编》赞其"名节之士""初终一节""守道君子"②，家愿所为，在当时的历史背景下是极其可贵的。

（三）家大酉

家大酉（1176~?），家愿曾孙，字朝南，眉山（今四川眉山）人。嘉泰三年（1203）举进士，初授昭化县主簿。嘉定八年（1215）试邑成都。宝庆二年（1226），擢主军器监簿，寻迁丞。三年，差知隆庆府，又改简州。淳祐（1241~1252）中，大酉侍讲经筵，累官工部侍郎，与宰相史嵩之论不合，遂罢去。吴曦叛，大酉不受其招，弃官而去，洪咨夔赞誉其"去之以为义者"（《家朝南避伪回任橄跋》）。③ 其后虽屡起屡斥，然所守不变。大酉乃蜀中名士，为人方直，与名臣崔与之（1158~1239）为世交，崔与之镇守四川时，其继母史氏多次延至其家。④ 大酉与魏了翁交情甚深，"为三十余年之交"。⑤ 事迹详见《宋史翼》卷17，魏了翁为其母史稷（1152~1181）撰《安人史氏墓志铭》、为其继母程曼卿（1156~1235）撰《太令人程氏墓志铭》。

（四）铉翁之父

家铉翁之父，史传无载，其生平大略唯《则堂集》有零散叙述。家铉

---

① （元）脱脱等：《宋史》卷390《家愿传》，第11963页。

② （明）柯维骐：《宋史新编》卷137，第16页。

③ （宋）洪咨夔著，侯体健点校《洪咨夔集》（上），浙江古籍出版社，2015，第264页。

④ （宋）魏了翁《太令人程氏墓志铭》："庐墓三年，不自意全，南海崔正子与之制阃四川，致之幕府，达之朝著，太令人皆就养焉。崔公爱其子以及其母，亟问亟馈，牲币药石交至。"（《全宋文》卷7129，第365页）家大酉曾在崔与之集上题诗赞颂"东海北海天下老，亦有盍归西伯而。白麻不能起南海，千载一人非公谁。"［《家大酉书公文集端》，载（宋）崔与之《宋丞相崔清献公全录》，广东人民出版社，2008，第116~117页］

⑤ （宋）魏了翁：《太令人程氏墓志铭》，《全宋文》卷7129，第365页。

翁在《志堂说》中回忆说："余昔与祖仁俱侍先君周游四方，过庭讲习，一在义理。"① 可见其父喜研理学，特别重视对子女的教育。其父在何处任职，铉翁佚文《书苏轼〈相视新河次张秉道韵〉诗后》有云：

> 铉翁侍亲东来，奠居此邦垂三十年，亦惟曰先生经行之旧，每当撰杖入麓，慨然遐想，为公拂拭旧题，徘徊其下不能去。复得二诗墨本，以授住山龚君文焕，俾勒石岩窦，以诏来者。龚君因请摘诗中语，扁宾位曰一庵。予不得而辞也，敬跋诗后。咸淳六年十一月旦。是日冬至。眉山家铉翁书。②

由篇首"垂三十年"及篇末"咸淳六年"（1270）可推知，前面"三十年"则为理宗淳祐元年（1241）前后。据此可知，其父在淳祐元年前后自蜀东迁，入临安任职。

家铉翁父在临安所任何职，从家铉翁《三山吴履道承出示理皇御书唐人诗恭题其后》一诗可窥见一二，其诗首二句云："先君曩侍缉熙殿，拜赐天画盈筐箱。"③ 缉熙殿，据《咸淳临安志》载："理宗皇帝辟旧讲殿为之"，由此可知，缉熙殿是理宗与臣子研究理学，读书、藏书的宫殿。理宗崇尚理学，重视经史，亲笔题写"缉熙"为殿名，并亲为记文，"视朝之隙，临经幄日再款对儒臣，商略经史"，对经筵讲习非常重视。④ 家铉翁的父亲正是缉熙殿的侍讲经筵官，为理宗讲读经史。

遗憾的是，家铉翁的父亲是何许人也，史料并没有具体的记载，而所见文献又互相抵牾，疑问重重。牟巘《黄提干行状》载：

> （黄提干）初与贰卿家公同寓吴，幅巾短褐，日相从萧寺。公性高简，不可一世士，独敬先生。二子颐山坤翁、则堂铉翁因与先生厚。⑤

---

① （宋）家铉翁：《志堂说》，《全宋文》卷 8068，第 125 页。
② （宋）孟宗宝编《洞霄诗集》（《宛委别藏》本），江苏古籍出版社，1988，第 16～17 页。
③ （宋）家铉翁：《三山吴履道承出示理皇御书唐人诗恭题其后》，《全宋诗》卷 3343，第 39942 页。
④ （宋）潜说友：《咸淳临安志》卷 1，《景印文渊阁四库全书》本。
⑤ （宋）牟巘：《黄提干行状》，《全宋文》卷 8236，第 411 页。

根据《黄提干行状》所云："初与贰卿家公同寓吴"，又可知家铉翁的父亲曾居于吴地，他"性高简，不可一世"，有二子，一是颐山坤翁，一是则堂铉翁。

考颐山坤翁乃家坤翁，是家大酉的儿子，魏了翁《安人史氏墓志铭》《太令人程氏墓志铭》载：家大酉有兄弟三人，大酉为长兄，二弟震已，以父命后族父，不幸早死。大酉与震已均为史氏所生。三弟丙仲，是家大酉的继母程氏所生。大酉有四子：煅翁、坤翁、铠翁、森翁；其二弟震已有二子：必达、必祥；三弟丙仲有子潏翁等。丙仲夫妇卒年较早，程氏艰辛劳苦，将丙仲夫妇的孩子抚养成人，"自丙仲夫妇之死，幼孤满前，劬躬覆帱，十年间为之憔悴"。大酉请问曰："丙仲之诸子将冠笄矣，愿母少宽。"①由"丙仲之诸子"之语可知，丙仲的孩子不只是潏翁一人，可能是年纪尚幼，故在《太令人程氏墓志铭》中未记载丙仲诸子的名字。

按照牟巘《黄提干行状》所记"公性高简，不可一世，士独敬先生。二子颐山坤翁、则堂铉翁因与先生厚"之语，家铉翁与家坤翁是兄弟关系。而根据魏了翁《太令人程氏墓志铭》所载，家坤翁是家大酉的儿子。由此可以推测，家铉翁与家坤翁可能是堂兄弟。根据《太令人程氏墓志铭》所载家大酉之三弟丙仲夫妇早逝、诸子尚幼的情况，可以进一步推测家铉翁可能是家大酉的三弟家丙仲之子，家大酉是家铉翁的伯父，丙仲夫妇去世后，家大酉作为长兄，承担起了抚养侄子的责任。因此，牟巘以为家铉翁与家坤翁均为家大酉之子。

如果家大酉是家铉翁的伯父，且家铉翁视伯父为父，那么我们发现，此前所考证的家铉翁父在淳祐初年前后侍讲经筵，与《宋史》所载"淳祐间，愿曾孙大酉侍讲经筵"②的经历正好吻合。

一般认为家大酉是家铉翁之祖，这一记载最早见于元代龚璛（1266～1331）为《春秋集传详说》所作跋文中："先生之祖大酉，以成都府教授列于朱文公学党之籍，其源流有自云。"③《春秋集传详说》刊刻于元泰定

---

① （宋）魏了翁：《太令人程氏墓志铭》，《全宋文》卷7129，第365页。
② （元）脱脱等：《宋史》卷390《家愿传》，第11951页。
③ （元）龚璛：《〈春秋详说〉跋》，《通志堂经解》本。

二年（1325），该文应作于是时。龚璛，字子敬，镇江（今江苏镇江）人，父渠，宋司农卿。宋亡，士大夫居班行者，例遣北上，其父绝食而卒。由此可知，龚璛是亡宋爱国士大夫的后代，其父龚渠曾与家铉翁同朝共事，有故交之谊。龚璛比家铉翁小53岁，且是通过其父与家铉翁的关系，才进一步了解家铉翁的事迹及著作的，因此，关系相对间接。

而《黄提干行状》一文的作者牟巘（1227～1311），字献甫，一字献之。先世蜀之井研（今属四川）人，徙居湖州（今属浙江）。父子才，为名臣。家铉翁与牟子才、牟巘父子交往甚深，他深得牟子才的赏识，据《宋史》牟子才本传载："所荐士若李苙、赵卯发、刘黻、家铉翁，后皆为忠义士"①，曾得牟子才的举荐。黄提干（1197～1273），是牟子才为牟巘所请的私塾先生，与家坤翁、家铉翁关系友善。而牟巘比家铉翁小14岁，二人不但有私交，而且都曾任浙东提刑。所以，牟巘所撰《黄提干行状》是可信的。

基于以上，我们推测，家铉翁的父亲是家大酉的三弟家丙仲，丙仲夫妇二人早逝，家铉翁由伯父家大酉抚养成人。家大酉不是家铉翁的祖父，而是家铉翁的伯父。

（五）家坤翁

家坤翁，号颐山，曾官迪功郎、监普州商税。景定三年（1262），以户部郎中知抚州，吏治甚著，百姓称颂。纂有《抚州图经》（已佚），《景定临川志》三十五卷（今存残卷），《宋诗纪事》卷六十八录其诗一首，《宋代蜀文辑存》录其文九篇，《全宋文》辑录其文十三篇。详见下文。

（六）铉翁之弟

家祖仁，铉翁之弟，喜好经史，尤勤于《易》。铉翁对他给予很高的期望，"读书多密察之功，遇事有素定之画，尝期之以前辈事业"。南宋亡国后，祖仁"避地入闽"，虽"穷困百罹，未尝一日废书也"。"更用功于《易》，著论成编。"祖仁有书斋名"志堂"，取义于《虞书》，铉翁赞其弟"求道之志，老而弥确"，并以此互勉。② 在北方羁留期间，家铉翁提及最

---

① （元）脱脱等：《宋史》卷411《牟子才传》，第12361页。
② （宋）家铉翁：《志堂说》，《全宋文》卷8068，第124页。

多的家人就是弟弟祖仁，至元二十三年（1286）冬，家铉翁曾作《和归去来辞（并序）》寄给祖仁，文中充溢着浓浓的思亲之情。

（七）铉翁之孙

铉翁有子，佚名，仅知其攻习理学。铉翁《心斋说》云："岁在癸亥（景定四年，1263），余年半百，始定学问之指归。著《心原》、《性原》、《春秋》、《易》纲领，以述其中欲言者，独与子侄讲之家庭。"① 然其子先于铉翁而卒，铉翁在《祭器之文》中说："去家万里，倏逾一纪。子死孙幼，谁为我视。"② 该文作于家铉翁被元朝圈禁一纪之后，也就是在至元二十六年前后，其时家铉翁之子已不在人世，而孙子尚未成年。家铉翁有一外孙见诸史籍，吴澄（1249～1333）《题常道士易学图》载：

> 眉山则堂家公如箕子归周而不仕周，其外孙临邛常君不肯为农、为贾、为胥、为吏，以贱辱其身，而寄迹于老氏清静之教。公遂为言老氏所以同于吾圣人之《易》者，而并及陈、邵、周子之学。所望于其外孙者，不其远乎？常君籍记外祖之训，罔敢坠遗，述一图以广羲、文八卦之说，可谓不羞其先世，不忝其外氏者矣。邵子曰"老子得《易》之体"，又曰"孟子得《易》之用"。进退存亡不失其正，家公有焉；消息盈虚与时偕行，常君有焉。祖孙之所得于《易》者如是。③

由上文可知，家铉翁的外孙为临邛（今四川邛崃）人，"不肯为农、为贾、为胥、为吏"，皈依道教，尤好老庄，著有《易学图》。文中云"眉山则堂家公如箕子归周而不仕周"，"箕子"处于商末周初的历史大变动时期，他是殷纣王的叔父，因劝谏纣王而被囚禁。商朝被灭后，箕子不愿仕周，武王将朝解封给了他。家铉翁的遭遇与箕子有相似之处。常道士深受外祖父家铉翁"如箕子归周而不仕周""进退存亡不失其正"的影响，注重个人的学行修养，将易学思想融入个人的志行。

综上，家氏起源于《诗经·节南山》的作者家父，人才辈出，至宋

---

① （宋）家铉翁：《心斋说》，《全宋文》卷8068，第126页。

② （宋）家铉翁：《祭器之文》，《全宋文》卷8072，第191页。

③ （元）吴澄：《题常道士易学图》，《全元文》卷490，第504～505页。

代，家氏一族在眉州发展鼎盛。家铉翁所在族系，家铉翁之父、弟等族人的生平事迹略可考知者大致如此，或可补家铉翁研究之未备。

第二节 宋代眉山家氏家族考论

眉州人杰地灵，有"山不高而秀，水不深而清静"[1]的美誉。眉山家氏作为名门望族，不但人才辈出，而且有良好的家风与传统。在重大的历史事件、历史转折时期，一些家族人物表现出了崇高的气节，名垂青史，成为家氏家族的代表人物。在学术上，与宋代尊崇《春秋》学的主流相一致，家氏亦以《春秋》学为家学，家勤国、家安国、家铉翁等皆有《春秋》学著述。此外，家坤翁有集官员、学者、作家于一身的特征，其创作今虽留存不多，但气势流畅，文采斐然。家铉翁著有《则堂集》六卷，多记羁北经历，蕴含着深沉的家国情怀，在家氏一族中是文学成就最高的。

一 以气节而名垂史册

据文献记载，家氏敢于直谏。西周末期，周幽王荒怠国政，任用太师尹氏，腐朽不堪，大夫家父见此，作诗以讽谏。家父正直的品格在家氏族人心中刻下了深深的印记，此后世代相传。宋代眉山家氏在蜀中内乱、家国倾覆等社会与国家的事件中都秉持正义和良知，有深沉的忠君爱国思想，表现出坚定的信念和正义的立场。

（一）家愿：元符上书，直言敢谏

家愿是家氏一族的杰出代表，他正直而敢于谏言，曾受到皇帝的嘉奖。

元符三年（1100）正月，哲宗崩，神宗第十一子赵佶即位，是为徽宗。夏四月丁酉朔，日有食之，上因此诏公卿大夫而求言。家愿当时任普州乐至县令，响应诏书进言，极力论述时政共一万字，其要点有十个：一是要谨慎开始而端正根本，二是崇高德行而上达天意，三是严谨对待喜欢和厌恶来防备小人，四是要明察信任来辨别君子，五是广开言路而招徕敢于直谏的人，六是仔细听取谏言还要观察事实，七是破除朋党偏颇的意见

---

[1] （民国）《眉山县志》卷1《地理志·形胜》，民国十二年石印本。

而听信最公正的言论，八是实现盛德来服膺天下，九是尽量宽厚来网罗人才，十是尊崇名教气节来发扬士人风气。这些议论，都是针对当时尖锐的政治问题和社会矛盾，足见家愿的忠义之气。然而，奏疏递上，不予答复。

没想到的是，元符上书给家愿带来了十年的贬谪生活。崇宁元年（1102），朝廷下诏将元祐、元符上书人的姓名记录在册，家愿以选人籍被列入邪下等，贬监华州西岳庙。当时应该改京官，一直不给改，禁锢不调凡十年。直到大观四年（1110），孛星出现，颁降大赦令，解除党禁，家愿被调为双流知县。

（二）在吴曦叛蜀中的政治立场

吴曦（1162～1207），德顺军陇干（今甘肃静宁）人，著名抗金将领、信王吴璘之孙，吴挺之子。以祖荫补右承奉郎。淳熙五年（1178），吴曦随父吴挺到临安后被留任职；淳熙十二年，作为副使随章森出使金朝。绍熙四年（1193），挺卒，起复濠州团练使。庆元元年（1195）冬，由建康军马都统制除知兴州兼利西路安抚使。四年，宪圣园陵成，以劳迁武宁军承宣使。六年，光宗攒陵成，迁太尉。

南宋皇帝对吴氏世握兵权存有戒心："吴氏世职西陲，威行四蜀，列圣皆留其子孙于中朝，所以为虑者甚远"，而吴挺、吴曦也都是日夜思念返回四川重掌兵权。当吴曦"久蓄归蜀之志，朝廷不许"[①]之时，适"会韩侂胄谋开边"，收复失地以建立不世功勋，吴曦"因附侂胄求还蜀"。[②]嘉泰元年（1201）七月，南宋准备攻金，吴曦被任命为兴州都统制兼兴州知州。

开禧二年（金泰和六年，1206）三月，程松任四川宣抚使，置司兴元府，吴曦任四川宣抚副使，置司河池；四月，吴曦又兼陕西河东招抚使，派兵进攻金秦州地区；五月，南宋正式宣布进攻金朝。金章宗面对南宋的全面进攻，决定争取吴曦降金，蜀汉路安抚使、都大提举兵马事完颜纲在行军途中，接到金章宗招降吴曦的诏书，遂至吴氏祖居地水洛城（今庄琅），"访得曦族人端，署为水洛城巡检使，遣持诏间行谕曦"，招降诏书

---

① 汪圣铎点校《宋史全文》卷29下，中华书局，2016，第2490页。
② （元）脱脱等：《宋史》卷475《吴曦传》，第13811页。

中向吴曦明确表示："若按兵闭境不为异同，使我师并力巢穴而无西顾之虞，则全蜀之地卿所素有，当加封册，一依皇统册（赵）构故事（指绍兴和议）。更能顺流东下，助为掎角，则旌麾所指尽以相付"，"曦得诏意动"。同年十一月，宋军几乎全线溃败；十二月，吴曦降金，据兴州自称蜀王，金封吴曦为蜀国王，金章宗对诱降吴曦的成功十分得意，自称"吴曦之降朕所经略"。① 次年二月，兴州中军正将李好义等冲入伪王宫杀死吴曦。吴曦终年 46 岁。

1. 家大酉：不受伪命，弃官而去

家大酉，字朝南，眉山人，《宋史》有传。大酉第进士，初授昭化主簿，吴曦叛，大酉弃官去。淳祐（1241～1252）中侍讲经筵，累官工部侍郎，与宰相史嵩之论不合，罢去。大酉为人方直，虽累屈守死不变，卒谥文节。事迹见《宋史翼》卷 17。

吴曦叛蜀，欲收用蜀名士以系民心。其时，陈咸自髡其发，史次秦涂其目，杨震仲饮药卒，王翊、家拱辰皆不受伪命，家大酉、杨修年、李道传等都弃官而去。吴曦之叛平，朝廷授家大酉等回任，洪咨夔撰《家朝南避伪回任檄跋》云：

> 蜀士有死之以为忠者，有去之以为义者，各行其志也。吾朝南其去之以为义者欤！夫死生命也，去就义也，惟其委死生于天而后能全去就于人。《易》曰："君子以致命遂志。"朝南以之。②

君子舍生取义，唯有不惜生命，才能保家卫国。吴曦叛蜀，任命家大酉以伪职，他将个人生死系之于天，毅然弃官而去，最终家国得以保全，历史也记下了他舍生取义的崇高志行。

2. 家炎：临危不变，誓死守城

家炎，字季文，家彬曾孙，眉山人。以父任入官，主金州石泉县（今陕西石泉）簿。历雅州（今四川雅安）司理参军，知潼州府郪县，通判叙州，擢知富顺（四川富顺）监。会吴曦反，炎与诸郡守谋讨贼。贼平，宣

① （元）脱脱等：《金史》卷 98《完颜纲传》，中华书局，1975，第 2180 页。
② （宋）洪咨夔著，侯体健点校《洪咨夔集》（上），第 264 页。

抚使安丙荐知开州，炎辞，后起知资州。知资州时，葺诸贤祠，建奇文馆，优奖讽励士人，政绩颇著。资州人因其父祖亦曾守资州，为筑世德馆。绍定四年卒，年八十七。

家炎知富顺监时，遇吴曦之叛，他誓死坚守，安丙、魏了翁俱称之，赞其为"恂恂守道者"。魏了翁《知富顺监致仕家侯炎墓志铭》详细记述了家炎临危不变、誓死守城的事迹：

> 抵富顺之明年，曦以蜀叛，侯愤惋至忘饔寝。母问故，侯具以对，且曰："万一变作，守城臣当死，为母忧，奈何！"母曰："死城郭，分也，非吾忧。"侯乃夜自为书告本道使者，吏窃稿去，侯不问，驰使四出。告至叙，叙守薛君九龄亟和之；至帅府，帅府布其言十四州。已而叛势鸱张，皆沮且怖，侯不为变。曦诛，侯亦不自言也。母丧去官，除丧，宣抚使安公上富顺抗伪事，请知开州，又荐充监司科，侯辞。①

家炎是非分明，立场坚定，魏了翁赞其曰："是非之心，其孰无之，而夺于利害以谬迷其所固有，甘于祸家凶国而不知顾者多矣。"② 如果不是家炎平日里就有是非善恶之心，顾念家国的兴衰，怎能在危急关头会如此冷静呢！

（三）家铉翁：在宋亡之际的人生选择

家铉翁以其文章、风节名重于世，是宋末遗民诗人中较有影响的一位。他处于宋元易代的风云变幻中。南宋灭亡之际，他临危受命，处于南宋政治舞台的中心，奉使北上，在皇帝及太后、宗室大臣都已经降元的情况下，他仍然拒仕新朝，因此被羁縻北方长达十九载。家铉翁追求高尚人格，不惜以生命为代价，最终赢得了故宋遗老的推崇，赢得元朝统治者的尊重。

二 眉山家氏的学术成就

宋代巴蜀文化繁盛，出现了许多著名的学术之家、文学之家、史学之

---

① （宋）魏了翁：《知富顺监致仕家侯炎墓志铭》，《全宋文》卷7126，第321页。
② （宋）魏了翁：《跋家季文守富顺日拒吴曦伪檄事》，《全宋文》卷7088，第167～168页。

家。而眉山因有诸位名公巨卿，亦闻名全国。眉山家氏深受时代及地域的影响，既以德行道义为家风传统，"眉阳士人之盛甲两蜀，盖耆儒宿学能以德行道义励风俗、训子孙，使人人有所宗仰，而趋于善，故其后裔晚生，循率风范，求为君子，以至承家从仕，誉望有立者众。家氏之族，乃其一也"①，又有深厚的家学渊源，时人牟𪩘有诗云："眉山钟神秀，翁季天下伟。直到仲虎辈，奕奕殊未已。家为文章家，百年兼两侍。"② 家氏一族人才辈出，家安国、家定国为二苏讲友，家定国之子家彬"有学行，为士林所高"③，家大酉名列朱文公学党之籍，深得理学旨趣。

（一）以《春秋》学为家学

《春秋》学在宋代是显学，而巴蜀《春秋》学不但成果较丰，而且不乏名家，如苏辙、赵鹏飞、魏了翁都是名儒。④ 眉山家氏以仕宦、学问而盛于蜀中，《春秋》学著述集中在北宋晚期、宋末元初两个时段。北宋晚期有家勤国、家安国，有学者称其是"反王学的家氏兄弟崛起"⑤；而家铉翁的《春秋》学则融入对于时代兴亡的理解。虽然眉山家氏《春秋》学在学术的承袭上没有明显的特点，但是都与各自的时代背景有密切的关系。

1. 家勤国

家勤国著有《春秋新义》十卷，已佚。⑥ 家勤国著此书，是愤慨于王安石长期废除《春秋》学。王安石"黜《春秋》之书，不使列于学官，至戏目为'断烂朝报'"。王安石著有三经，都以《新义》为名（《周官新

---

① （宋）吕陶：《朝请郎新知嘉州家府君墓志铭》，《全宋文》卷 1612，第 88 页。
② （宋）牟𪩘：《送家自昭长慈湖》，《全宋诗》卷 3511，第 41932 页。
③ （宋）吕陶：《朝请郎新知嘉州家府君墓志铭》，《全宋文》卷 1612，第 89 页。
④ 有学者统计，巴蜀《春秋》学著作，宋代有 55 种，其存有者有：苏辙《春秋集解》12 卷，王当（眉山人）《春秋列国诸臣传》51 卷，崔子方（涪陵人）《春秋本例》20 卷、《春秋例要》1 卷、《春秋经解》12 卷，李石（仁寿人）《左氏君子例》1 卷，程公说（眉山人）《春秋分记》90 卷，赵鹏飞《春秋经筌》16 卷，魏了翁《春秋左传要义》31 卷，家铉翁《春秋集传详说》30 卷、《纲领》1 卷等。[舒大刚《宋代巴蜀学术文化述略》，《湖南大学学报》（社会科学版）2013 年第 1 期]
⑤ 方铭主编《〈春秋〉三传与经学文化》，长春出版社，2010，第 303 页。
⑥ 关于家勤国《春秋新义》，明清书目著录情况如下：（元）脱脱《宋史》卷 202《艺文志》："《春秋新义》十卷。"（明）王圻《续文献通考》卷 173《经籍考》：《春秋新义》，家勤国著。勤国，眉山人，与苏轼兄弟为同门友。王安石久废《春秋》学，勤国愤之，著为此书。（明万历三十年松江府刻本）（清）朱彝尊《经义考》卷 178《春秋》："《春秋新义》，宋志，十卷，佚。"（《景印文渊阁四库全书》本）

义》《诗经新义》《书经新义》），而家勤国不满于王安石废《春秋》，著述名曰《春秋新义》，从书名可看出其愤激。

2. 家安国

家安国，字复礼。勤国从兄。宋仁宗庆历间进士。历官永康军司法参军、成都府学教授。博学多才，善属文。著有《春秋通义》二十四卷，《元丰平蛮录》三卷、《阴符经元机》一卷，均佚。《宋代蜀文辑存》录其文二篇。家安国与苏轼兄弟为同门友，苏轼有《送家安国教授归成都》[①]，又有《与家复礼》诗。[②] 家安国与黄庭坚亦友善，黄庭坚有诗《戏赠家安国》。[③]《四川通志》有传。

家安国所著《春秋通义》，《宋史》卷202《艺文志》载："二十四卷。"《四库全书》存不知姓名者一卷，《四库全书总目》云："《春秋通义》一卷，不著撰人名氏。考《宋史·艺文志》，甯遵品、王晢、家安国、邱葵皆有《春秋通义》，其书均佚不传。甯氏、王氏书各十二卷，家氏书二十四卷，邱氏书二卷。此本仅存一卷，凡四十八条。编端冠以《小序》，称孔子之修《春秋》也，因其旧文，乘以新意，正例笔之，常事削之。其有缪戾乖剌，然后从而正之，别汇之曰特笔。而《小序》之后亦以'特笔'二字为标题。盖此卷为《通义》中之一种，但不知四家中为谁氏之书耳。"[④] 因此，《四库》所存此卷《春秋通义》不敢确定是否为家安国所著。

从书名"通义"二字可知，其编撰体例为"义疏"。

3. 家铉翁

家铉翁有《春秋序例》《春秋集传详说》《春秋集传详说纲领》。著于宋亡之后，他被元朝羁縻河间时期，成书于至元二十一年（1284）。《春

---

① 苏轼《送家安国教授归成都》："别君二十载，坐失两鬓青。吾道虽艰难，斯文终典刑。屡作退飞鹢，羞看干死萤。一落戎马间，五见霜叶零。夜谈空说剑，春梦犹横经。新科复旧贯，童子方乞灵。须烦凌云手，去作入蜀星。苍苔高胅室，古柏文翁庭。初闻编简香，稍觉锋镝腥。岷峨有雏凤，梧竹养修翎。鸣呼应蠖律，飞舞集虞廷。吾侪便归老，亦足慰余龄。"

② 苏轼《与家复礼》："前日辱访别，怅恋不已。阴寒，起居佳否？送行诗别写得一本，都胜前日书者。复纳去。远道，万万自重。"

③ 黄庭坚《戏赠家安国》："家侯口吃善著书，常愿执戈王前驱。朱绂蹉跎晚监郡，吟弄风月思天衢。二苏平生亲且旧，少年笔砚老杯酒。但使一气转洪钧，此老夔铄还冠军。"

④ （清）永瑢等：《四库全书总目》卷26，第215页。

秋》记述自鲁隐公元年（前722）到鲁哀公十四年（前481）的行事，"以诛乱贼而始，以诛乱贼而终"，家铉翁学专《春秋》，亦有以古鉴今，以《春秋》砥砺志节之意。其著《春秋集传详说》"以《春秋》主乎垂法，不主乎记事，其或详或略，或书或不书，大率皆抑扬予夺之所系"。① 该著与宋元鼎革的时代背景相结合，阐发对于朝代兴亡的深刻领悟和人生理念。（详见第八章"家铉翁与《春秋》学"）

（二）理学成就

南宋后期，程朱理学盛行，家抑、家演、家子鉴、家铉翁等人信从理学，并有一定造诣。

1. 家抑

家抑，字恭伯，嘉定年间（1208～1224），为嘉定府教授，朱熹门人黄榦曾为其作《家恭伯重斋记》，云家抑"守其家学之传，汲汲然以读书讲道为事"②，得为学之要。

2. 家演

家演（一作撰），字本仲。为黄榦门人，又得陈淳教诲。讲论程朱理学，有较高造诣。黄榦谓其志学操行，与"井研四李"之一的李道传相为"伯仲"。③

3. 家子鉴

家子鉴，理宗时人，曾为蒲江县令，宣扬理学，将周敦颐《太极说》，张载《西铭》和朱、吕《学规》"以勒石于乡校"。④

三 眉山家氏的文学成就

两宋"文人之盛，莫过于蜀"，许肇鼎先生《宋代蜀人著作存佚录》共著录作家一千零二十余人，各类著作凡二千五百三十多部，其中相当大一部分是诗文词集。⑤ 可见宋代巴蜀文星闪耀，精品迭出，尤其是成都、

---

① （清）永瑢等：《四库全书总目》卷27，第224～225页。
② （宋）黄榦：《家恭伯重斋记》，《全宋文》卷6556，第380页。
③ 《勉斋集》卷18《家本仲无欲斋记》、卷19《送方明父归岳阳序》；陈淳《北溪大全集》卷10《送家本仲序》。
④ （宋）魏了翁：《跋陈了斋责沈》，《全宋文》卷7085，第129页。
⑤ 许肇鼎：《宋代蜀人著作存佚录》，巴蜀书社，1986。

眉州、隆州（今四川仁寿）较为突出。成都是通都大邑，巴蜀的政治经济文化中心，人才荟萃，文化积累丰厚，文学较为发达。眉州虽然没有成都的区位优势，但是唐五代时世族大家的迁移，以及重视教育，建立书院，私立蒙学，使士子热心向学，诸多因素的合力使眉州文化繁荣，成为宋代三个刻书中心之一。

文学的发展使眉州不但在当时受到瞩目，且跨越时空，在后世影响极远。这主要表现在眉州出现了文学大师、"蜀学"领袖苏轼。苏轼文章在当时就风行于世，而后学习苏文，代有其人，苏轼的词章学遍及整个巴蜀地区。同时，眉州重视文化传统，对于乡贤极为重视，诸多眉州籍作家都蕴含着苏氏遗风。史尧弼在《简池守孙公哀词》中写道："吾州所以重于天下者，以风俗厚，论议正，士大夫有家法，而子孙能世守，往往可以传后世、风州里。"① 这里表达的正是对文化传统的阐释。

家氏一族与苏轼同里，家安国、家定国与苏轼为同窗好友，这种亲密的同学关系使家氏兄弟直接受到苏轼的影响。对于家氏后人来说，因为先祖与苏轼的同窗关系，他们在文学上的发展，潜移默化地有苏轼文风。

（一）家定国

家定国，字退翁，眉山人，安国弟。擢进士第，官永康司法参军。韩绛欲治西山道，定国谓蜀近夷，恃险以安，若磐石平堑为坦途，将有后忧，绛然其言，为之罢役。更历漕州司理，迁知洪雅县，金书蜀州判官事，终朝请郎知嘉州，绍圣元年卒，年六十四。庆历、嘉祐间，与定国同从刘钜游，与东坡兄弟为同门友。苏辙作有《送家定国同年赴永康掾》②《送家定国朝奉西归》③ 与之唱酬。

家定国有诗文四十卷，已佚，《全宋诗》卷685录有一句。事迹见

---

① （宋）史尧弼：《简池守孙公哀词》，《全宋文》卷4833，第80页。

② （宋）苏辙《送家定国同年赴永康掾》："清慎岷山掾，登科已七年。迎亲就鱼稻，为吏择林泉。去骑关中热，归心沫水鲜。官闲幸可乐，记买鹧鸪煎。（永康多鹧鸪）"《全宋诗》卷850，第9842页。

③ （宋）苏辙《送家定国朝奉西归》："我怀同门友，势如晓天星。老去发垂素，隐居山更青。退翁联科第，俯仰三十龄。仕官守乡国，出入奉家庭。鹡鸰性本静，芝兰深自馨。新诗得高趣，众耳昏未听。笑我老忧患，奔走如流萍。冠裳强包里，齿发坐雕零。晚春首归路，朱轓照长亭。县令迎使君，彩服导辒辌。长叹或垂涕，平反知有令。此乐我已亡，虽达终不宁。"《全宋诗》卷863，第10026页。

《宋史翼》卷19、《蜀中广记》卷46、吕陶《家府君（家定国）墓志铭》。

（二）家铉翁

《则堂集》诗文反映了家铉翁在北方的生活情况。透过文字，我们可以体会到他执着坚忍的等待、冷静却有热度的内心世界。

家铉翁被羁押时，元朝易宋的格局已定，他已无回天之力了，"只得将国亡家破的血海深仇积淀在心底，而以平静的心态面对现实"。[1] 他在河间得到了当地人的敬重，通过授徒讲学，有了比较稳定的生活方式，也逐渐融入了当地人的生活。其《则堂集》中，有大量的作品是应当地人之请，而写的堂、室、寺、阁的修造记，还有序、跋、说之类的文章。这些文章，受到南宋理学影响的痕迹很重，多围绕经义展开，理学气息浓厚。同时，《则堂集》中有诗两卷，也受到理学影响，重谈理而淡诗味。但风格雅正，虽有质木之感，却多可取之处，诚如《四库全书总目提要》所云："皆词意真朴，文不掩质，亦异乎南宋末年纤诡繁碎之格，尚为多有可取。"（《则堂集》提要）

但是，《则堂集》还有一些作品，托物言志，抒怀表节，充满黍离之悲与家国情怀，令人动容，如《寄江南故人》："曾向钱唐住，闻鹃忆蜀乡。不知今夕梦，到蜀到钱唐？"深蕴黍离之思，饱含着深厚的家国情怀。

（三）家坤翁

家坤翁（1213？～？），号颐山，眉山人。家大酉之子。理宗淳祐二年（1242），知诸暨县（今浙江诸暨）。[2] 能文章，好奖掖儒彦，甚有政绩。尝筑长官桥为长堤障水，植柳其旁，人号"家公万柳堤"。[3] 历司农丞，除枢密院编修官兼度支郎中（《后村集》卷63、66）。景定三年（1262），以户部郎中出知抚州（今江西抚州），"约己剔蠹，始立定规，清积年深弊，重纂图经，民称颂之"[4]，修桥建殿，"重纂图经，增拨学租，文章、政事

① 祝尚书主编《中国古代诗文名著提要·宋代卷》，河北教育出版社，2009，第545～547页。
② （清）《（光绪）诸暨县志》卷22，清宣统二年刻本。
③ （明）萧良幹：《（万历）绍兴府志》卷37《人物志三·名宦前》，载（明）萧良幹修，（明）张元忭、孙鑛纂，李能成点校《（万历）〈绍兴府志〉点校本》，宁波出版社，2012，第719页。
④ （清）彭遵泗：《蜀故》卷12，清乾隆刻补修本。

皆善"。① 坤翁纵览群书，"博雅有家学"②，尝纂《景定临川志》三十五卷，《永乐大典》卷19419存其残卷，并为之作序。③《全宋诗》卷3342录其诗二首。文收入《全宋文》卷8194（册354）。佚文一篇《增具学宫仪注记》，存于《（光绪）抚州府志》卷32。④

《全宋文》所收家坤翁文，凡十三篇，其中记十一篇、后记一篇、序一篇，均为记事而作，且均作于景定三年（1262）至咸淳元年（1265），家坤翁任抚州太守期间。其中《景定重修五峰堂记》《景定重修鲁公堂记》《重修三清殿记》《重修州学大成殿记》《重修抚州城记》《重修瀛洲记》等文记载了他修建堂殿等大事。所记之兴废，洋洋洒洒，娓娓道来，饱含着他对郡土的深沉厚爱，对家国的拳拳赤诚，从中可见家坤翁的能力和才华。

他另有四篇托物寓理的小记——《玉茗亭记》《金玉台记》《羊角石记》《明润阁记》，情韵充沛，气势俨然，颇有文学大家的气象。

考察家铉翁的家族世系，从众多史料中可牵出两个线索：其一是家铉翁所在的家族具有良好的家风以及家学传统，这是他成长中极为重要的血缘基因，家铉翁似乎天然带有正义感，其行事风格与家族传统一脉相承；其二是巴蜀浓厚的文化及学术气氛，尤其是与苏轼同里这一地缘关系，使他浸润在浓郁的蜀学氛围中，在各方面受到苏轼的影响。总之，深入剖析一个人的家族世系及其成长环境，能够进一步体察其成就的渊源，构建一个相对广阔的历史时空，对于思考其人、其事有重要价值。

---

① （清）许应鑅等：《（光绪）抚州府志》卷39，《职官志·名宦一》，清光绪二年刊本。
② （宋）刘克庄：《家坤翁、赵若璹农丞制》，《全宋文》卷7500，第268页。
③ （宋）家坤翁：《宋景定志·序》，（清）许应鑅等《（光绪）抚州府志》卷首，清光绪二年刊本。
④ （宋）家坤翁：《增具学宫仪注记》，（清）许应鑅等《（光绪）抚州府志》卷32，清光绪二年刊本。

第三章　家铉翁生平著述考

　　家铉翁传记见于《宋史》卷421、元佚名《宋史全文》、明柯维骐《宋史新编》卷159、明钱士升《南宋书》卷62、清万斯同《宋季忠义录》卷10等，其中以《宋史》本传的资料最早，也是其他史籍的主要依据。文天祥的文集《指南录》《指南后录》《集杜诗》以及元代龚璛的《春秋详说跋》①文提供了一些宝贵的信息，而两浙、四川以及河间等各地方志中亦有若干零星的记载。

　　本章钩稽考述文献资料，依据《则堂集》诗文中所提供的线索，考释家铉翁的名、号，梳理家铉翁的事迹，力图勾勒较为完整的家铉翁生平经历之全貌。此外，本章对家铉翁的著述《则堂集》《春秋集传详说》的版本流传情况予以考辨。

第一节　名、号考

　　《颜氏家训·风操》："古者名以正体，字以表德。"名是正体之本，字是名之外对德行的表达。名、字，一般由父母、师长来取。人始生三月而有名，及冠而取字，在社交中供人称呼，字与名相互呼应。文人学士于名、字之外，自己另取一个或多个号，又称"别号"，以区别于他的名和字。

　　家铉翁，史籍未载其字，只载其号"则堂"。"铉翁"之名取自《周

---

① 载（宋）家铉翁《春秋集传详说》卷末，《通志堂经解》本。

易·鼎》，乃其父所命，对他寄予担当大任的厚望。家铉翁《青鼎说》云：

> 昔余始冠，先君子命之名曰"铉"，而说之曰："在《易·鼎》之'六五'。其辞曰：'鼎黄耳金铉，利贞。'夫鼎，重器也，中虚而上植，可以胜重任而致远。必有铉焉，横贯于鼎耳之上，所以举鼎也。人之此身，鼎象也。所以胜重任而致远，惟刚、惟中、惟正，犹鼎之有铉，铉之用金，为其坚强中正而可以挈也。以是名汝，守汝之中，用金之强，庶乎可以胜鼎之重矣。"①

"鼎"为传国重器，引申为国家政权和王位，父亲希望他能辅佐君王在国家的发展上有所作为，因此取鼎卦。其卦文中的"铉"，乃举鼎之具，横贯鼎两耳以举鼎的木棍。或为钩状，金属制，以提鼎两耳。《说文·金部》："铉，举鼎也。"《易·鼎》："鼎黄耳金铉。"孔颖达疏："铉，所以贯鼎而举之也。"家铉翁的父亲以"铉"字为其命名，希望他日后能够志存高远，担任大臣、重臣，承担起辅佐君王治国兴邦的大任。而能为"铉"者，必"惟刚、惟中、惟正"，且用"金"，才能胜过鼎之重，因此，父亲希望家铉翁能够成材成器，对他寄予殷切期望。

家铉翁铭记父亲命名的用意，"禀承先训，尝作鼎，加铉于其上，而置之座右，朝夕观省"（《青鼎说》）。作鼎加铉，朝夕观察自省，体会其中的冀望。他从"铉"的物形想到其"提鼎"之寓意，对照自己的行为，成为一种行为准则，"以有是铉，以自挈其身，铉非吾身外物也"。"铉"已成为他人生的座右铭，以致贯串生命始终，"由少壮暨老耄"，尤其是身处危难之时，"历患难之境，处抢攘之会，老壮穷坚不改其操"（《青鼎说》）。直至年近八十，他仍在斟酌"铉"字之寓意，"吾行世六纪，年近八十，不复有志当世，将释金之坚强，而用玉之温润，从乎《鼎》之'上九'以为节也"（《青鼎说》）。当"铉"之坚强难以行通，他易以玉之温润，以玉之"节"来要求自己，历练为高尚的节操，珍视自己的名声和尊严。

---

① （宋）家铉翁：《青鼎说》，《全宋文》卷8068，第138页。

《宋史》本传载，家铉翁"自号则堂"。"则"取自儒家经典"五经"之一《礼记》，主要表达的是做人修身的准则。家铉翁在《志堂说》中写道：

> 中年因读《礼》，采《内则》名篇之义，命堂曰"则"。尝语祖仁："我则其则，子志其志，持是自见于世，何行而不可乎？"[1]

家铉翁认为自己的性格是"迂拙自信，恪守绳尺"，因此在中年时，他采《礼记·内则》名篇之义，命堂曰"则"。

《礼记》记述先秦时期的典章、名物、制度及冠、婚、丧、祭、宴、享、朝、聘等礼仪，《礼记·内则》讲的是家庭成员在家中所应遵循的礼仪规则。所谓"则"，乃规律、法则之意。《尔雅·释诂》："则，常也。"《广韵·德韵》："则，法则。"家铉翁认为世间万物都是依据一定的规律存在，而世间之人要遵循这一规则、法则行事。因此，在国家灭亡，新朝请其入仕为官时，他严词拒绝，他所遵循的正是君臣之礼、君臣之义、一臣不事二主的儒家法则，由此也看出他一生行事都践行了"则"的内涵。

第二节 生平考略

家铉翁生逢南宋后期，既是南宋逐渐走向衰亡的时期，也是蒙古帝国由建立到横扫欧亚大陆、疯狂扩张的鼎盛阶段。他出生时，正值成吉思汗统一蒙古草原的各个部落、建立大蒙古国（1206）后的第八年；他15岁时，蒙古大军消灭西夏（1227）；他22岁时，蒙古联宋灭金（1234）；他48岁时，忽必烈在开平（今内蒙古自治区锡林郭勒盟正蓝旗境内）称汗（1260）。因此，尽管他生活在看似一片太平、一片祥和的南宋，但是隐藏其后的却是蒙古扩张的强烈欲望和南宋灭亡的深重危机。

家铉翁的一生，以南宋灭亡的节点为界，分为宋亡之前、困顿河间、浩然南归三个阶段。

---

① （宋）家铉翁：《志堂说》，《全宋文》卷8068，第125页。

一 宋亡之前，宦游州县

四川眉山家氏家族在朝廷任有要职，声誉显赫，世业儒学。家铉翁以荫补官，积极入仕，政绩斐然。

（一）学术渊源，归主朱子

家铉翁自幼学习儒家经典，学问渊源有自。其《心斋说》云：

> 余丱角时，受学于梁山贾齐乡先生。不以余为童稚未有知，每为具道心性命之大指，且曰："学问之道，能自有所得，夫然后自信而无所疑。未能自有所得，而信他人之言，以为自己之得，徒学也。"余具记其语，不敢忘。自是以来，周游四方，请益于当世大老、派系之自武夷出者，虽诲诱谆谆不倦，而余犹有疑也。独于梁山先生在宿昔所言，涵泳省索，由少而壮而老，服膺弗失。虽不敢自以为有所得，而笃信之无所疑也。①

"丱角"，指头发梳成两角形，引申为童年或少年时期。由此可知，家铉翁童年之时就已学习儒家经典，并理解了先生所讲的学问之道，要"自有所得"，才能充满自信，否则就是徒劳，他"涵泳省索，由少而壮而老，服膺弗失"，可见蒙童教育对他的影响是相当深刻的。然其所云"梁山贾齐乡先生"，史料阙如，无从印证是哪位学者。

而后，家铉翁"自是以来，周游四方，请益于当世大老、派系之自武夷出者"，"自武夷出者"当是朱熹后学，接受的主要是朱熹学说的影响。

（二）入仕为官，政誉翕然

家铉翁的故乡四川眉州在宋代是人才辈出、巨星闪耀的地方，不但产生了像李焘（1115～1184）这样的史学名家、文学巨匠"三苏"（苏洵、苏轼、苏辙），更有魏了翁（1178～1237）、程公许（1182～1250）这样的直臣、诤臣。在家铉翁走入仕途的道路上，家族传统、地域乡贤

---

① （宋）家铉翁：《心斋说》，《全宋文》卷8068，第126页。

都潜移默化地给他以影响，使他成为一名卓有政绩的地方官，敢于担当的朝官。

家铉翁以父荫补官，具体时间史籍阙载。他出任地方官的时间较长，《志堂说》有"沉埋州县垂四十年"。家铉翁政誉翕然，屡得升迁，"所至皆著能名"。[1] 史籍、地方志中对家铉翁最早的官职记录是景定中，"累官知常州"（《宋史》本传）。

据清代修《江南通志》载：景定五年（1264）十二月，家铉翁以朝奉郎、监行在诸司粮料院出守常州。[2] 在常州太守之任，他大展雄才，重视文教，将法济废寺改建成学堂，并撤掉浮屠像，在两庑绘塑先圣、先师十位哲人，将寺租改为学粮，开拓了地方教育的发展。据宋代史能之（1241年进士）《（咸淳）重修毗陵志》载：

> 咸淳元年（1265），太守家铉翁以两邑学子有请，即法济废寺改创，撤浮屠像，塑先圣、先师十哲，绘从祀于两庑，立讲堂，扁以尊经，列斋四，传文辅仁，升俊复礼，即寺租为学粮，土木既竟，将见教养之盛。[3]
>
> 立斋，在平易堂西。咸淳二年，家守铉翁建取《易·恒》卦"立不易方"之义。……静镇，在便厅后，家守铉翁建。[4]
>
> 咸淳三年，家守铉翁以法济废寺、武进县良田入学以供春秋释菜。[5]

其后，至咸淳中期，家铉翁迁浙东提点刑狱，入为大理少卿。咸淳八年，兼权知绍兴府、浙东安抚、提举司事。[6] 次年，任检详。不久知镇江军府、兼管内勤农营田事、节制军马。[7] 咸淳十年，家铉翁任朝奉大夫、

---

① （明）曹学佺：《蜀中广记》卷46，《景印文渊阁四库全书》本。

② （清）谢旻等监修《江南通志》卷88，《景印文渊阁四库全书》本。

③ （宋）史能之：《（咸淳）重修毗陵志》卷11，明初刻本。

④ （宋）史能之：《（咸淳）重修毗陵志》卷5《官寺一·州治》。

⑤ （宋）史能之：《（咸淳）重修毗陵志》卷14《祠庙》。

⑥ （元）脱脱等：《宋史》卷46《度宗本纪》，第910页。

⑦ （宋）家铉翁：《洞霄宫庄田记》，载傅增湘《宋代蜀文辑存》卷94，北京图书馆出版社，2005。

直宝谟阁。①

德祐元年（1275）初，元军顺流东下，宋沿江城邑纷纷败降。二月，贾似道兵败丁家洲（今安徽贵池北）。南宋幼帝赵㬎即位，谢太后垂帘听政，政权岌岌可危，面临灭顶之灾。

德祐元年六月，朝廷命家铉翁知临安府、浙西安抚使。② 朝廷制诰云：

> 敕具官某：朕慨思时艰，迪简贤尹。商邑为四方之极，用谨固于本根；周官倡九牧之风，乃力辞于侍从。有嘉廉逊，载锡宠襃。尔粹学融明，素履修洁。和平之政，如古循吏所称；清直之名，惟前文人是似。世济其美，人皆曰贤。肆予更政化之初，命尔导宥密之命。咨日蘥浩穰之寄，陟地官论思之联。怡静之操不渝，忠谠之风可挹。予欲成奠枕皇皇之绩，尔惟有游刃恢恢之才。强本折冲，尤难于欧、蔡承平之日；流化自近，匪但循赵、张发擿之规。可。③

这篇制诰出自王应麟（1223～1296）之手。在这份诰书里，王应麟以沉痛之笔道出国运之艰，进而肯定家铉翁的品性修养，将所学融于所任之职，保持修身之洁，具有古循吏的美名，"世济其美，人皆曰贤"。而今大敌压境，要强本折冲，威制夷狄，这样的境况要远远难于欧阳修（1007～1072）、蔡襄（1012～1067）辅政的承平时期。西汉京兆尹赵广汉（？～前65）、张敞（？～前48）被认为是京兆尹的楷模，今朝廷在危机之时要委京兆尹之重任于家铉翁，希望家铉翁能以恢恢之才辅佐朝廷循赵、张之迹，威制豪强，抵御外辱，稳定宋朝的统治。

王应麟于宝祐四年（1256）通过博学鸿词科，理宗在集英殿举行殿试，王应麟担任覆考官，名次呈上来后，理宗打算将第七名改为头名，王

---

① （宋）家铉翁：《奉化县忠节四公祠堂记》，《延祐四明志》卷19，《景印文渊阁四库全书》本。

② 家铉翁任京兆尹时间，《宋史》阙载。《宋季三朝政要》卷5："六月庚申朔……陈宜中左丞相，留梦炎右丞相，陈文龙、黄镛金书枢密院事，谢堂镇抚使，家铉翁知临安府。"从之。（元）佚名撰，王瑞来笺证《宋季三朝政要笺证》，第412～413页。

③ （宋）王应麟：《家铉翁依前直华文阁枢密副都承旨特授知临安府浙西安抚使诰》，《四明文献集》卷5，中华书局，2010，第200～201页。

应麟取过卷子读后，顿首说："这份卷子古奥如同龟鉴，忠肝义胆如同铁石，臣祝贺陛下得到这样的优秀人才。"遂以第七卷为首选。金殿唱名，知作者是文天祥。王应麟读其文而能知其人，鉴赏力可谓超人一等，这个慧眼识人的故事一直被传为佳话。而今，在这篇《家铉翁依前直华文阁枢密副都承旨特授知临安府浙西安抚使诰》里，尽管制诰中的人物品评具有程式化的特点，但这些评价和判断非常符合家铉翁的特点。

自德祐元年（1275）六月至德祐二年正月，家铉翁任京兆尹的时间为半年。

（三）奉命出使，拒仕元朝

德祐二年正月，元军进逼临安，逼迫南宋投降。南宋国事危急。正月十九日，家铉翁被委以参知政事，二十日，赐进士出身、拜端明殿学士、签书枢密院事。是日，元朝遣使入临安府，令太皇太后谢道清投降。其时，贾余庆令学士院降诏，令南宋州郡各付一省札以降元。唯有家铉翁不肯署押，程鹏飞（降元后为宣抚使）作色，欲缚之，家铉翁云："中书省无缚执政之理。"[1] 元人将家铉翁安置私厅，程鹏飞不敢妄动。

正月二十四日，元朝请南宋宰执亲往燕京朝觐。二月初六，南宋遣贾余庆、吴坚、谢堂、刘岊、家铉翁捧表北庭，号祈请使。在南宋派遣的五名祈请使中，只有家铉翁一人怀着为国祈请之愿，其他四人多唯唯诺诺，无报国之志。二月初九，祈请使一行从杭州出发赴大都议和。家铉翁六十有四，须发斑白，面大体肥，路途颠沛，其中困苦可想而知。

祈请使一行于闰三月初十日抵达燕京，入会同馆。吴坚捧表祈请于元朝，以家铉翁介之。此时元军已进入临安，天下大势已定，家铉翁的祈请之言虽拳拳赤诚，然已微弱无力，故"礼成不得命"[2]，留馆中。闻知南宋亡国，南宋君臣已羁押在途，家铉翁旦夕哭泣，不食饮者数月。元朝以其节高，欲尊以高官，家铉翁义不二君。及宋三宫北还，铉翁再率故臣迎谒，伏地流涕，顿首谢奉使无状，不能感动上衰，无以保存其国。见者莫不感佩。

---

① （元）刘一清：《钱塘遗事》卷8《京城归附》，上海古籍出版社，1985，第186~187页。
② （元）脱脱等：《宋史》卷421《家铉翁传》，第12598页。

四月十二日，诸祈请使及官属车马而行，遣赴上都（十五日恭帝等亦赴上都）。五月一日于上都觐见元世祖，恭帝被降封为瀛国公。家铉翁被遣回大都，移至渔阳。两年后，元人解禁，家铉翁乃从大都迁至河间，从此开始了十几年的羁縻生活。

二　困顿河间，授徒讲学

至元十五年（1278），家铉翁到达河间。直到至元三十一年被放归，家铉翁在河间整整被圈禁十六年。在苍老体衰的耄耋岁月，他逐渐融入当地人的生活，又尽己所能，授徒讲学，受到士人的敬重。

（一）初至河间，生活困顿

在最初的几年里，生活十分艰难，但他得到了邻里的热心帮助。家铉翁仍以使节自况，期待有生之年能够再回故国。

初至河间，最困扰家铉翁的就是居住问题。因为在大都时对文天祥妹妹的倾囊相救，又在途中遭遇暴徒抢劫，因此手头拮据，只能租房居住。一开始，他僦居中城，然而数次搬迁。在江南已度过大半生的家铉翁很难适应北方的气候，备尝艰辛。

然而，邻里帮助家铉翁度过了生活上的难关，而且成为文字之友，给家铉翁以情感的慰藉。在中城时，郭舜元见他思乡心切，卧病家中，便以墨竹为赠，抚慰良多。邻里李吉甫一家与家铉翁交情甚厚，家铉翁很欣赏李吉甫的幼子李茂实，并给予厚望。而后，家铉翁几经辗转，迁至城西，又与邻人赵器之建立了深厚的情意，赵器之帮助家铉翁设馆授徒，且"以城西之田"送给家铉翁作为将来的墓地。[①]

（二）交游广泛，士人敬重

移居河间后，人们将敬仰之情纷纷投向这位年逾古稀的南宋故臣。无论是乡学教授、儒生学士，还是医者术士、艺人方外；无论是当地的吏员，还是当朝的官员，很多人慕名而来，求文问道。家铉翁也逐渐融入当地的士人之中，开始了新的生活。

今传《则堂集》收录家铉翁所撰记、序、说、跋、箴、赞、偈、疏、

---

① （宋）家铉翁：《祭器之文》，载《全宋文》卷8072，第191页。

祭文等诸体文凡80余篇，其大部分是受人请托之作，涉及人物：儒士如河间教授张彦举、傅梦臣，高阳教授阴振之等，医士如崔善卿、边镇之、杨和卿等，方外如虎岩大长老、肃水下上人等；官吏如沁水审官高济卿、路知事杨君实等；他如真定术士史国卿，芦川德人李资夫，太行隐者王诚甫，相台画师韩京叔、鼎臣兄弟，以及任丘范某、鲸川李氏、曲沃许君祥，还有诸多的儒生学士。家铉翁居河间，"北方学者师尊之"。[①] 在前来拜访的人中，朝官刘容、田忠良值得一提。

刘容，字仲宽，号拙斋，祖籍西宁青海，后徙云京（今山西大同）。幼颖悟，喜读书，善骑射。元中统初年，以国师荐入东宫侍真金太子。刘容是经学家许衡的学生，得到许衡的举荐提拔。至元十五年（1278），奉旨赴江西抚慰南宋归附之民。至元十九年授太子司仪，二十四年除秘书监，出任广平路总管。二十五年（1288），奉命使江西，抚慰新附之民。使还，唯载书籍数车，献之皇太子。后命为太子司议。改秘书监，出为广平路总管。后卒于官，年五十二。[②]《元史》卷134有传。

刘容是元代三大"学者"之一、传承程朱理学到北方的大儒——许衡（1209～1281）的弟子，家铉翁"始至北方"，一直想要拜访许衡，等到家铉翁迁置河间，"许公亦告老而归，旋闻下世"，家铉翁与许衡终无见面之缘，"每用此为恨"。[③] 恰刘容以使事来瀛，拜访家铉翁。此时，家铉翁已了解了北方的一些情况，而对刘容也有所了解，他知刘容因才名而被元世祖召见，遂以"严徐"典故作比。[④] 这一典故是说西汉人严安、徐乐，皆以上书陈述治国之道而得到汉武帝的赏识，恨相见之晚，一并由布衣擢为郎中。家铉翁认为"公才雅在严徐右"，刘容之才以超出严安、徐乐，"公

---

① （明）郑真：《书盘峰先生墓表后》，《荥阳外史集》卷40，《景印文渊阁四库全书》本。
② （明）宋濂等：《元史》卷134，中华书局，1997，第3259～3260页。
③ （宋）家铉翁：《拙斋记》，《全宋文》卷8071，第172页。
④ "严徐"，语出《史记》卷112《平津侯主父列传》："（主父偃）乃上书阙下。……是时，赵人徐乐、齐人严安俱上书言世务，各一事。徐乐曰：'臣闻天下之患在于土崩，不在于瓦解，古今一也。何谓土崩？秦之末世是也。……何谓瓦解？吴、楚，齐、赵之兵是也。……况群臣百姓能为乱乎哉？此二体者，安危之明要也，贤主所留意而深察也。'……严安上书曰：'臣闻周有天下，其治三百余岁……行无穷之欲，甘心快意，结怨于匈奴，非所以安边也。祸结而不解，兵休而复起，近者愁苦，远者惊骇，非所以持久也……'书奏天子，天子召见三人，谓曰：'公等皆安在？何相见之晚也！'于是上乃拜主父偃、徐乐、严安为郎中。"

学独出河汾师",其才学更是出自名师之门。在北方生活的几年,他已经对元朝的一些政策有所了解,尤其对忽必烈重视儒士、重视儒生教育、重视理学传播等的政策表示赞同,"儒臣见用天下福,讲席宏开太平期",刘容的到来使家铉翁进一步了解了元朝的政策。他随即赋诗向刘容表示谢意:"蓬山伟人国俊彦,哀此下土南冠羁","苍崖赤子望苏息,霖雨八荒舍公而其谁"①,感谢刘容的拜望。

除了刘容,前来拜访的朝官还有田忠良。田忠良(1243~1317),字正卿,通晓儒学及阴阳术数之学,太保刘秉忠在其贫贱时就看出了他的才能,后来刘秉忠将他推荐给元世祖。田忠良深得元世祖赏识和信任,在围攻襄阳、选拔征宋将领伯颜、海都叛乱等重大决策中都与其商讨国是,预测神准。至元十八年,任太常丞,至元二十九年,升任太常卿。大德元年(1297)以昭文馆大学士兼太常太卿。《元史》卷203有传。家铉翁为其作《一乐堂记》。家铉翁能得到刘容、田忠良的拜望,尤能说明元朝士人对他的敬重。

(三)假馆授学,潜心著书

来到河间的第六年,家铉翁在友人赵器之的帮助下,设馆授徒,尽心传学。其讲学追随者甚众,他曾自述:"儌去三徙,自城之南历西而东,所至皆有学塾,授徒多者百余人,少者不下数十。弦诵相闻,蔼然有古者乡庠党塾之遗意。"②因得青衿来伴,生活更加充实。秉烛夜读,探疑解惑,我们从诗中可以感受到家铉翁在学馆的从容与惬意。

除了尽心传授《春秋》,家铉翁还致力于研究,至元二十一年(1284),完成《春秋集传详说》三十卷。在南宋亡国以后,家铉翁仍"以道自任,不与世变俱迁也"③,正是对《春秋》大义的最好诠释。

(四)日常生活,奚娘子温酒

《水调歌头·题旅舍壁》词写出了家铉翁在羁寓河间的生活状态,其词云:

---

① (宋)家铉翁:《谢刘仲宽惠茶》,《全宋诗》卷3343,第39951页。
② (宋)家铉翁:《近古堂记》,《全宋文》卷8070,第157页。
③ (宋)家铉翁:《送杨善长序》,《全宋文》卷8066,第96页。

瀛台居北界，觌面是重城。老龙蹲踞不动，潭影净无尘。此地高阳胜处，天付仙翁为主，那肯借闲人。暂挂西堂锡，仍同旦过宾。六年里，五迁舍，得比邻。儒馆豆笾于粲，弦诵有遗音。甚喜黄冠为侣，更得青衿来伴，应不叹飘零。夜宿东华榻，朝餐泮水芹。①

家铉翁在河间，其交游大致分为三类：士人、弟子、道士。而这三类人都出现在这首词中。一为"比邻"，一为"黄冠"（即道士），一为"青衿"。这首词应作于至元二十一年（1284）前后，时家铉翁至河间已六年，多次迁居后，已有了固定的居所，且已开馆授学。他最高兴的就是"更得青衿来伴"了，"青衿"，《诗·郑风·子衿》："青青子衿，悠悠我心。"毛亨《传》云："青衿，青领也，学子之所服。"这里指到馆中读书的学生。泮水，学宫前的水池，一说水名。《诗经·鲁颂·泮水》有："思乐泮水，薄采其芹。"虽在圈禁之中，但家铉翁有了自己的生活，他因此而感到满足。这首词是《则堂集》中较为欢快的作品了，可对家铉翁的羁縻生活有一个感性的认识。

除了"比邻""皇冠"与"青衿"，家铉翁的生活里还有谁？其飘零的岁月是否有人相依相随，伴他挨过一个个凄凉的日子？陶宗仪在《南村辍耕录》中记载的这则"奚奴温酒"的故事，可为我们走进家铉翁的日常生活提供一些想象的空间，其文曰：

> 宋季，参政家公铉翁，于杭将求一容貌才艺兼全之妾。经旬余，未能惬意。忽有以奚奴者至，姿色固美。问其艺，则曰："能温酒。"左右皆失笑。公漫尔留试之。及执事，初甚热；次略寒；三次，微温。公方饮。既而每日并如初之第三次。公喜，遂纳焉。终公之身，未尝有过不及时。归附后，公携入京。公死，囊橐皆为所有，因而巨富，人称曰"奚娘子"者是也。吁！彼女流贱隶耳，一事精至，便能动人，亦其专心致志而然。士君子之学为穷理正心修己治人之道，而

---

① （宋）家铉翁：《水调歌头·题旅舍壁》，载唐圭璋编《全宋词》第 4 册，中华书局，1965，第 3032 页。

不能至于当然之极者，视彼有间矣。①

宋代士大夫声伎之乐盛行，有蓄养家伎之风。② 家铉翁在南宋杭州时，曾得一位"能温酒"之妾，宋亡后携至北方，直到南归，亦陪伴左右。家铉翁离世，"囊橐皆为所有"，人称曰"奚娘子"。可以想见，其羁北岁月里，家中有"奚娘子"为伴，虽看似仅有温酒的"绝活"，但姿色佳美、娴静体贴，家铉翁在痛苦绝望、深度寂寞的被圈禁的岁月中，将身心寄托于温暖的陪伴，获得些许心灵的慰藉与安宁，激发生命的活力与激情。

周来祥、仪平策在讨论宋代文人士大夫的生活时说："在生命个性总是受挫的无法抗拒的现实力量面前，……他们只能把人生意义的重心内向地转到个体生命的自足自乐上来。所以，无论是德高望重的文人臣僚，还是官小位卑的士人学子，几乎无一例外地都具有了'荡子'、'游士'甚至'狎客'的那一面。他们在纵意放情的超政治、超利害的自然与人生生活中，通过形骸的放达与感性的享乐，来体验内在的情绪微妙颤动的生命底蕴，感受在深刻的寂寞和孤独中所获得的心灵自由。"③ 家铉翁之于奚娘子的情感生活内涵可以参照此文来理解。

三 年逾八十，浩然南归

家铉翁自 1276 年祈请北上，到至元三十一年（1294），已被元朝羁留了十九个年头。是年六月，成宗即位，听闻前朝遗老家铉翁的事迹，尊其高节，欲显擢之。但家铉翁再次拒绝，唯望元廷放归。成宗感佩，赐千金，放还眉山，赐号"处士"。家铉翁皆辞不受，徒步还家。

闻家铉翁南归，江南故老受到极大的鼓舞，著名遗民谢翱、林景熙赋诗赞颂，一些故交亲自赶来相迎面叙，家铉翁困居河间的事迹、白发苍苍的形象俨然成为故朝精神遗存的一种象征。

元贞元年（1295）九月，家铉翁来到故都临安，游览了重建的洞霄

---

① （元）陶宗仪：《南村辍耕录》卷 7，中华书局，1959，第 86 页。

② 郭学信：《宋代士大夫声伎之乐现象管窥》，《山东师范大学学报》（人文社会科学版）2011 年第 6 期。

③ 周来祥、仪平策：《论宋代审美文化的双重模态》，《文学遗产》1990 年第 2 期。

宫。元朝请他为文，"既成，嘱余为记"，家铉翁遂以"前端明殿学士中奉大夫签书枢密院事兼参知政事"的身份作《洞霄宫记》。[1] 数年后，约大德二年（1298），家铉翁寿终。

第三节　著述考略

家铉翁著述现存《则堂集》六卷、《春秋集传详说》三十卷和《春秋集传详说纲领》传世。另有《春秋序例》和《易解义》今已不传，《说易》、《春秋叙例》（一卷）、《孝经解义》（二卷），均已佚。今据明清书目的著录情况，对家铉翁的著述进行钩稽与辨析。

一　《则堂集》流传考辨

关于《则堂集》，明清书目著录情况如下：

（明）孙能传、张萱等编《内阁藏书目录》卷3著录作"《则堂先生文集》六册，全。宋末家铉翁著，名《瀛洲集》，九十六卷"[2]；

（明）焦竑《国史经籍志》卷5著录作"《则堂集》十六卷"[3]；

（清）黄虞稷《千顷堂书目》卷29著录作"《则堂先生文集》十八卷"[4]；

（清）倪灿《宋史艺文志补》著录作"《则堂文集》十六卷"[5]；

（清）嵇璜《续文献通考》卷190《经籍考》著录作"《则堂集》六卷"[6]；

（清）陆心源《皕宋楼藏书志》卷93著录作"《则堂集》六卷，文澜阁传抄本"[7]；

（清）陆心源《仪顾堂题跋》卷5著录作"《则堂文稿》二十卷，明

① （宋）家铉翁：《洞霄宫记》，《全宋文》卷8072，第185页。
② （明）孙能传等：《内阁藏书目录》卷3，清迮云楼抄本。
③ （明）焦竑：《国史经籍志》卷5《集类》，明徐象橒刻本。
④ （清）黄虞稷：《千顷堂书目》卷29，《景印文渊阁四库全书》本。
⑤ （清）倪灿著、卢文弨订正《宋史艺文志补》，中华书局，1985，第43页。
⑥ （清）嵇璜：《续文献通考》卷190《经籍考》，《景印文渊阁四库全书》本。
⑦ （清）陆心源：《皕宋楼藏书志》卷93《集部》，清光绪万卷楼藏本。

抄足本"①；

《四库全书总目》著录作"其文集二十卷则已全佚，惟《永乐大典》收其诗文尚夥。谨衷合排比，以类相从，厘为文四卷，诗词二卷"。②

（一）书名之辨

从目录著录来看，家铉翁文集的名字有《则堂先生文集》《瀛洲集》《则堂文集》《则堂集》，最早见于著录的文集名为《则堂先生文集》，又名《瀛洲集》，盖取河间乃"古瀛"，瀛洲为家铉翁羁縻之地、创作之地的缘故。

1. 《则堂先生文集》：《内阁藏书目录》《千顷堂书目》著录。

2. 《瀛洲集》：《内阁藏书目录》著录。

3. 《则堂文集》：《宋史艺文志补》著录。

4. 《则堂集》：《国史经籍志》《续文献通考》《皕宋楼藏书志》著录。

5. 《则堂文稿》：《仪顾堂题跋》著录。

（二）卷数之辨

家铉翁现存文集《则堂集》六卷，是四库馆臣从《永乐大典》中辑出的。其卷数情况，各家著录不一，录之如下。

1. 六册，九十六卷：《内阁藏书目录》著录。

2. 二十卷：《仪顾堂题跋》《四库全书总目提要》著录。

3. 十八卷：《千顷堂书目》著录。

3. 十六卷：《国史经籍志》《宋史艺文志补》著录。

4. 六卷：《续文献通考》《皕宋楼藏书志》著录。

考察明清书目的著录，可知其文集的卷数也有所不同，有九十六卷、二十卷、十八卷、十六卷、六卷等不同的说法。最早著录其文集的是《内阁藏书目录》，录为"《则堂先生文集》六册，全。宋末家铉翁著，名《瀛洲集》，九十六卷"，盖"九十六卷"之"九"是"凡"字的笔误。

二 《春秋集传详说》流传考辨

家铉翁的《春秋》学著述，有《春秋序例》《春秋集传详说》和《春

---

① （清）陆心源：《仪顾堂题跋》卷5"带经堂陈氏书目书后"条，清刻潜园总集本。
② （清）永瑢等：《四库全书总目》卷165，第1416页。

秋集传详说纲领》。

（一）书名之辨

明清书目著录情况如下。

  《内阁藏书目录》卷 2：《春秋详说》，八册，全。宋家铉翁著。抄本。《春秋集传纲领》一册，全。宋家铉翁著。凡六篇。首《原春秋托始》，次《原夏正》，次《明五始》，次《评三传》，次《明伯次》，《明凡例》，即《详说》首篇也。①

  焦竑《国史经籍志》卷 2：《春秋集传详说》三十卷。②

  祁承爜《澹生堂藏书目》：《则堂春秋集传详说》三十卷。③

  黄虞稷《千顷堂书目》卷 2：《春秋集传详说》三十卷，《纲领》一卷。④

  朱睦㮮《万卷堂书目》卷 1：《春秋集传详说》三十卷，《序例》一卷。⑤

  朱睦㮮《授经图义例》卷 16：《春秋集传详说》三十卷，《春秋序例》一卷。⑥

  毛扆《汲古阁珍藏秘本书目》：《家则堂春秋集传详说》十五本。⑦

  朱彝尊《经义考》卷 191：《春秋详说》三十卷，存。⑧

  倪灿《宋史艺文志补》：《春秋集传详说》三十卷，《纲领》一卷。⑨

  徐乾学《传是楼书目》：《春秋集传详说》三十卷，四本。⑩

  法式善《陶庐杂录》卷 4：《春秋集传详说》三十卷，《纲领》

---

① （明）孙能传等：《内阁藏书目录》卷 2，清迟云楼抄本。
② （明）焦竑：《国史经籍志》卷 2《经类》，明徐象橒梓刻本。
③ （明）祁承爜：《澹生堂藏书目》，清宋氏漫堂抄本。
④ （清）黄虞稷：《千顷堂书目》卷 2，《景印文渊阁四库全书》本。
⑤ （明）朱睦㮮：《万卷堂书目》，国家图书馆藏抄本。
⑥ （明）朱睦㮮：《授经图义例》卷 16，《景印文渊阁四库全书》本。
⑦ （清）毛扆：《汲古阁珍藏秘本书目》，《士礼居丛书》景明抄本。
⑧ （清）朱彝尊：《经义考》卷 191《春秋》，《景印文渊阁四库全书》本。
⑨ （清）倪灿著、卢文弨订正《宋史艺文志补》，第 5 页。
⑩ （清）徐乾学：《传是楼书目》，清道光八年刘氏味经书屋抄本。

一卷。①

卢文弨《经籍考》：《春秋集传详说》三十卷。②

周中孚《郑堂读书记》卷 10 经部六上：《春秋集传详说》三十卷，《纲领》一卷。③

《四库全书总目》卷 27：《春秋详说》三十卷。

具体来说：

1. 《春秋集传详说》：《国史经籍志》《千顷堂书目》《万卷堂书目》《授经图义例》《宋史艺文志补》《传是楼书目》《陶庐杂录》《经籍考》《郑堂读书记》等著录。

2. 《则堂春秋集传详说》：《澹生堂藏书目》著录。

3. 《家则堂春秋集传详说》：《汲古阁珍藏秘本书目》著录。

4. 《春秋详说》：《内阁藏书目录》《经义考》《四库全书总目提要》著录。

如上所录，《春秋集传详说》的书名，各家著录不一，或作《则堂春秋集传详说》，或作《家则堂春秋集传详说》，或作《春秋详说》，应为各家著录时添省所致。原名应为《春秋集传详说》，此从元龚璛《〈春秋详说〉原跋》所载"……凡三十卷，其曰《春秋集传详说》"。

现存《春秋集传详说》有影抄元泰定乙丑宁国路儒学刻本、《通志堂经解》本、《四库全书》本，均为全本。据台湾"国家图书馆"编印《"国家"图书馆藏善本书志初稿》"经部"的记载，《春秋集传详说》的祖本是元泰定乙丑宁国路儒学刻本，《通志堂经解》本以之为底本重刻；《四库全书》本以之为底本抄写，但对于涉及夷狄内容的文字有所删改。此外，据翁连溪《中国古籍善本总目》记载，《春秋集传详说》还有两个残本，均为明抄：一存十卷，为十三至十八卷、二十三至二十六卷，藏于宁波天一阁文物保管所；一存十四卷，为十七至三十卷，另有《纲领》一卷，藏于上海图书馆。

---

① （清）法式善：《陶庐杂录》卷 4，清嘉庆二十二年陈预刻本。

② （清）卢文弨：《经籍考》，清抄本。

③ （清）周中孚：《郑堂读书记》卷 10 经部六上，民国《吴兴丛书》本。

今本《春秋集传详说》有《通志堂经解》本（康熙十九年通志堂刻本）、《四库全书》本。《通志堂经解》本题为"则堂先生春秋集传详说"，《四库全书》本无"则堂先生"四字。以《四库全书》本为习见，卷首为家铉翁自序，次为《春秋集传详说纲领》，卷末有元龚璛之跋。

（二）卷数之辨

关于《春秋集传详说》的卷数，各家著录一致，均为三十卷。

（三）《纲领》与《序例》同为一书辨

《春秋集传详说》前有《纲领》十篇。对于《春秋集传详说纲领》的著录仅见于《宋史艺文志补》《千顷堂书目》《陶庐杂录》《郑堂读书记》。而《序例》的著录则仅见于《万卷堂书目》与《授经图》。据元龚璛《〈春秋详说〉原跋》载：

> 至元丙子宋亡，以则堂先生归置诸瀛者十年，卒成此书。书成，自瀛寄宣，托于其友肃斋潘公从大藏之。盖久而《纲目》十篇，学士大夫已盛传于世矣。

《春秋集传详说纲领》是家铉翁对治《春秋》的高度概括和总结，由《原〈春秋〉托始》（上下）、《原夏正》（上中下）、《明五始》、《评〈三传〉》（上下）、《明霸》、《明凡例》，凡十篇构成。从内容上来看，《纲领》是《春秋集传详说》的核心之所在，体现了家铉翁《春秋》学的主导思想。此《纲领》亦正是龚璛所云"《纲目》十篇"，《纲目》《纲领》《序例》三者所言应是同一内容。

三　佚书两种考辨

（一）《说易》，佚

见《四库全书总目》集部别集类《则堂集》条："其《说易》之书与其文集二十卷，则已全佚。"[1]

---

[1]　（清）永瑢等：《四库全书总目》卷165，第1416页。

(二)《易解义》,佚

家铉翁《心斋说》有:"茂实于余之《春秋》,既信之而不疑。于余《易解义》,犹未觊其全,会当以此为告。"[①]《易解义》今已佚。按,以上《说易》《易解义》或为同一书也。

要之,家铉翁的名号、生平事迹及著述,大致如上所考。其父以"铉"为之命名,使其一生以此作为内在品格要求自己,而其自号"则堂","则"作为一种规则使他行事有了一个准则,其名与号因此成为其内心的准绳。

作为宋末元初影响较大的南宋遗民,家铉翁人生经历的特殊性在于其被元朝羁留十九年而志节不改,不但将南宋的学术思想传播到北方,而且以自己的人格魅力影响北方士人。家铉翁的文学成就虽不及汪元量,学术成就亦未达到一定高度,地位声望不及文天祥显著,但是他作为亡宋使节,其独特性可圈可点。

---

① (宋)家铉翁:《心斋说》,《全宋文》卷8068,第127页。

第四章　家铉翁的交游

从现有的资料看，家铉翁的交游可分为三个阶段：一是南宋灭亡前；二是羁北期间；三是南归以后。因为家铉翁有从南入北，又由北南归的特殊经历，其交游亦具有一定的典型性。作为一段历史的亲历者与见证者，家铉翁的交游活动如同一个网络，虽可考证之材料有限，但由此可联结成一个宋元之际士人活动的点面图。

第一节　宋亡前交游考

南宋时期，家铉翁多交名门世宦之家，可考者如牟子才、牟𪩘牟氏父子。牟子才是南宋末期以正直忠义而闻名朝野的人物，其子牟𪩘声名早著，晚岁愈隆。此外，陈著作为家铉翁的同龄人，他们的交游既有同僚之谊，更具友人情分。

一　与牟氏父子交游考

牟子才（？～1265）是南宋名臣，蜀籍著名学者，正色直言，忧君忧民，曾得到理宗的赞誉、度宗（为太子时）的雅敬。其子牟𪩘（1227～1311）乃蜀中名士，后代（牟应龙、牟应复等）亦以学识见长，牟氏一族颇具名望。牟子才师从魏了翁及朱熹门人李方才，位列"鹤山学案"。牟氏在蜀中地位甚高，"蜀中自苏氏父子后，推巽岩李氏父子，继之者，牟氏也"。①

① 《宋元学案》卷80《鹤山学案》，《黄宗羲全集》（六），浙江古籍出版社，2012，第170页。

而家铉翁曾得到牟子才的举荐，与牟子才、牟𪩘父子过从甚密。

考察家铉翁的家世，得知家氏与牟氏为世交。其主要连接点是蜀中名士、南宋大儒魏了翁。牟子才是魏了翁的弟子，而家铉翁之伯父家大酉与魏了翁为三十年之故交。

（一）与牟子才的交游

牟子才，字存叟，一字节叟，号存斋，隆州井研（今四川井研）人。学于魏了翁、李方子。[①] 嘉定十六年（1223）进士，对策诋丞相史弥远，调洪雅县尉，辟四川幕僚。李心传（1166～1243）修《四朝会要》《中兴四朝国史》，辟检阅文字、史馆检阅。入对，子才首言大臣不公不和六事，次陈备边三策。理宗赞曰："人才如此，可峻擢之。"[②] 史嵩之独相，嘉熙四年，出通判吉州，转通判衢州。淳祐间（1241～1252）入为国子监主簿，擢太常博士、著作郎，兼国史院编修官、实录院检讨官，迁起居郎。后以集英殿修撰知太平州，再召入对，权工部侍郎。贾似道素惮子才，及入相，自谓有再造功。子才识破其自欺自夸、欺上瞒下之举。理宗加赞，曰："非卿不闻此言。"景定元年（1260），起知温州，召为礼部侍郎，兼侍读。四年，擢权礼部尚书，兼直学士院，兼给事中。度宗在东宫，雅敬子才，言必称先生。即位，授翰林学士、知制诰，以资政殿学士致仕，咸淳元年（1265）卒。子才志气不凡，立朝刚介，直声著于朝野。所著《存斋集》、内制外制、《四朝史稿》、奏议、《易编》、《春秋轮辐》等，均佚。事迹见《宋史》卷411本传、《南宋馆阁续录》卷8。

作为南宋名臣，牟子才非常爱惜贤能，积极举荐才俊栋梁。昔在吉州之时，文天祥以童子见，牟子才对文天祥期以远大，寄予厚望。家铉翁亦是牟子才所举荐的人才之一。据《宋史》本传载："所荐士若李芾、赵卯发、刘黻、家铉翁，后皆为忠义士。"[③] 这里有必要介绍一下牟子才所举荐的其他三位忠义之士的事迹，以便更好地理解家铉翁在南宋末年所处的位置。

李芾（？～1276），字叔章，衡州（今湖南衡阳）人，为人刚介，不

---

① （明）柯维骐：《宋史新编》卷156，第619页。
② （元）脱脱等：《宋史》卷411《牟子才传》，第12355页。
③ （元）脱脱等：《宋史》卷411《牟子才传》，第12361页。

畏强御，临事精敏，奸猾不能欺。德祐元年，出任潭州知州兼荆湖南路安抚使。时元军压境，潭州危急，李芾召集兵民，储备粮草，誓与长沙共存亡。九月，元军围攻长沙，芾拒守三月，大小战数十合，力尽将破，芾阖门死。事迹见《宋史》卷450本传。

赵卯发（？～1275），字汉卿，昌州（今浙江临安）人。淳祐十年（1250）进士。素以节行称。历遂宁司户、潼川签判，宣城宰。咸淳十年，权通判池州。德祐元年（1275），元兵至李王河，都统张林以兵出巡，暗中降元，归城诈助卯发守城，守兵才五百余人尽归林指挥。元军逼城，卯发书写："君不可叛，城不可降，夫妻同死，节义成双"，自缢死。赠华文阁待制，谥文节。元刘埙有《补史十忠诗》咏其事。事迹见《宋史》卷450本传。

刘黻（1217～1276），字声伯，温州乐清（今属浙江）人。淳祐十年入太学，为同辈所敬，率领太学生上书反对丁大全诬劾罢免丞相董槐，言朝廷当以礼进退大臣，忤执政，送南安军安置。丁大全贬，还太学。不久，侍御史陈垓诬劾程公许、右正史蔡荣诬劾黄之纯，他再次率太学生上书，指责佞小擅事，朝廷避贤就奸。理宗好游幸，他上书谏阻。咸淳三年（1267）拜监察御史，论内降恩泽，大胆直言。累迁至吏部尚书，兼中书舍人，兼修玉牒，兼侍读。咸淳十年，丁母忧。后陈宜中谋拥二王由温州入海，请刘辅政，道中卒。其配林氏举家蹈海。有《蒙川集》。事迹见《宋史》卷405本传。

异族入侵，国之将亡，李芾、赵卯发作为南宋将领奋力抵抗，誓死不屈，以身殉国；刘黻则年轻有为，攻伐权奸，指切时弊，晚年处国家危难，颠尾流离，抱节以死，青史留名。而作为南宋亡臣，家铉翁临危受命，担当起祈请使之重任，以年迈之躯，持节守志十九载，坚守为臣子之尊严。不同的人，在同样的历史命运中，承担了不同的历史使命，用自己的生命捍卫卫宋王朝的尊严。由此可见，牟子才慧眼识人，唯才是举，所荐之士正义英勇，为国家利益能够付出一切。

牟子才何时举荐家铉翁，史料阙载。而家铉翁以荫补官，目前可考的历官从常州太守开始。据《宋史》本传载："累官知常州"，《江南通志》载：景定五年（1264）十二月，家铉翁以朝奉郎、监行在诸司粮料院出守常州。① 此外，家铉翁作于至元二十一年（1284）的《志堂说》云："中年……自尔以来，沉埋州县垂四十年。"明代曹学佺的《蜀中广记》载："家铉翁以父荫补官，六迁安抚浙东，所至皆著能名。"② 由此可知，家铉翁在很长一段时间内，都在地方为官。据《宋史》牟子才本传，牟子才卒于1265年，考家铉翁任常州太守在景定五年（1264），常州太守之任是家铉翁出任地方官的最高官职，任职期间也取得颇多政绩。或可推测，常州太守一职或是受到牟子才的举荐。

牟子才卒后十多年，南宋灭亡。牟子才对家铉翁的举荐，使家铉翁在政治舞台上得以崭露头角，充分发挥政治才能。而牟子才的刚直敢言、忠心效国的崇高境界，也对家铉翁的操行思想有积极影响。

（二）与牟巘的交游

牟子才之子牟巘（1227～1311），比家铉翁小十五岁，与家铉翁相交甚好。

牟巘，字献甫，一字献之。隆州井研（今四川井研）人，十二岁时随父子才徙居湖州。③ 巘在旁赞助居多，人谓存斋有子矣。举进士。尝知武冈军（今湖南武冈），提点两浙东路刑狱公事。理宗朝，累官大理少卿，理宗尝赞曰："尔之才学，汉人所谓家之珍宝、国之英俊者。"④ 以忤贾似道去官。宋亡，杜门隐居几三十六年。一门父子，自相师友，日以经学道义相切磨。讨论《六经》，尤雄于文。南北学者皆师尊之，学者称为陵阳先生。年八十五以终。牟巘于宋亡后潜心问学，成文献大家，"以先朝耆宿，蝺然不缁"，"是时宋之遗民故老，伊忧抑郁，每托之诗篇以自明其志。若谢皋羽、林德阳之流，邈乎其不可攀矣。其他仇仁近、戴帅初辈，犹不免出为儒师，以升斗自给"⑤，在其周围形成了一个以治学念旧邦、师友相酬的遗民群体，一时影响很大。著有《陵阳集》二十四卷，今传。事

---

① （清）谢旻等监修《江南通志》卷88，《景印文渊阁四库全书》本。
② （明）曹学佺：《蜀中广记》卷46，《景印文渊阁四库全书》本。
③ 《题施东皋南园图后》，《全宋文》卷8231，第337～338页；（宋）牟巘：《以斋记》，《全宋文》卷8232，第357～358页。
④ （宋）刘克庄《牟巘除大理司直制》："尔之才学，汉人所谓家之珍宝、国之英俊者。秉平反之笔，以广哀矜之意。"《全宋文》卷7510，第455页。
⑤ （清）顾嗣立：《元诗选·初集·甲集》，中华书局，1987，第218页。

迹见《宋史》卷411《牟子才传》、《宋史翼》卷34、《宋元学案》卷80。

牟巘《陵阳集》中有写给家铉翁的一封书信，即《通交代浙东提刑启（家铉翁）》，其文如下：

> 予环趣入，方劳使臣之来；出节俾行，猥承贤者之后。辄修初贽，自托下风。某官问学淳涵，风猷整峻。大儿孔文举，一老高视于人群，难兄陈元芳，二季共称于世瑞。越自驰英声于茂宰，成美最于介藩。擢外府丞，维天子使。并涛江而东鹜，乃冯翊之左区。路熟重来，风生一道。苍崖赤子，自以为不冤；玉壶清冰，挠之而勿浊。含香径跻于省户，寓直密傍于奎钧。有功见知，原省因任。留之以为帝乡之重，待之以成宣室之厘。方底绿绨，顿觉小蓬莱之近；属车清跸，即跻旧笔橐之班。某积愧空餐，日寻归梦。顾铅刀之钝甚，如绣斧之轻何。必咨于周，敢以驰驱而自诡，其则不远，庶几渠黡之是承。①

"交代"：指前后任相接替、移交。家铉翁与牟巘都曾任浙东提刑一职。家铉翁任浙东提刑的时间，当在咸淳二年（1266）十二月，此据宋代史能之《（咸淳）重修毗陵志》："咸淳二年十月，除木府寺丞。当月，改江西提刑。十二月，改浙东提刑。"②而在咸淳八年，家铉翁卸任浙东提刑。其离职后，由牟巘接任浙东提点刑狱一职。这与牟巘《黄提干行状》所记载的时间基本一致。牟巘《黄提干行状》云："过越，则堂力要权检法官，先生亦为之尽心谳议，务得其情。……壬申（1272，咸淳八年）秋，则堂召而某继之，辞不获命。先生知某当来，趣为装将归。"③

牟巘在另外两篇文章中也提到了家铉翁。一篇是《书陈养大祖赠告》，其文曰：

> 自昔丧乱之际，至有以大将军告身易一醉。况有甚于此者，故家遗物，云散潦空，不自意全。古杭陈养大，乃能访求其大父赠朝议大

---

① （宋）牟巘：《通交代浙东提刑启（家铉翁）》，《全宋文》卷8224，第209~210页。
② （宋）史能之：《（咸淳）重修毗陵志》卷8《秩官·国朝郡中》，明初刻本。
③ （宋）牟巘：《黄提干行状》，《全宋文》卷8236，第411页。

夫告。虽断缣尺许,而明禋之貤恩,吏部之印章,陈氏两世之官名,犹有可考。盖其一念思亲,志存旧物,期于必获,故造物者实阴相之。世有藏唐诰,多颜鲁公所书。而陆农师追封其祖,亦米南宫为书告。家则堂师慕平原者也,既识其事,而性存又以忠孝称之。则陈氏之所得侈矣,不但取元章之字画而已也。①

牟𪩘在这篇文章中记录了陈养大访寻其祖父的赠告一事。宋亡丧乱,昔日朝廷的告身、赠告等不被世人珍惜,"至有以大将军告身易一醉"之事。而古杭陈养大却对祖父卒后朝廷所赐之"赠朝议大夫告"倍加珍视,四处访求,终获其物。牟𪩘对此事大发感慨,认为陈养大所获得的不仅是著名书法家米芾(字元章)所书之赠告,还得到了家铉翁"识其事",认为"陈氏之所得侈矣",这比米芾书其赠告更有特别的意义。牟𪩘赞誉家铉翁"以忠孝称之",从中可以看出家铉翁在其心中的特殊地位。

(三)与黄济叔的交游

黄济叔与牟子才关系密切:其一,二人同县,都是隆州井研(今四川井研)人。其二,黄济叔与牟子才都受知于同为四川隆州井研籍、著名史学家李心传。端平元年(1234),李心传以著作佐郎领史事,即成都修《四朝会要》,举荐牟子才与高斯得一同修史,时牟子才总领四川财赋所干办公事,兼辟检阅文字。而黄济叔"早年游秀岩(李心传)、东窗(李道传)二李先生之门"②,受教于李氏兄弟。其三,黄济叔因学识渊博,为牟桂、牟子才父子所钦敬,作为私塾先生被请至牟家,成为牟𪩘的老师。

家铉翁与黄济叔的交往,与牟氏父子有非常重要的关系,因为家铉翁曾受到牟子才的举荐,又与牟𪩘相识。但从另一条史料——牟𪩘所作《黄提干行状》,我们又得知家铉翁的伯父与黄济叔有旧交,这进一步印证了家铉翁与黄济叔二人关系具有一定渊源。

黄济叔其人见载于《黄提干行状》,这也是目前所见关于黄济叔的唯

---

① (宋)牟𪩘:《书陈养大祖赠告》,《全宋文》卷8229,第298~299页。
② (宋)牟𪩘:《黄提干行状》。李心传(1166~1243),字微之,一字伯微,号秀岩,父亲李舜臣,二弟李道传,三弟李性传,父子相承,以史学知名,名重川蜀,有"井研四李"之号。《宋史》卷438有传。

一完整史料。黄济叔（1197~1273），与牟子才同县，不但作为私塾教师，同时又是牟子才的幕宾，追随牟子才俱东，深得其赏识，"相与绅绎经传，考注同异，以不足日为事"，"与先人道同志合，每相规以正先人立朝议论，或抵忤先生，辄喜，闻其得请去尤喜"。其后，黄济叔寓于吴（吴县，平江府），吴渊（1190~1257）、刘震孙（1197~1268）、双溪李公等前后交聘，而与刘震孙尤久。黄济叔连蹇名场，淳祐三年（1243），甫荐江东。景定三年（1262），得主庆元昌国县，为府学学官。学者翕然以得师为幸。咸淳（1265~1274）以覃恩循修职郎，再调台州宁德县丞。后辟雪岩先生洪公起幕府，辟茶盐司，准备差遣。咸淳九年，染风眩而卒。

黄济叔与家铉翁的交游，首先要追溯黄济叔与家铉翁父亲（伯父）的关系。据牟𪩘《黄提干行状》载：

> 先生初与贰卿家公同寓吴，幅巾短褐，日相从萧寺。公性高简，不可一世士，独敬先生。二子颐山坤翁、则堂铉翁因与先生厚。

关于家铉翁的父亲（伯父），史料记载不多。前文"家铉翁的家族世系"一章中，我们根据《志堂说》《书苏轼〈相视新河次张秉道韵〉诗后》大致考证了一些情况：家铉翁的父亲（伯父）曾在理宗嘉熙四年（1240）前后自蜀东迁，而后入讲经筵，为理宗讲读经史。

根据《黄提干行状》所云："初与贰卿家公同寓吴"，又可知家铉翁伯父曾居于吴地，与黄济叔有过交往。家铉翁伯父"性高简，不可一世"，但对黄济叔却极尊敬。正因为如此，家坤翁及家坤翁的堂兄弟家铉翁与黄济叔感情深厚，敬重有加。

宋代有"十科取士"之制，值应诏荐士，家铉翁首推黄济叔。《黄提干行状》还记载了家铉翁推举黄济叔的两件事。举荐事其一：

> 家丞相……时在鄞闻，得先生讲义，大加叹赏。即书其牍曰："学问深醇，讲说明畅。堪充经术精通可备讲读科。"且将及春而举之，会先生解去，弗及用。

上文中"鄞"为浙江鄞县，今宁波鄞州区。其时，黄济叔在庆元昌国主管县学。庆元昌国位于"海中洲"，今舟山群岛，偏远艰苦，"学虽具而无教法"。黄济叔"首以白鹿洞规从事，升堂讲《学记》一则，使学者先知学之所以误，与其所以学之序"。黄济叔对当地的教育有开创之功，"学者翕然以得师为幸"。而家铉翁此时正在鄞县任职（任何职待考），得见黄济叔的讲义，以其经术精通，而欲举荐"备讲读科"①，然正值黄济叔解去庆元昌国县学之任，因此未果。而后，家铉翁也一直挂念黄济叔，应诏荐士，又以黄济叔为首。

举荐事其二：

> 至是则堂提点本路刑狱，首问先生所在。屡罗致不就，举以关升。应诏荐士，复以先生为首，曰："学有渊源，文有楷法。持论坚正，制行洁清。早登西州诸老之门，独擅汝南旦评之誉。蔚为人物之表，宜备师儒之官。"其相推重如此。（《黄提干行状》）

后来，家铉翁任浙东提点刑狱，仍念念不忘黄济叔，打听他的去处。而后家铉翁应诏荐士，举荐黄济叔作教育学官，备"师儒之官"，倍加推重。

（四）余论

宋代巴蜀是文学、文化、学术的重要地区，也是显望大族的聚集之地，尤其以成都、邛州、眉州、隆州等地最为突出，出现了许多重要的学术家族，如邛州地区有知名全国的浦江魏氏、与魏氏同出一族的高氏，眉州地区有眉山苏氏（苏洵、苏轼、苏辙）、眉山家氏（家勤国、家大酉、家铉翁），丹棱李氏（李焘、李壁、李埴），隆州地区有井研李氏（李舜

---

① 宋代司马光为相时，设"十科举士"制，具体如下："一曰行义纯固可为师表科，有官、无官人，皆可举。二曰节操方正可备献纳科，举有官人。三曰智勇过人可将帅科，举文武有官人。四曰公正聪明可备监司科，举知州以上资序。五曰经术精通可备讲读科，有官、无官人，皆可举。六曰学问该博可备顾问科，同上。七曰文章典丽可备著述科，同上。八曰善听狱讼尽公得实科，举有官人。九曰善治财赋公私俱便科，举有官人。十曰练习法令能断请谳科，同上。应职事官自尚书至给舍、谏议，寄禄官自开府仪同三司至太中大夫，职自观文殿大学士至待制，每岁须于十科内举三人，仍具状保任，中书置籍记之。"家铉翁举荐黄济叔，应根据其五"五曰经术精通可备讲读科"。见《宋史》卷160 志第113《选举六》，第3746 页。

臣、李心传、李道传、李性传）、井研牟氏（牟桂、牟子才、牟巘）、仁寿虞氏（虞允文、虞刚简、虞集）等。邛州、眉州、隆州三州在地理位置上依次相接，地域交通的便利、学术氛围的吸引，使各家族之间存在一种如同网状结构的密切关系。

本书所涉及的家铉翁与牟氏父子之间的交往，就可能涉及多个家族、多位士人，且在时间上可以追溯得更早。我们发现，魏了翁在他们的彼此关系中起到重要的连接作用。

魏了翁，字华父，号鹤山，学者称鹤山先生。邛州蒲江（今四川蒲江）人，庆元五年（1199）进士及第，授签书剑南西川节度判官。召为国子正。以校书郎出知嘉定府（今四川乐山）。在蜀十七年，而后被召回朝，拒绝史弥远的拉拢，初任兵部郎中，累官至权工部侍郎。宝庆元年（1225），史弥远当政，落职夺三秩，谪居靖州，绍定四年（1231）复原职，进宝章阁待制，为潼川路安抚使、知泸州、权礼部尚书兼直学士院、同签书枢密院事、督视京湖军马兼江淮督府、知福州，终福建安抚使。嘉熙元年（1237）卒，赠太师，谥文靖。了翁在当时号称"真儒"，以学术、文章、政事得享盛名（许应龙《魏了翁知绍兴府制》），与真德秀并称"真魏"。著书甚富，有《九经要义》《同易集义》《古今考》《经史杂抄》《经外杂抄》《文集》等。事见《宋史》卷437本传、清缪荃孙编《魏文靖公年谱》等。

魏了翁在嘉定六年（1213）秋曾知眉州，至嘉定八年秋擢潼川路府提刑，共两年时间。[①] 而家氏作为眉州的名门望族，与魏了翁有一定的交往，这是我们对魏了翁与家氏族人有交游关系的初步判定。

魏了翁对家氏一族的起源、变迁、发展有较多的了解，目前学界在提及家氏家族史时多用两则史料，一则是宋吕陶所撰《朝请郎新知嘉州家府君墓志铭》，另一则就是魏了翁所撰《知富顺监致仕家侯炎墓志铭》。尤为重要的是，魏了翁为家大酉的母亲史氏、继母程氏分别撰写了《安人史氏墓志铭》《太令人程氏墓志铭》，对铉翁之伯父大酉的家族世系非常了解，从中更可见魏了翁与家大酉关系甚密。如在《安人史氏墓志铭》中，魏了

---

① 彭东焕编《魏了翁年谱》，四川人民出版社，2003，第159页。

翁称家大酉"友人家朝南"①；在《太令人程氏墓志铭》中，称家大酉"吾友家朝南"，且明确交代"了翁与朝南为三十余年之交"。在这两篇墓志铭中，魏了翁对家大酉的家世如数家珍，罗列详尽。

此外，魏了翁与家氏一族中的家炎交往颇多，这也是魏了翁与家氏关系密切的一个佐证。家炎，字季文，魏了翁曾为他赋文多篇，如《跋家季文守富顺日拒吴曦伪檄事》《积善堂记》，并作《知富顺监致仕家侯炎墓志铭》。

作为蜀中名士，魏了翁与牟氏一族的关系非常密切，最为直接的一点，就是牟子才受学于魏了翁，在《宋史》本传、《宋史新编》卷156中都明确地交代了这一点。魏了翁还作有《牟节叟（子才）存斋铭》，是二人交游关系的又一个说明。

值得注意的是，因蒙古攻蜀，蜀中名士先后东迁。据史料记载："丙申（端平三年，1236）之难，岷峨凄怆，衣冠屑播于江浙湖广者夥，独闽最鲜。"②"端平三年，蜀破，衣冠大姓顺流下东南，至江陵，十不存一二，皆舟触岩，瞬息以死。淳祐三年（1243），蜀益蹙，避兵来（东）南，其物故与端平无异。"③曾门庭显赫、堪称学术重镇的眉山"三苏"世家、丹棱李焘世家、仁寿虞氏（虞允文、虞刚简）世家、蒲江高斯得世家、井研牟子才世家等都于这一时期徙居江南。其中，牟氏举家迁往东南入湖州。④家氏亦举家东迁，曾居于吴地。⑤家铉翁与牟氏父子的交往，则可以进一步理解为：家氏和牟氏在蜀中曾有深厚的世交，由蜀入浙后，关系继续保持并延续到后代身上。

二　与陈著交游考

在家铉翁的交游中，陈著是一个非常值得关注的人物。陈著与家铉翁在年龄上最为接近。论出生，家铉翁生于1213年，陈著生于1214年，比

---

① （宋）魏了翁：《安人史氏墓志铭》，《全宋文》卷7123，第273页。

② （元）黄仲元：《架阁通直刘君墓志铭》，《全元文》卷262，第396页。

③ （元）袁桷：《同知乐平州事许世茂墓志铭》，《清容居士集》卷30，《景印文渊阁四库全书》本。

④ （清）厉鹗：《宋诗纪事》卷76，上海古籍出版社，1983。

⑤ （宋）牟巘：《黄提干行状》，《全宋文》卷8236。

家铉翁小一岁；论卒年，陈著于 1297 年离世，而家铉翁是在 1294 年南归后，"数年以寿终"。陈著家世显赫，"世为名宦"①，个性刚硬秉直，其仕宦之路颇为坎坷，家铉翁在其仕途升迁上两次予以擢拔推荐，起到较为关键的作用。今存陈著写给家铉翁的书信四封，记录了二人的交游情况。而陈著其人、其著，学者关注不多，故本书详论之。

（一）陈著的家世与生平

陈著，字子微②，鄞县（今浙江宁波）人，寄籍奉化。③ 号本堂，人称本堂先生。出生于名门望族，清全祖望《甬上族望表》卷上《冥庵陈氏》载：

> 以本堂之述其家世，则冥庵为一望，工部为一望，枢使为一望。而黄氏存吾疑之。愚以《袁清容集》考之，则存吾之言良然，别有辨。故去之，但存本堂为一望。④

陈著的高祖显、祖伸、父德刚均为名宦。上文中"冥庵"指陈著之高祖陈显，显字文昭，晚自号"冥庵"，进士出身，官至户部尚书。⑤ 陈著的祖父陈伸亦是一位高官，拜吏部尚书。因忤韩侂胄北伐之议，上书切谏，被贬为荆湖宣抚使。⑥ 陈著的父亲（即上文所指"工部"）陈德刚，嘉定十年（1217）进士，理宗时任工部尚书，因论济王之冤，忤史

---

① 胡元福：《奉化市志》，中华书局，1994，第 868 页。

② （宋）陈著《前妻童氏墓表》：自称陈必大。注云：先生乳名。《全宋文》卷 8117，第 128 页。《宋宝祐四年登科录》："著小名祥孙，小字谦之。"（《景印文渊阁四库全书》本）

③ （元）袁桷《陈县尉墓志铭》："君讳观，字国秀，尝调临安府新城县尉。十世祖棠，尉奉化，因占籍焉。子孙日蕃，其最显者曰太学博士著，于君为兄。"

④ （清）全祖望：《甬上族望表》卷上，宁波出版社，2008，第 18 页。

⑤ （清）徐兆昺：《四明谈助》卷 37《东四明正脉上·冥庵陈氏》，宁波出版社，2003，第 1229～1230 页。

⑥ （明）徐象梅《两浙名贤录》卷 23《谠直》："陈伸，都人，尚书显之孙也。醇德硕学，为时所尊，与人未尝有忤，仕至国子祭酒。庆元初，伪学论起伸凡七上章辨之。朝廷以为狂言，罢斥。寻拜吏部尚书。时韩侂胄当国，每欲引去，及侂胄议北伐，伸上书切谏，侂胄恶其异己，出为荆湖宣抚使，遂乞致仕。"（天启刻本）陈伸事迹，亦见明何乔远《（崇祯）闽书》卷 42、清嵇曾筠《（雍正）浙江通志》卷 159。

弥远而遭贬官。① 虽然陈著世为名宦，然陈氏一族"自居奉化以来，最著者为本堂"。②

陈著幼时聪颖，六岁能文。"为举子时，文声猎猎日起，诸公争致之，授简客右，研墨盾鼻，出语往往惊其坐人。"③ 声日起，诸公争致之，授简客右，出语往往惊其坐人。宝祐四年（1256）进士，与文天祥同榜，列第五甲第十七人。④ 初监饶州商税，调光州教授。景定元年（1260），任白鹭洲书院山长。相国吴潜以其才可重用，向朝廷推荐。贾似道当国，示著走其门道，著拒曰："宁不登朝，不为此态。"遂被放任安福令。未几，浙漕提领赵与訔辟监三石桥酒库，湖南帅赵必普辟帅准，既而与訔为江淮提领，复辟芜湖茶官。景定四年，贾似道买公田于浙西，著时为著作郎，上疏曰："似道居外阃，则志在欺君，处端揆则务于瘠民，未有将相如此而能致隆平者，乞罢买公田，斥逐似道，庶可以救国安民。"似道怒，出知嘉兴。咸淳四年（1268），改知嵊县。先是，宗室外戚有居嵊者，持一邑权，前令率被遣去，致十七年无县令。且有豪强指使凶徒劫持行人，迫为家奴，伪造白契，强占民田。著就任后，独持风裁，政教并举，民赖以安。在嵊四年，迁通判扬州。离任之时，民乞留不得，祖帐遮道数十里，至城固岭，因易岭名曰"陈公岭"，以识去思。寻改临安签判转通判，擢太学博士。十年，贾似道归越，治母丧。诏以天子卤簿葬之，起坟拟山陵。著率诸生上疏切谏，以为自古未闻有如此者。不听。似道衔之。比还朝，欲远窜。著上不可。后以监察御史知台州。除秘书监不就。著为人抗节不屈，"雅操足以励俗，谠论足以匡政，而卒阨于枋臣，不得大用"。⑤ 德祐时试士，著预参文衡，得一策，痛陈时事，持白其长，宜置前列，"闻者为瑟缩而掩抑之，公作诗道其屈，每对人言气拂膺"。⑥ 未几，宋亡，避兵迁徙，流离困顿。晚居四明山中，不与世接。感慨君国时事，见之诗文。自号松溪遗耄。奉化县尹丁济以著先朝宿望，聘修《县志》。元大德元年（1297）卒，年八十四。事见

---

① 见（清）徐兆昺《四明谈助》卷37《东四明正脉上·冥庵陈氏》条（附陈伸传内）。
② 《宋元学案》卷86《东发学案》，载《黄宗羲全集》（四），第413页。
③ （宋）蒋岩：《本堂集原跋》，载《本堂集》，《景印文渊阁四库全书》本。
④ 《宋宝祐四年登科录》，《景印文渊阁四库全书》本。
⑤ （元）陈旅：《历代纪统序》，《安雅堂集》卷6，《景印文渊阁四库全书》本。
⑥ （宋）蒋岩：《本堂集原跋》，载《本堂集》，《景印文渊阁四库全书》本。

《宋史翼》卷25、清樊景瑞《宋太傅陈本堂先生传》，清孙铿编有《本堂先生年谱》二卷。近人胡永波撰有《陈著行实考》。

陈著与黄震友善，陈著位列《宋元学案》之《东发学案》，乃东发黄震之学侣。其子孙能嗣克承家学：子深、瀹、洵、泌，并为元儒学官，其中陈深（1260～1344）字子微，笃志古学，于宋亡后闭门著书，为一时耆宿，《宋史翼》卷35、《宋季忠义录》均有传；孙辈则陈樫（陈泌之子）较为著名，克继父业，尤长于史学，凡辟召皆不起。事见明廖道南《殿阁词林记》卷4、《宋元学案》卷86。

陈著撰有《历代纪统》，已佚；《本堂集》九十四卷，今存。陈著诗作甚多，尤其是应酬答谢之作、祝寿之词，比比可见。除部分律诗尚可读外，大多为"击壤体"，颇直白浅俗。其文章受理学文风影响很深，阐发义理，亦多腐俗。① 然而，尽管今天读其诗文感到不尽如人意，却得到一些高评。如其同年蒋岩论曰："本堂陈公挟其耿介之气，发于雄深之文，岿然独立，皓首不变"（《本堂集原跋》），应该说陈著其人虽正直豪放、雷厉风行、抗节不屈，然其诗文确实佳作甚少。而细味蒋岩对陈著的评价，应该是融入了对陈著个人的情感，包蕴对陈著行事风格、耿介品行的赞美。从中，我们也可以感受到陈著在当时有较好的人脉关系与较广泛的社会交往。

（二）家铉翁与陈著交游考

《本堂集》中非常完整地保存着他写给家铉翁的四封书信，分别是：《贺新除浙东家宪（铉翁）启》《通浙东家宪（铉翁）缴札》《谢家则堂提刑（铉翁）应诏特荐书》《谢家宪（铉翁）举升陟启》，其中第一封是陈著为祝贺家铉翁迁任浙东提刑所书；第二封是家铉翁在浙东提刑任上，陈著写给他的书信；而第三封与第四封，则是非常重要的两封信——由于家铉翁的特别举荐，陈著得以升迁，陈著为感激知遇之恩所作。

家铉翁具有杰出的政治才干，景定五年（1264）十二月，出守常州，而后迁浙东提点刑狱。《贺新除浙东家宪（铉翁）启》应是陈著专为祝贺

---

① 《四库全书总目》卷164《本堂集》："宋代著作获存于今者，自周必大、楼钥、朱子、陆游、杨万里外，卷帙浩博，无如斯集。惟其诗多沿《击壤集》派，文亦颇杂语录之体，不及周、楼、陆、杨之淹雅。又奖借二氏往往过当，尤不及朱子之纯粹。然宋自元祐以后，讲学家已以说理之文自辟门径，南渡后辗转相沿，遂别为一格，不能竟废。"

家铉翁此次升迁而作，其文如下：

> 中诏起家，外台司枭。绣衣持斧，乍辞汉日之边；熟路驾车，未觉周原之远。观瞻之下，精采维新。恭惟某官高名斗山，邃学渊海。出尘拔俗，生东坡之后百年；（家翁，眉州人也。）揽胜饕奇，自西蜀而来万里。培植传家之业，发挥经世之猷。吾国自为之精神，天下想闻其风采。粤乃缥组，烨然行碑。出长则任州县之劳，细民胥庆；来仪则为朝廷之瑞，善类相观。虽材巨而难容，誉重而见忌，然姜桂之性弥辣，松柏之姿自坚。吾道非邪，重为己任；有臣如此，简在帝心。将纳于清彻之班，姑宠以光华之遣。况地以近亲而重，而今之持宪者难。非深厚如吕坦夫，不能靖变；非精严如周茂叔，何以洗冤？亟起我公，往钦此寄。不然弄印之已久，岂无揽辔而先登。水鉴平明，小人得以情白；金茎峭洁，污吏望而毛寒。上以广钦恤之恩，下以副澄清之望。行且柄用，此特刃余。某嗜古如饴，与世无味。父师左右，颇闻所学之指归；宇宙中间，欲免此身之愧怍。庶全存其在我，敢侥觊其有他。①

按照《宋史》本传的记载，家铉翁由常州太守而升任浙东提刑，而具体在哪一年，《本传》中并未标明。史能之《（咸淳）重修毗陵志》卷14载："咸淳三年，家守铉翁以法济废寺、武进县良田入学以供春秋释菜。"②则咸淳三年时家铉翁在常州太守任上。又《宋史》有载："咸淳五年六月辛卯，家铉翁辞免新命，诏别授职。"又《（万历）绍兴府志》卷25载："家铉翁，眉州人。度宗咸淳中，浙东提刑。"③ 由此可大致推知，家铉翁任浙东提刑应是在咸淳五年（1269），继而可推测陈著的这封贺信应作于此年。此时，陈著任嵊县令（著于1268年任此职，在任四年），而嵊县正好处于浙东西路的管辖范围，因此陈著作为下属，为家铉翁的升迁而撰此贺信。在贺信中，陈著对家铉翁的为人和才能给予极高的赞誉："高名斗

---

① （宋）陈著：《贺新除浙东家宪（铉翁）启》，《全宋文》卷8101，第265~266页。
② （宋）史能之：《（咸淳）重修毗陵志》卷14《祠庙》，明初刻本。
③ （明）萧良幹：《（万历）绍兴府志》卷25，明万历刻本。

山，邃学渊海"，从声望、学识和品格这三个方面对家铉翁做出了较为全面的评价。家铉翁任浙东提刑时已五十七岁，具有良好的政治才能和社会声望，陈著的评价虽有过誉，但也是比较客观的。

陈著写给家铉翁的第二封书信是《通浙东家宪（铉翁）缴札》，其文如下：

> 某伏以孟冬之月，生意所根。恭惟某官直指风行，列城雷竦，穹示迪吉，台候动止万福。某宿斋而后敢奏记于典史氏，仰祈原宥。某辄律稽彝，具严甲染，天生英儒，以主盟斯文，司命下土。虽使华所向，嘘阳吸阴，自我寒燠，然鼎铢衮衣之奉，某犹不能不与七州四十三县之旄倪，望尘加额，为执事者祝。某兹审疏湮宸庭，详刑关辅。泰茅一拔，知天地之必春；节荡载驰，与风霜而俱肃。世道幸甚，人情快哉！恭惟某官精神足以强本朝，力量足以斡世运，文雅足以识治体。盍相丹屏紫极间，振扬家学，展尽素蕴，以福天下？上顾浙河之左，臬事尤重，而弄印滋久，其命以礼乐遣公，姑为此行。一札召还，置诸左右，善类延颈。某闻昔三苏父子始来京师，当世人士无问贤否，皆愿为之交识。某幸从长公游，（景定辛酉、壬戌为湖南帅准，与机家桂翁为同寮。）每欲夤缘进拜老先生堂下，因循岁月，祗重责沈之愧。天开机幸，兹得以属邑小吏，受容察于上堂，某鼓带自庆。某甬东末学，窃服师友绪余，仕未能信，学政古刾，一考而余恐负心，洗手奉法，不敢毫末自庇。世道弗竞，羡其殆哉。忽戴二天，实获私心，敢不益自洗濯，以仰承条教。某下情无任惓惓。某敬修俪辞，以严事上之礼。滓秽奎璧，一盼荣甚。某仰瞻上界，偓佺环辑，戬谷轮囷，有问斯僭。凡有指使，拱俟下行。①

这封信作于家铉翁任浙东提刑之任上。前文已述，家铉翁于咸淳五年（1269）升任浙东提刑，至咸淳八年，兼权知绍兴府、浙东安抚、提举司事。而陈著于咸淳四年改任嵊县令，咸淳七年升任扬州通判，次年任临安

---

① （宋）陈著：《通浙东家宪（铉翁）缴札》，《全宋文》卷8096，第160页。

（今杭州市）签判，此间陈著亦都处于两浙，在工作上与家铉翁有较为密切的关系。故陈著的这封信应作于咸淳五年至八年。

在信中，陈著仍是赞誉钦佩的口吻，赞其"精神足以强本朝，力量足以斡世运，文雅足以识治体"，充分肯定家铉翁在浙东提刑之任上所取得的政绩："上顾浙河之左，臬事尤重，而弄印滋久，其命以礼乐遣公，姑为此行。一札召还，置诸左右，善类延颈。"我们从中可知家铉翁杰出的政治才干。

家铉翁任浙东提刑四年，也是陈著仕途上发生重大转折的时期。陈著为人正直，敢于直谏，因此政治道路受抑坎坷。景定四年（1263），授著作郎，其时贾似道推行公田法，贱价广收民田，陈著上疏指责似道祸国殃民，乞罢买公田，似道怒，出著为嘉兴令，咸淳四年，改任嵊县令。嵊县久难治理，有宗室外戚久居于此，霸持一邑之政，前之县令多被遣去，致十七年无县令。而且有豪强指使凶徒劫持行人，迫为家奴，伪造白契，强占民田。委派陈著任此县令，是贾似道给陈著出的一道难题。然而陈著并未畏惧，而是雷厉风行。他就任后，政教并举，张纲纪，重法度，饬吏治，正民风，主张"义利明而取予当，教化先而狱赋后，识大体而用小心，爱细民而公巨室"。在任四年，豪强有所收敛，百姓得以安居。家铉翁非常赏识陈著取得的成绩，咸淳七年，特别推荐陈著升任扬州通判。《谢家则堂提刑（铉翁）应诏特荐书》应作于这种背景下，其文如下：

举词云："介特自持，疏通无滞。不交游谈，以取虚誉。务修实政，以妥疲氓。察其所施，足以任重。"

伏准札翰缄赐应诏特荐照帖，某尝谓古之为政，先教化，次狱讼，征赋末也。教化行而狱讼省，而征赋在其中矣。世远道散，政失其序，以征赋为第一事，狱讼犹以为缓，复暇及教化乎？春秋之际，武城弦歌已为仅见，至汉惟卓鲁有古之意。寥寥千载，非惟下之人懵然此道，而上之人所以使之者，固不在此也。某虽不才，无所谓学，侥幸为百里宰，窃亦有志焉。而所遇之地，声势震撼，豪奢掀舞，哗者狡者，群吠而交嗷焉。不敢轻以掉之，恐其浮而纷纷也；不敢重以抑之，恐其室而闷闷也。就此之所可能，酌彼之所可受，约其气之过，扶其习之偏，凡所酬酢，凡所言语，无所不周其心。庶几其或应，而或可以自信也。彼好事于后者，方且笑其非所先；督办于前者，方且讶其失所急。

特先生味其所苦，如嗜昌歜菹；拾其所弃，如见古罍洗。今日以升陟举，明日以应诏荐。某于先生无游扬之助，无趋抠之旧，六辔驰驱，不下负弩矢之一，望光尘而已。知何其深，爱何其笃也！然则其自信于心者，虽未必民之果应，而先生固已可之矣。昔有问坡公政事之美者，答曰："吾从欧公学来。"然则欧公何尝以政事教坡公哉，亦不过意以相求耳。先生今日欧阳公也，抱古心，行古政事，某于坡公虽拟非其伦，何敢不益坚素志，以从先生于岁寒？[①]

该文大概作于咸淳七年（1271）陈著升任扬州通判后。在这封信中，陈著一改前两封信的恭维，道出许多内心的感慨，他向家铉翁倾诉在嵊县的遭遇："所遇之地，声势震撼，豪奢掀舞，哗者狡者，群吠而交嗷焉。不敢轻以掉之，恐其浮而纷纷也；不敢重以抑之，恐其室而闷闷也。"正是因为有了这样艰难的治理过程，陈著对家铉翁的关注和特荐表示出极大的感激："特先生味其所苦，如嗜昌歜菹；拾其所弃，如见古罍洗。"更为重要的是，家铉翁与陈著乃君子之交，"某于先生无游扬之助，无趋抠之旧，六辔驰驱，不下负弩矢之一，望光尘而已。知何其深，爱何其笃也！"故陈著虽与家铉翁年龄相仿，但是在仕途上，家铉翁却给予陈著以赏识和激励，这种情感，使陈著愿"从先生于岁寒"，君子之交、崇敬之情，溢于言表。

《谢家宪（铉翁）举升陟启》也是陈著为感谢家铉翁的举荐而写的信札，其文如下：

举词云："卓然有立，介而能通。使居台阁之官，实允缙绅之望。"绣衣行部，所至肃清，墨绶效官，乃叨升举。曾无平生之素，可

谓特达之知。某窃惟监司之官，要在扬清而激浊，县令之职，类称学道而爱人。至于访察之初，每有蔽欺之患。誉阿毁即墨，鲜不惑于所闻；使肥廉中牟，能无遗于未见？自非舍之世妆之外，识之古眼之中，则于孤寒，谁其荐引？况如某者，梅枯犹活，茶苦如甘。受命父师，凛兢兢乎本色；授徒乡曲，凄冉冉其中年。偶然得官，知其非分。亦曰一命以上，皆可及人；苟得百里而君，庶几行志。幸获逃于选阱，遂来溯于县滩。顾瞻雪溪，密迩霞峤。谓山深俗美，可适意以鸣琴；而世异事殊，竟投身于沸鼎。然而迂乃其学，拙本于姿。纷乎应酬而无涯，随所抵牾而周觉。居今之世，岂其徇俗之皆非；泥古之心，亦以信书之成癖。怪屡遭其吠日，毒且伏于含沙。自顾此身为何人，安能每事而尽善。惟知无过之地，当反而求；如其获罪于天，殆不可逭。徒恃二天之覆，以为一日之安。揽辔之来，未敢望风而走；除途以俟，将为请命之图。过蒙包函，免赐汰斥。方抚躬而自幸，忽荐目之遽腾。靖惟渺然，何以得此？取诸宾客，则游从之未尝；采诸士民，则是非之方起。顾独行于公道，若有出于私情。人固难知，己尤莫喻。如南轩取滋味于食杞，胜供膏粱；如康节以根拔而见花，略去枝叶。载披华衮，益悚懦襟。松柏之寒未深，立何能卓；山林之胜犹痼，分奚以通。至云居台阁之官，抑恐发缙绅之笑。兹盖恭遇某官斯文元气，善类泰山。运用天下之规模，十分正当；揭取人才于衡鉴，一切平明。凡或品题之过情，盖有作成之深意。遂从属部，首举非才。某敢不谨谨受持，惺惺点检。功名余事，惟忧道谊之难盟；宇宙中间，幸有门墙之为主。寸丹所倚，点墨非诬。[1]

题中"宪"是宪司的省称，宋代官名，即诸路提点刑狱公事。"台阁"：汉时指尚书台，后亦泛指中央政府机构。陈著于咸淳十年（1274）转临安（今杭州市）通判，升太学博士。该文大概作于此时。从文中可以看出，陈著此次升迁，亦是家铉翁的举荐。因此，在陈著的仕途上，家铉翁对其晋升起到关键作用。

---

① （宋）陈著：《谢家宪（铉翁）举升陟启》，《全宋文》卷 8101，第 267～268 页。

三　与谢枋得交游考

谢枋得（1226～1289）是宋亡之际赫赫有名的爱国志士，他毁家纾难，率兵抗元，宋亡拒作贰臣，以死殉国。谢枋得比家铉翁小十四岁，可算得上是家铉翁的晚辈后学。谢枋得虽然也在宋亡后被元朝押解到大都，但其时已在至元二十六年（1289），且谢枋得到大都后数日就绝食殉国，此时家铉翁被圈禁河间，二人没有机会见面。所以，家铉翁与谢枋得的交游主要是在宋亡之前。

家铉翁是谢枋得的前辈，家、谢二人的交游主要体现在谢枋得曾得到家铉翁的赏识上。可考资料见于谢枋得《送史县尹朝京序》一文。该文作于至元二十一年，时谢枋得五十九岁。宋亡之际，谢枋得因起兵抗元，曾是元朝的重点缉捕对象，变名隐居，是年元朝宣布大赦，谢枋得遂出山，与史县尹有所来往，作《送史县尹朝京序》。在文中，谢枋得回忆自己的成长经历，感慨"则堂家公"（家铉翁），"实堂吴公"（吴坚），"泉石青阳公"（青阳梦炎）。谢枋得认为诸公对自己都有过指点和帮助，曾给自己以很多影响。

此时距宋亡已近十年，家铉翁在河间，与江南音书隔绝，处于深切的乡国之思、亲旧之念中。至元二十一年一月十五日，家铉翁曾作《志堂说》，宣布他已完成著述《春秋集传详说》的写作，这是家铉翁对河间讲学的一个总结。在《志堂说》中，家铉翁回忆往事，诉说亡国之痛："晚岁有位于朝，大厦告倾，栋折榱摧，非一木可支"；诉说对其弟的思念，"今吾与祖仁，南北相望万里，寒饥疾恙之弗恤，而汲汲于道，惟恐失之"。家国灭亡，亲人失散，这是大背景下很多人的共同遭遇，而作为对故国饱含深深热爱与眷恋，并以生命的代价来对待家国之志士，家铉翁和谢枋得可谓南宋历史上名垂史册的重要人物。谢枋得对于家铉翁的牵挂，表达了南宋虽已亡国十年，然而遗民故老对故国的眷恋、对故人的思念却与日俱增，深深地印刻在内心深处，及至生命尽头。

第二节　羁北间交游考

宋亡之际，元朝曾多次押解宋人赴大都朝见，其中具有宋元易代标志的有两次：一次是德祐二年（1276）二月北上的祈请使群体，主要包括左丞相吴坚、右丞相兼枢密使贾余庆、知枢密院事谢堂、同签书枢密院事刘岊，以及签书枢密院事家铉翁等祈请使成员，其时文天祥因出使元营被拘，与他们一同被押解北上；一次是同年三月北上的宫室群体，包括三宫、宗室、官员、太学生等三千余人。因这两批被押解的宋人是南宋政权的核心要员，他们虽出发时间不同，然而同于是年闰三月在燕京会合，再一同被遣往上都觐见元世祖。在这两个被押解北上的群体中，家铉翁与琴师汪元量、太学生张观光以及北方士人多有交游。

汪元量亲历宋亡三宫北上，作品有"诗史"的赞誉，在宋末元初尤其是江南遗老中有一定影响。汪元量是宋宫的琴师，家铉翁作为南宋的朝官，二人在临安时应该相识，至少知道对方。德祐二年二月，家铉翁作为祈请使被元朝押解北上，是年三月，汪元量随从宫室亦被押解北上。闰三月二十四日，两队会合。四月十二日，同被遣赴上都。五月一日在上都觐见元世祖。此后，家铉翁被遣回大都，改馆河间，而汪元量则伴随瀛国公等亡宋宫室，直到至元二十五年（1288）南归故国。

二十五年秋，汪元量南还，过河间，留住数月，"两人倡和赋诗，皆慷慨悲凉，令读者增黍离之感"。惜家铉翁原作不存，今仅见汪元量《登蓟门用家则堂韵》一首，诗云：

> 蓟门高处小凝眸，雨后林峦翠欲流。车笠自来还自去，笳箫如怨复如愁。珍珠络臂夸燕舞，纱帽蒙头笑楚囚。忽忆旧家行乐地，春风花柳十三楼。①

登高远眺，两位亡宋流人心恋故国山川，悲慨亡国之恨。无奈入元，亡臣之谊在此刻更加深厚，沉淀出历史的厚重与时代的印痕。

张观光（1249～1328）是亡宋北解的太学生，字直夫，号屏岩，婺州东阳（今浙江东阳）人。26岁入太学，以诗义登第"浙士第一"（吴师道《张屏岩文集序》）。德祐二年三月，随三宫北上。至元十五年（1278），授

---

① 孔凡礼辑校《增订湖山类稿》卷3，中华书局，1984，第66～67页。

婺州路儒学教授，阶将仕郎。在官十年，以母老辞官，杜门隐居，沉潜经籍，对婺州儒学贡献很大。

张观光曾在大都羁縻两载有余，其间家铉翁亦在大都。亡国的屈辱，北上的遭际，使二人一见如故，家铉翁书诗四章赠予张观光。张观光授婺州路教授南归，将此带回并宝藏于家。张观光卒后，其子张枢请书法名流杜本先生用隶古书之，柳贯作有《跋张直夫先生所得家枢密四诗》，详细说明了家铉翁与张观光的交情，其文曰：

> 枢密家公之奉使祈请，此何如时？盖辞命方申，而运祚已去，夷然羑里之拘，痛甚秦庭之哭。公之是心，知有名义，而不知有死生。《春秋》之用，深切著明，固一世之伟人哉！于时吾乡张直夫先生，亦以太学诸生从狩京都，公一见，待以国士，虽其言议曲折，概莫能传，而赠言在纸，尚恳恳如也。先生之嗣子枢宝藏益谨，复为辞请京兆杜原父，用隶古书之，系于其后。贯从枢借观，作而言曰："夷齐之事，于商为烈，而太公谓其义人，扶而去之。然则公之所以自靖自献，而世祖皇帝之所以函容覆护之者，是皆纲常大计之攸系，汉唐末际胡可拟哉！公诗四章，其一《雪山辞》也，著归洁之意，与朋友共之，其属望先生，则诚在矣。宜枢有以表见之也。①

家铉翁与张观光在大都的交往，是在元朝控制之下，同病相怜，然而圈禁之中，太多心曲只能意会。家铉翁赠张观光以诗，深著归洁之意，既表明自己对故国的拳拳之心，亦希望张观光南归后冰操自守。张观光南归后，超然物外而恪守己志，任教十年后，以隐居著述而终。张观光未辜负家铉翁当年"待以国士"的礼遇。

家铉翁在河间，得到当地人的关注和关心，人们敬仰这位年逾古稀的南宋故臣。家铉翁与当地士人广泛接触，并假馆授徒，尽心传学，受到当地人的尊重。

---

① （元）柳贯撰，柳遵杰点校《柳贯诗文集》卷19，浙江古籍出版社，2004，第394页。

第三节 南归后的交游

至元三十一年（1294），元成宗铁穆耳即位，感佩于家铉翁这位前朝遗老的高尚志节，欲授以高官厚禄，被家铉翁拒绝；成宗又赐之千金，将其放还，家铉翁皆辞不受，徒步还家。年逾八十的家铉翁，罹百折而不屈，鬓发苍苍，精神矍铄，浩然南归，在江南遗民中成为一颗最耀眼的明星，受到爱戴与推崇。下面从时间和空间两个视角介绍江南遗民所处的社会环境，以期更好地理解家铉翁南归的时代影响。

一 时空视域下的南宋遗民群体

家铉翁离开江南的十九年，也是江南发生巨大变化的十九年。

宋元四十余年的战争，使江南社会环境遭到一定程度的破坏。虽然元朝丞相伯颜尊奉忽必烈"不嗜杀"的征服原则，元兵所至，南宋望风而降的州县甚多，但战争本身就必然造成破坏。如遭遇常州人民的抵抗之时，元军怒而"屠城"，景象惨烈。政治方面，蒙古人以胜国地位最为崇高，推行民族分化政策，在刑法、赋役、任官等方面实行了不平等的待遇，"南人"地位最低，进行前所未有的民族压迫。经济方面，忽必烈任用阿合马、桑哥等当权大臣，残暴贪婪、横征暴敛，为增加国库收入，使江南人民遭受痛苦盘剥。在这种情况下，江南人民奋起反抗，抵抗事件时有所闻。《元史》所云"盗贼"，皆宋季遗民之义举。

而作为文化人的江南儒士，他们在饱尝了兵火流离的巨大痛苦之后，从原来南宋时的座上宾而沦落为社会的最底层。至元十五年（1278）六月，忽必烈以"汰江南冗官"为由，召谕"诸南儒今为宰相、宣慰，及各路达鲁花赤佩虎符者，俱多谬滥，其议所以减汰之者"。八月，"追毁宋故官所受告身"[1]，几乎将南儒留职者刷汰殆尽。后人论此曰："忽必烈……自是厥后，忽画鸿沟，……南士际遇之艰，可类推矣。"[2] 元朝的这一统治策略，触发了一大批江南士人的故国之思和反抗意识。宋代士人本来就有夷夏之辨的

---

① （明）宋濂等：《元史》卷 15，中华书局，1976，第 203 页。
② （清）屠寄：《蒙兀儿史记》卷 120《邓文元等传论》，北京市中国书店，1984。

传统观念，深受理学思想的影响，具有重人格、崇气节、尚道义等道德追求，在这种情况下，江南士人在民族大义的感召下，纷纷采取不合作的态度，在各地逐渐形成了一个个遗民部落，经常举行一些活动，酬唱抒情，彼此激励。

据学者方勇所著《南宋遗民诗人群体研究》，南宋遗民作家群体在地域上大致呈现为由故都临安向西南方向辐射的分布特点，以区域为单位，大致可分为八个遗民群体。以下引述其分析，旨在说明家铉翁的南归在江南遗民活动中的地位以及在江南遗民心中所引起的反响。

方勇著述中关于南宋遗民"群体网络的布局结构特征"认为，南宋遗民诗人群体可以分为以下几种。[①]

（一）阵容庞大的故都临安群

遗民诗社云集众多，遍布杭城。其中最大的遗民诗社是西湖吟社。至元二十三年（1286），周密邀居游于杭的徐天祐、王沂孙、戴表元等十四人宴集杨氏祠堂，分韵赋诗，蕴遗黎之痛。此外，其时杭州还有清吟社、白云社、孤山社、武林社、武林九友会等吟社。

（二）诸社联袂的会稽、山阴群

至元十五年，南宋六帝陵寝被发掘，越中节义之士痛愤不已。以山阴王英孙、会稽人唐珏为中心，集合附近和流寓越中的节义之士如山阴王易简，平阳林景熙、郑朴翁和谢翱等，开展拾取、埋葬宋帝遗骸的活动，并赋诗纪事，结成汐社。此外还有越中诗社，林景熙作为骨干之一，参与唱和的时间最为长久，"殆二十余年"。

（三）台州、庆元的联合群

舒岳祥、刘庄孙、戴表元等大批遗民故老用诗歌来抒发民族悲愤和个体幽怨，以诗歌来联络同志，沟通感情，在台州以及剡源一带形成了一个较大规模的遗民诗人酬唱群。数年后，舒岳祥、刘庄孙、戴表元等人集中于鄞县唱和，标志台州、庆元两地遗民诗人联合群体的形成。此外，尚有许多外地遗民频繁地前往庆元、台州互动唱和，如谢翱、张炎等。

---

① 方勇：《南宋遗民诗人群体研究》，华东师范大学出版社，2008，第31～53页。

（四）以方凤为首的浦阳群

浦阳以方氏、吴氏为代表的两大文化家族为中心，形成了浦阳遗民诗人群。主要活动有至元二十三年（1286）树月泉吟社、至元二十六年游金华洞天、至元二十七年登钓台悼文天祥等。

（五）以桐庐为中心的严州群

方逢辰（1221～1291）、何梦桂（1229～?）、汪斗建（1255～1326）、孙潼发（1244～1310）、魏新之（1242～1293）等严州文士远追严光，近慕方干，皆以抗节相标举，同声吟唱归隐之歌。而吴思齐、谢翱等气节杰出不群之士的先后到来，使这个合唱队的力量得到了进一步加强，并大大提高了作为一个遗民诗人群体的文化品位。

（六）以庐陵为中心的江西群

文天祥是庐陵最杰出的遗民代表。当文天祥起兵之时，江西文士投笔从戎者甚众，其中不少成了文天祥的战友和幕僚。南宋覆亡后，他们大多坚守气节，甘心以遗民自命，其中较著者如王炎午（1252～1324）、邓剡（1232～1303）、赵文（1239～1315）等。而罗椅（1214～?）、刘辰翁（1231～1297）等尽管当时没有参加过文天祥的勤王之师，但也受到文天祥伟大人格的影响。

（七）以建阳、崇安为中心的福建群

福建南宋遗民诗人遍布闽中各地，范围既广，密度又大。受到朱熹理学的地域影响，其中心在建阳、崇安一带。熊禾（1253～1312）、陈普（1244～1315）、丘葵（1244～1333）、韩信同（1252～1332）是其代表，而熊禾、谢枋得二人的接触交往，代表双方众多遗民的互动相倚，构成了建阳、崇安遗民诗人群。

（八）以赵必璖为首的东莞群

东莞遗民诗人群人数众多，活动频繁。受崖山战役、赵必璖的领袖作用的直接影响，广东东莞成为一个独特地域。

以上从方勇对南宋遗民群体的地域分布的研究可知，江南遗民虽处于某地，但他们经常参加其他地区的遗民活动，彼此交游，往来频繁，信息流通，因此江南遗民又是活跃的、流动的。

二　与江南遗民的交游及影响

谢翱、林景熙、汪元量、孙潼发都是南宋著名遗民。家铉翁在河间时，谢翱曾深情赋诗，寄去挂念；汪元量南归故国（1288）时，曾过河间，留住数月，二人唱和赋诗，尽述黍离之悲。至家铉翁南归之时，孙潼发自桐庐前往拜谒，互道衷肠，襟泪朗朗，又得林景熙赞誉，为之赋诗。这些事件看起来似乎较为孤立没有多少联系，实际上，由于南宋遗民群体的互动联系，遗民之间已建立了广泛且深入的联系。因此，我们不能孤立地看待谢翱、林景熙的赋诗，更应结合南宋遗民群体的地域分布、遗民活动等情况来分析他们赋诗的影响。

（一）遗民领袖的挂念

谢翱、林景熙是南宋遗民群体中最为活跃的人物。宋亡时，谢翱二十八岁，"倜傥有大节"的自然秉性、"好修抱独，刻厉愤激"的性情，以及与文天祥的特殊交情，使他在南宋遗民中享有威望。

谢翱在宋亡后，其活动是非常活跃的，据郑贞文《谢翱年谱》载（摘录）：谢翱曾在文天祥开府南剑时，任咨事参军。至元十五年（1278）文天祥兵败被俘，谢翱自是隐匿民间。二十二年，翱寓吴，哭文天祥于夫差之台。二十三年丙戌入越，哭文天祥于越台。二十四年，哭文天祥于子陵之台。二十五年，至婺，遂西至睦及杭，慕屈原怀郢都，读《离骚》，托兴远游。二十七年，与友人谒子陵祠，登西台，设主（宋丞相文天祥）于荒亭隅，恸哭再拜，作《登西台恸哭记》及《西台哭所思》诗。三十一年，寓杭，娶刘氏女，买屋西山，日与能文词者往还。又与杭人邓牧相遇于会稽，结为方外友。元成宗元贞元年（1295），复来婺、睦，寻汐社旧盟。夏，由睦之杭。肺疾作，秋八月卒。[①]

由此可知，家铉翁南归之时，闽人谢翱寓居杭城，他娶刘氏女，买屋西山，且"日与能文词者往还"。他赋诗作《怀峨眉家先生》："露下湿百草，病思生积愁。窟泉春洗屧，毡雪莫过楼。魂梦来巴峡，衣冠老代州。

---

①　郑贞文编《谢翱年谱》，民国三十一年福建省教育厅刊《晞发集》附。

平生仗忠义，心自与身仇。"① 从诗意来看，所表达的是对家铉翁的挂念，应是家铉翁尚未南归时。虽然不是创作于南归之时，但这并不妨碍谢翱的咏赋在南宋遗民圈中的影响力，因为他宋亡后往来南宋遗民之间，早已在遗民中间树立了家铉翁的伟岸形象。

（二）遗民义士的高赞

林景熙（1242~1310）是当时山阴遗民吟社的"领袖"。② 他因在至元二十二年（1285）冒着生命危险拾取宋帝遗骸而在遗民当中具有极高的声望。

林景熙在江南较为活跃，尤其往来杭城、越中，在越中长达二十年之久。林景熙写给家铉翁的诗《闻家则堂大参归自北寄呈》，是所有赞誉家铉翁的诗作中最为精彩凝练的一篇，其诗云："滨死孤臣雪满颠，冰毡啮尽偶生全。衣冠万里风尘老，名节千年日月悬。清唳秋荒辽海鹤，古魂春冷蜀山鹃。归来亲旧惊相问，禾黍离离夕照边。"③ 林景熙的赞誉更表达了对作为南宋遗民英雄、遗民领袖的家铉翁的评价。

（三）逸民隐士的景仰

孙潼发比家铉翁小三十一岁，是家铉翁的晚辈，但他却是与家铉翁交游时间最长的一位，跨越宋元两朝，达半个世纪之久。

孙潼发，字帝锡，一字君文，桐庐（今浙江桐庐）人。少年力学，工于文辞。刘克庄（1187~1269）见其文，大奇之，由是名动州邑。弱冠游太学，登咸淳四年（1268）甲科，赐进士及第。调衢州（今浙江衢州）军事判官，用龙飞恩，阶文林郎，居官有廉能声。黄溍（1277~1357）《盘峰先生墓表》载："属部之民有纵火杀人者，株连坐系甚众，岁久不决"，孙潼发探究详情，多所平反，而其他疑狱经孙潼发审理，所判无不服其明允。衢州民俗好斗，不相能，则弄兵以相仇。孙潼发被郡檄，遍行村落戒谕村民，好斗者皆委刀剑而为良民。秩满后，孙潼发被辟御前军器所干办公事。然而此时遭遇国家灭亡，其家亦毁，乃避地万山中，草栖露宿，若与

---

① 《晞发集》卷7，《景印文渊阁四库全书》本。
② （清）李慈铭：《越缦堂诗话》卷上"林景熙"条，浙江古籍出版社，2014。
③ （宋）林景熙著，陈增杰校注《林景熙诗集校注》，第63页。

世隔。久之，乃复其乡。与邑人袁易、魏新之为友，"以古人风节自期"[①]，称为"三先生"。[②] 至元二十三年（1286），元侍御史程文海奉元世祖之诏求贤于江南，其时叶李、赵孟頫等二十余人在求贤之列，孙潼发亦在其中，然而孙潼发固辞弗受，终甘老布衣。有《桐君山集》，人多传之（今佚），学者称其为盘峰先生。

家铉翁与孙潼发的交往可以追溯到宋亡以前。二人始有交往是孙潼发在衢州做军事判官时，其时当在咸淳四年（1268）孙潼发进士及第后。此时孙潼发是一位二十多岁刚刚入仕、崭露头角的有为青年。他表现优异，黄溍在《盘峰先生墓表》中引用三位知名人士对待孙潼发的态度来强调和突出：其一是家铉翁，其二是史绳祖，其三是留梦炎。先说"蜀名卿"史绳祖，生卒年不详，字长庆，从魏了翁学，官秘监。《宋元学案》卷80《鹤山学案》载其事迹。史绳祖"侨寓是邦，先生暇日辄相与研究先儒性理之学，为士者往往闻其绪言而有所开悟"，由此可见孙潼发学问之深厚。

再说故相留梦炎，曾是宋状元宰相。宋亡后降元，历礼部尚书、翰林学士承旨。留梦炎与孙潼发同郡，"爱先生才且贤，欲以女归之。先生不可，乃已"。孙潼发出生这一年，正是留梦炎状元及第之时，留梦炎也是孙潼发的长辈，爱惜孙潼发之才俊，欲将女儿嫁给他，然而孙潼发婉言拒绝了。可见孙潼发不受权势地位的影响，有自己的处世标准。

家铉翁此时五十多岁，仕途上已经比较显赫，咸淳年间正好任浙东提刑。[③] 家铉翁非常信任和赏识孙潼发，很多工作交由他处理，"大参家公铉翁详刑浙左，雅知先生，所至辄挽以自随，狱事悉委焉"。这段工作的经历也是家、孙二人交游的开端。

南宋亡国，孙潼发与家铉翁一样经历了亡国之痛，只是孙潼发隐居江南，没有入北的经历。家铉翁羁縻河间，孙潼发甚为惦念，据黄溍《盘峰先生墓表》载，孙潼发曾"数致书候安否"。待家铉翁南归，孙潼发徒步拜见。两位故友执手重逢，其情其志令人动容。

要之，在南宋灭亡后，社会制度、社会阶层发生了变化，宋人的社会

---

① （清）万斯同：《宋季忠义录》卷16，《四明丛书》本。
② 《宋元学案》卷82《北山四先生学案》，载《黄宗羲全集》（四），第255页。
③ （明）萧良幹：《（万历）绍兴府志》卷25，明万历刻本。

地位更大有不同。作为南宋遗民，他们彼此之间多以交游往来、结社酬唱、书信寄情等方式表达遗民情绪。在一定的时空中，"个体行为在走向更大社会集团的同时，形成因地缘、师生、辅僚等多种关系构成的社会网络"①，形成了一个新的集团，而随着时间的推移以及遗民活动的逐渐展开，这一集团的内部会产生新的社会秩序，如推出领袖人物或组织者、活动筹划者等，进而形成一个遗民群体。从传播学的角度讲，遗民领袖谢翱挂念家铉翁，使家铉翁的事迹在遗民群体中传播开来，这如同一个沉默的螺旋通过外力的作用节节上升，最终形成了一个巨大的舆论场，使家铉翁的事迹获得更大的传播空间，其在遗民群体中的地位显著上升。

第四节　其他交游考略

上述以时间为线索，勾勒了家铉翁在南宋时期、羁北时期以及南归后与士人的往来圈落。作为在宋时为官、在元为前朝遗老的他，家铉翁的交游远不止于此，只是限于史料，我们首先尽力挖掘、考证的是较为显著的人物。

除了以上人物，与家铉翁交游的还有释炳同、道士清溪翁等。

一　与方外之人交游考

（一）与释炳同等的交游

炳同（1223～1302），字野翁，新昌张氏子。宋亡之日，居明州仗锡寺。闭户书法华经，有句"老来非厌客，静里欲书经"，云云。元初，主鄞之雪窦寺与遗老交游广泛。大德六年卒，年八十。事迹见牟巘《野翁禅师塔铭》、《宋诗纪事》卷93。

炳同与陈著交游甚密，陈著《本堂集》存有二人交往之诗文，其中诗四首：《次韵锡窦寺主僧炳同（号少野）招游山二首》《寿炳同长老》《寿雪窦庵炳同长老》；文五篇：《题炳同上人古杭风景图》《新升奉化州记》

---

① 马茂军：《遗民散文家的地域创作和社会网络——文化空间的扩大和聚合成的新序列》，载《宋代散文史论》，中华书局，2008，第452～453页。

《答丈锡寺主僧炳同》《与雪窦寺主僧炳同》《答雪窦寺主僧炳同》。上文述及陈著与家铉翁友善，可知陈著、家铉翁、炳同当彼此熟知。另据《宋诗纪事》载，炳同"宋亡之日，避迹仗锡，闭户书《法华经》"，"一时遗老家则堂、文本心、黄东发、舒阆风、周伯弼，咸与之游"。①由此可知，家铉翁与炳同交游当在南归之后。

（二）与道士清溪翁的交游

另外，在《则堂集》中，家铉翁曾多次提及洞霄道友清溪翁，如在河间时，他曾赋诗《诗寄洞霄道友清溪翁，书于寓舍归洁》。其诗云：

> 汉家中郎年七十，霜鬐垂垂人不识。冬深破屦踏层冰，暑到露头走赤日。穷坚老壮本分事，百年未死为形役。洞天九锁郁嵯峨，古来相传神仙宅。我尝结茅天柱前，屐齿苍苔印行迹。劫火洞然城郭非，清境不坏还如昔。安期羡门我辈人，圆峤方壶一咫尺。梦魂几度如相逢，别来已久知相忆。愿分仙家九转丹，服之身轻生羽翼。周游八表任去来，跳出阴阳寒暑域。②

洞霄宫是南宋道教的中心，位于临安，汉元封三年（前108）建宫于大涤洞前，至宋代，皇室崇尚道教，盛极一时。昔在临安时，家铉翁曾在天柱山（与大涤山相对）筑建茅舍，修身问道，多次游访洞霄宫。在河间时，为了减轻现实的痛苦，他怀恋昔日与道友的交往，希冀从道家思想中寻求精神安慰，超脱尘世的羁绊。

二　与方天瑞交游考

家铉翁与方天瑞的交游，见于牟𪩘《义斋记》一文。我们由此可大致考知家铉翁与方天瑞的交往过程。

方天瑞，生卒年不详，诸暨（今浙江绍兴诸暨）人。仇远（1247～1326）有诗提及方天瑞，诗题云《锦城方天瑞，玄英先生后人，得〈白云

---

① （清）厉鹗：《宋诗纪事》卷93，上海古籍出版社，1983，第2270页。
② （宋）家铉翁：《诗寄洞霄道友清溪翁，书于寓舍归洁》，载《洞霄诗集》卷9，《宛委别藏》本，江苏古籍出版社，1988，第119页。

山居图〉，仿佛桐庐山中隐所，舜举真迹，别有一种风致。漫系以诗》①，由此可知，方天瑞乃是晚唐著名诗人方干后裔。曾任严子陵钓台书院山长。与牟巘、仇远等名士多有交游。方天瑞是家铉翁的晚辈，二人具体交游时间不可考，目前仅见牟巘《义斋记》一文中有所提及，其文如下：

> 临安山水天下奇，异时英雄崛起之迹，历久而平。钱氏子孙希白、穆父辈，皆去而为文词、取科目、司诰命。至近代平齐洪君出，又以伦纪常著名节，流风余论，今犹可考也。方君天瑞生于是乡，妙龄秀发，雅慕前修，劬书嗜古，而喜为诗。其居有山月吟窗，日啸咏其间。

> 家则堂尝为作诗，序其胸次已不俗。又以"义"名其书斋，而问于予。予曰："识瞀学落，然尝闻仁以义节，故亲亲而仁民，仁民而爱物，否则爱无差等，墨氏也。气可配道与义，故浩然塞乎天地，否则以义为外，告子也。敬义立，故德不孤，否则敬以直内，而不以义方外，释氏也。若是者，皆不能以无义。义者，固非一行一致之为，而子犹昭昭焉以义为揭者，何哉？岂有半夜叩门、摄衣从之，而以在亡为解者乎？亦有怀愤不直、哾人色上而稠人广众辄谯责不顾者乎？抑亦有排难解纷、辞千金而不受、因绝其人不与通者乎？"

> 天瑞曰："是之所义，非吾之所谓义也。况井以辨义，义之与比，君子喻义之类，曷尝不专言之，而元麟之取节，则《原道》"行而宜之"之语也。昔曾子曰："义者，宜此也。"《中庸》曰："义者，宜也。"扬子云曰："予得此义，谓之义也。"韩子殆本此欤？"予于是知天瑞真好义者矣。

> 夫天下事物，其不皆有当然之则。子之居是斋也，盍试思之。自君臣、父子、兄弟，以至朋友、乡党、邻里，以至一语一言一举动，云为之际，凡行之而得其当，处之而得其平，由之而得其正，辨之而得其分者，皆所谓宜也、义也。是义之名也，固标绝于一辞之表；而义之实，每裁制于众理之中。虽以之为诗，可以兴，可以立，可以

---

① （元）仇远：《山村遗稿》卷2，《景印文渊阁四库全书》本。

怨，可亦义之宜也。发于情，止于理义，止亦宜之义也。《传》曰："《诗》《书》，义之府也。"孰谓吟窗之不谓义斋乎？①

文中有"妙龄秀发，雅慕前修，劬书嗜古，而喜为诗"句，可知，牟𪩘作此文时，方天瑞乃是一名英姿勃发的有识之士，亦饱腹诗学，超凡脱俗，"其居有山月吟窗，日啸咏其间"，很好地继承了方干遗风。

家铉翁与方天瑞的交游，根据《义斋记》中所云"家则堂尝为作诗，序其胸次已不俗"，则主要体现在家铉翁曾为方天瑞之诗集作序，而在当时能够得到家铉翁为其诗集作序，这对方天瑞这样"妙龄秀发"的青年来讲，是非常难得的，所以牟𪩘评价说"其胸次已不俗"。牟𪩘的这一评价，既是对方天瑞文学才华的褒奖，更是对家铉翁南归后形成的威望的客观肯定。

方天瑞后来成为钓台书院山长。元代杨载（1271～1323）有诗《送方天瑞钓台山长》："富春江上钓台高，傍筑书堂处俊髦。要为乡间施教化，更因山水畅风骚。虀盐供养宁嫌薄，朱墨研磨肯惮劳。至日菊花黄满地，淋漓觞酒任君操。"此钓台乃严子陵钓台，位于浙江桐庐，富春江上游。

要之，家铉翁的交游可分为三个阶段：宋亡之前、羁北时期、南归之后。

家铉翁在南宋时交游广泛。他在回忆平生交游时曾自道："予周游海内，岁行五周，所与缔交，数千百人。就其中相从之久，相知之深，殆不十数。平居无事，握手论心，期岁寒不忍负。"②据文献所载，宋季享有盛名的忠义之士，大都是隐遁山林、对抗元朝、保守名节的遗民。由此可知，家铉翁在南宋时期所结交的多是正直慷慨、忠心报国的忠臣义士。

南宋亡国后，家铉翁与北解流人文天祥、汪元量、张观光的交游，清晰地体现了他内心最直接的爱国情感；羁縻河间时期，尽管他常怀念国思乡之痛，但积极融入河间，与邻里友好往来，与士人文字相酬，与弟子尽心传学，表现出宽广的心胸，在漫长的坚守中，将心灵的痛苦深埋心中，尽己所能，奉献余生。

---

① （宋）牟𪩘：《义斋记》，《全宋文》卷8234，第382～383页。
② （宋）家铉翁：《笃信斋说》，《则堂集》卷3。

对于南归之后的交往，尽管我们目前没有更多的资料，但通过遗民领袖谢翱、林景熙的赋诗颂赞，可以肯定家铉翁羁縻十九年后的南归，在南宋各遗民圈中产生了很大影响，在遗民故老的心灵上起到极大激励和安慰作用。

第五章　文天祥颂家铉翁诗考论

文天祥是传统知识分子赴汤蹈火、舍生取义的杰出代表。在宋末元初的政治舞台上，作为南宋朝廷重臣的家铉翁不仅与文天祥同朝共事，且同时受命于危难，有一段共同被元军押解北上的经历。家铉翁临危不惧的气节和高尚的人格赢得了文天祥的高度赞誉，并为其赋诗，使家铉翁的事迹广为人知。今存文天祥颂家铉翁诗载《文天祥全集》卷13《指南录》、卷14《指南后录》和卷16《集杜诗》中，共九首，即《则堂二首》、《使北》(其五)、《思则堂先生》、《怀则堂实堂》、《河间三首》、《集杜诗·家枢密铉翁》。这些诗歌生动地呈现了二人在危难之际的志行规范，体现了仁人志士对理想人格的笃诚信念与执着追求，为建构宋末元初的历史画面提供了珍贵而生动的资料。

第一节　国亡而志存的独立品格

南宋政局偏安，自徽、钦二帝被掳，中原沦陷，南渡之后，虽日思报复，然而兵气竭馁，无力抗击，以议和作为主要国策。南宋后期，君主懦弱，权相史弥远、贾似道等专恣跋扈，蔽塞言路，沉耽逸乐，终致国势日下。北方蒙古族迅猛崛起，对南宋大举发兵进犯。与孱弱无力的执政局面不同的是，鼎革之际一些士人的精神品格值得称颂，如江万里赴水死节，徐应镳宁投井而不赴北，文天祥、谢枋得等奋赴国难，万死不辞。而在南宋朝臣中，家铉翁奉命出使大都，羁縻十九载，全节而归，亦名垂史册。家铉翁沉稳坚定，国亡而志犹存，不因世变而移情，保持独立的人格与操守，也因此赢得了文天祥的高度评价。

一　元营颂赞

文天祥颂家铉翁的第一首诗歌创作于他出使元营期间。德祐二年（1276）正月十八日，元军进逼临安。十九日，文天祥被委以右丞相兼枢密使，都督诸路军马，出使元营议和。于此危难之时，家铉翁也在十九日被委以参知政事，二十日赐进士出身、拜端明殿学士、签书枢密院事。是日，贾余庆檄告天下守令以城降，吴坚老弱，唯贾余庆之命是从，只有家铉翁慷慨激愤，毅然拒绝在降诏上署名。文天祥闻知此事，当即以家铉翁之号入题，赋《则堂二首》表达敬意。其诗及序如下：

> 北入京城，贾余庆迎逢卖国。既令学士降诏，俾天下州郡归附之，又各州付一省札。惟枢密则堂家先生铉翁，于省札上不肯押号。吴丞相坚，号老儒，不能自持，一切惟贾余庆之命。其愧则堂甚矣！程鹏飞见则堂不肯奉命，堂中作色，欲缚之去。则堂云："中书省无缚执政之理。"归私厅以待执，北竟不敢谁何！予在北以忠义孤立，闻其事以自壮云。
>
> 山河四塞旧瓯金，艺祖高宗实鉴临。一日尽将输敌手，何人卖国独甘心！
>
> 中书堂帖下诸城，摇首庭中号独清。此后方知枢密事，从今北地转相惊。①

文天祥对"独清"有切身的体会。德祐元年，谢太后诏天下勤王。文天祥四处招募义兵，以江西提刑安抚使召入卫。友人劝止他说："君以乌合万余赴之，是何异驱群羊而搏猛虎。"文天祥答道："吾亦知其然也。第国家养育臣庶三百余年，一旦有急，征天下兵，无一人一骑入关者，吾深恨于此。故不自量力，而以身徇之，庶天下忠臣义士将有闻风而起者。"② 闻国

---

① 熊飞、漆身起、黄顺强校点《文天祥全集》卷13《指南录》，江西人民出版社，1987，第485页。
② （元）脱脱等：《宋史》卷418《文天祥传》，第12534页。

家有难，他振臂高呼，明知不可为而为之，冀望涌现更多的力量挽救危亡的时局。正是因为这样，对于家铉翁的独不署名，文天祥有更深层的理解。

家铉翁于宋亡前一年被调至京都，知临安府、两浙西路安抚使，迁户部侍郎兼枢密都承旨。他"状貌奇伟，身长七尺，被服俨雅"①，是一位相貌堂堂的人物，而通过《则堂》二诗，又可见家铉翁敦厚平和、老成持重、临大节而不顾个人安危的耿介品性，体现了一位朝官的立朝大节。由此亦可想见，家铉翁立身行事素有定规，铁骨忠心乃多年蕴积的政治品格，非一时一事之然也。其时，文天祥以主战受到投降派的孤立，被排挤出使元营，他在元营看到一些南宋大臣如吕文焕叔侄、贾余庆等汲汲投敌卖国，局面已愈发不可收拾，陷入愤怒和绝望之中，"流涕不自堪"。②此时，文天祥多么渴望南宋能有人站出来发出正义的呐喊、爱国的声音，来共同应对元军的挑战。当他闻知家铉翁危急时刻拒签降表时，幽暗阴霾中升腾起一份希望，由衷钦佩家铉翁孤忠"独清"的高尚节操，并以此"自壮"。

二　使北前夜

德祐二年（1276）二月初九日，家铉翁与贾余庆、吴坚、谢堂（知枢密院事）、刘岊（同签书枢密院事）等五人被任祈请使，被元朝押解大都（今北京），觐见元世祖忽必烈，祈求元朝保留南宋国号，保存赵氏遗脉。文天祥被元人遣与祈请使一同北上，在二十九日行至镇江时脱身。此间二十天他与家铉翁等相伴而行，交往密切。

北行前夜即二月初八日，文天祥欲第二日引决殉国，因此写就家书、处置家事。家铉翁得知后，力劝文天祥隐忍等待，言日后必有报国之机，文天祥听从其主张。五位祈请使皆是朝廷重臣，但心态不同，文天祥有感于此，作《使北》组诗，其五对家铉翁进行高度赞誉，表达对其思想的由衷认同。其序及诗（前五首）云：

---

① （元）脱脱等：《宋史》卷421《家铉翁传》，第12598页。
② 文天祥《纪年录》正文后列疏注云："二十四日辛卯，伯颜遣镇抚唐兀尔、宋赵兴祖等，先罢散文天祥所招义兵一万余众，令各归乡里，给与文榜。公闻之，流涕不自堪。"（参见《文天祥全集》卷17，第697页）

……贾幸国难，自诡北人，气焰不可向迩；谢无识附和；吴老儒，畏怯不能争；刘狎邪小人，方乘时取美官，扬扬自得；惟家公非愿从者。犹以为赵祈请，意北主或可语，冀一见陈说，为国家有一线，故引决所未忍也……先一夕，予作家书，处置家事，拟翌日定行止。行则引决，不为偷生。及见吴丞相、家参政，吴殊无徇国之意。家则以为死伤勇，祈而不许，死未为晚。予以是徘徊隐忍，犹冀一日有以报国。惟是贾余庆凶狡残忍，出于天性。密告伯颜，使启北庭，拘予于沙漠。彼则卖国佞北，自谓使毕即归，愚不可言也！谢堂已宿谢村。初九日，忽驾舟而回。或谓唆都为之地，伯颜得贿而免。堂曲意奉北，可鄙恶尤多。诗记其事。

自说家乡古相州，白麻风旨出狂酋。中书尽出除元表，北渡黄河衣锦游。（贾）

至尊驰表献燕城，肉食那知以死争。当代老儒居首揆，殿前陪拜率公卿。（吴）

江南浪子是何官？只当空庐杂剧看。拔取公卿如粪土，沐猴徒自辱衣冠。（刘）

公子方张奉使旗，行行且尼复何为。似闻倾尽黄金坞，辛苦平生只为谁？（谢）

廷争堂堂负直声，飘零沙漠若为情。程婴存赵真公志，赖有忠良壮此行。（家）[1]

……

文天祥知道，在南宋递交降表后，祈请使一职形同虚设，乃元人为"空我朝廷"[2] 而驱逐南宋朝臣，迫使南宋接受元人统治的一种假托，然而家铉翁却郑重地肩负起这一职责，并有所寄望，犹如春秋时期忍辱负重以保孤存赵的义士程婴，程婴以"死易，立孤难耳"[3]，未在当时以身殉节，倾毕生心力将赵氏孤儿抚养成才，使其重为晋国大族。文天祥由家铉翁的劝阻

---

① 《文天祥全集》卷13《指南录》，第487~488页。
② 《文天祥全集》卷13《指南录》，第477页。
③ （汉）司马迁：《史记》卷43《赵世家》，中华书局，1959，第1784页。

联想到程婴，认识到家铉翁是一位"可以托六尺之孤，可以寄百里之命，临大节而不可夺"（《论语·泰伯》）的忠贞义士，进一步认识到忍辱求生完成重任比殉国更具有实际意义，由此高度认同家铉翁的抉择，改变了自己急于赴死殉节的想法。

《使北》组诗凡八首，前四首分别讽刺抨击其他四位祈请使不以国家为重，只想保住生命财产，甚至还妄想升官发财，投敌卖国：第一首鞭挞贾余庆残忍狡猾、气焰嚣张，汲汲降元；第二首讽刺吴坚虽有老儒之尊，但畏怯懦弱，以丞相之尊率领公卿奉表拜北，令人叹恨；第三首讽刺刘岊奸佞狎邪，浪荡无耻；第四首讽刺谢堂身为外戚重臣，却狭隘自私，贿赂元人。家铉翁与这四位祈请使形成鲜明对照，虽社稷奄奄一息，但志存高远，主动挑起拯救民族危亡的重担，冀望志士同人力挽狂澜，挽救国家危亡的命运。正是在家铉翁的感召与点醒下，文天祥寻求机会，开始了百折不挠、斗争不息的抗元新篇章。

第二节　践履大义的志节人格

患难可寻义，世乱乃见节。文天祥自德祐奉诏勤王，"明知不可为而为之"，颠踬困厄中，"愈挫愈奋"，及被执北行，至囚絷燕狱，慷慨就义。家铉翁因赴北祈请，不仕二主，遂被圈禁连年，他以《春秋》为授学和治学的主要内容，更是以自己的立身行事践履《春秋》经训。二人虽相隔万里，但都坚持儒家"富贵不能淫，贫贱不能移，威武不能屈"的人格理想，更以自己的现实行动，践履《春秋》大义，使信念与行动完美融为一身。

一　逃亡途中

德祐二年二月二十九日夜，文天祥幸于京口（今江苏镇江）逃脱，元兵四处缉捕。三月初一日，文天祥一行到达宋人据守的真州城（今江苏仪征），但被疑作元人奸细而驱逐，无奈之中奔往扬州（今江苏扬州）、高沙（今江苏高邮）。初四日，正在桂公塘（今扬州附近）一个土围下休歇避险，忽见数前骑元兵驶来，幸而风雨大作，天助脱险。其后至贾家庄，听当地樵夫讲述，得知那数千骑人马正是元人押解的祈请使队伍，且昨夜就宿营于甘泉西。想到家铉翁就在此中，又听说有一个"白须老子"自称是"南朝相公"，在救生寺前使用筛箩亲自煮饭，文天祥猜到此人定是家铉翁，伤感挂念，流涕赋诗《思则堂先生》，其序及诗云：

> 初四日，予在桂公塘。北骑数千东行，莫知其故。贾家庄有樵夫云："昨夜北营甘泉西，去城四十里，有白须老子，设青罳罳，饭于救生寺灶前，称南朝相公。"问其何如，曰"面大而体肥"。以意逆之，则堂家先生也。因知昨日，北驱奉使北去，与其所掠老小辎重偕行。予虽不免颠踣道路，较诸先生，不以彼易此也！先生尝云"某四十规行矩步，今日乃有此厄"。流涕二十八字：
>
> 白须老子宿招提，香积厨边供晚炊。借问鱼羹何处少？北风安得似南枝。①

文天祥虽自己颠沛流离，但他知家铉翁羁押在途，更为艰难屈辱，想到家铉翁曾说过"某四十规行矩步，今日乃有此厄"，联想到自己"性豪华，平生自奉甚厚，声伎满前"②，元兵入侵，虽尽以家资为军费，招募义兵，但国家命运已无法逆转，不免伤感悲叹。

离开桂公塘后，文天祥一行夜驱高沙，三月初六日早，突遇二十余元兵的袭击，随行中有一人被俘走，他险些遇难。十一日乘船至泰州（今江苏泰州），抵达后，文天祥惊魂稍定，赋《怀则堂实堂》，其序及诗云：

> 二先生于予厚。予之惓惓于二先生，知二先生亦惓惓于予也。
>
> 白头北使驾双鞯，沙阔天长泪晓烟。中夜想应发深省，故人南北地行仙。③

逃脱后的文天祥"惓惓"于家铉翁及同行的祈请使吴坚。一同北行虽仅二十日，但彼此情感日益增厚，二人对文天祥寄予厚望，文天祥也深刻领悟

---

① 《文天祥全集》卷13《指南录》，第512页。
② （元）脱脱等：《宋史》卷418《文天祥传》，第12534页。
③ 《文天祥全集》卷13《指南录》，第517页。

到面对家国之难，在他有激烈的抗元意愿，欲挽救国家危亡之时，二先生均暗中相助。前文已提及家铉翁阻止其死节，吴坚亦有所举。

"实堂"即吴坚（？～1276后），字彦恺，号实堂，淳祐四年（1244）进士，于德祐元年（1275）十二月任签书枢密院事，二年正月初五日拜左丞相兼枢密使，后以祈请使被押解北上。文天祥曾不满其懦弱无为，然为何又在诗中将他与家铉翁并提呢？这或与吴坚在暗中帮助文天祥京口脱险有关。在镇江时，文天祥谋划出逃，经随行杜浒等人百般周旋，终定于二十九日夜间行事，然而元人突然于二十九日午催过瓜洲，且贾余庆诸人已渡船，"惟予与吴丞相在河次，得报最迟。于是托故以来日同吴丞相渡江"。由于吴坚坚持次日渡江，才使元人不生疑惑，进而文天祥等得以在当夜逃脱，故文天祥明了"若非得此一绐，从前经营，皆枉用心，惟有死耳"。① 吴坚虽"畏怯不能争"，但也未像贾余庆等人那样卑躬屈膝、谄媚元人。由此文天祥理解了乱世中吴坚的选择，接受了二人恳切的期待，同时对他们满怀眷念。

二　河间相见

德祐二年四月二十二日，祈请使一行抵达上都（今内蒙古锡林郭勒盟正蓝旗）觐见元世祖，行祈请之事，然而此时大势已定，祈请未成，被留于馆中。四月二十八日，宋恭宗、全太后等被元朝押解，抵达大都。此时，家铉翁再率故臣迎迓，他"伏地流涕，顿首谢奉使无状，不能感动上衷，无以保存其国"②，在场者无不动容。元朝以家铉翁节高，欲尊以高官，然而他义不二君，坚决请辞。元人无奈，起初将其安置渔阳（今天津蓟州区），元至元十五年（1278）又将其圈禁河间。③ 在河间，家铉翁以《春秋》教授弟子，"授徒多者百余人，少者不下数十。弦诵相闻，蔼然有古者乡庠党塾之遗意"④。他研读儒家经典，"喜谈《春秋》，尤

---

① 《文天祥全集》卷13《指南录》，第496页。
② （元）脱脱等：《宋史》卷421《家铉翁传》，第12598页。
③ 《文天祥全集·集杜诗·家枢密铉翁第一百三十八》："竹北庭意，留燕邸，已而移渔阳，又移河间"；又家铉翁《近古堂记》："岁戊寅（1278），自燕徙瀛，三阅寒暑。"河间，古瀛洲地。
④ （宋）家铉翁：《近古堂记》，《全宋文》卷8070，第157页。

喜谈《易》"①，"数为诸生谈宋故事及宋兴亡之故，或流涕太息"②。他也以此找到了一种生活方式，成为亡国之臣坚守志节的深沉表达。至元三十一年，元成宗即位，又欲加高官，家铉翁再次拒绝，唯望归乡，他说："臣年八十矣。亡国之俘，不能死，陛下安用之。得以骸骨，归葬先人冢旁，受恩多矣。"③ 成宗感佩，赐千金，放还眉山，赐号"处士"。家铉翁皆辞不受，徒步还家。

另外，文天祥得知益王、广王在永嘉（今浙江温州）建元帅府，则追赴行在，除右丞相，以枢密使、同都督诸路军马。后出南剑（今福建南平）开府募兵，收复赣州十县、吉州四县等多处被元军占领之地。但终因元军势力强大，兵败被俘。元人多次劝降，遭其严词拒绝，于祥兴二年（1279）四月被再次押解北上。九月十二日，文天祥抵达河间，当他得知家铉翁被圈禁于此，遂求得到拜访并留宿其家的机会。看到家铉翁"风采非复宿昔"，然而精神健朗，"忠贞俨然"④，更心生敬意。二人"相对大哭"，文天祥"赋诗而去"⑤，所赋诗即《河间三首》⑥：

夜宿河间，恰家则翁寓焉，因成三绝。

空有丹心贯碧霄，泮冰亡国不崇朝。小臣万死无遗慨，曾见天家十八朝。

南归雁荡报郎君，老子精神健十分。不为瀛洲复相见，阿戎翻隔万山云。

---

① （清）永瑢等：《四库全书总目》卷165，第1416页。
② （元）脱脱等：《宋史》卷421《家铉翁传》，第12599页。
③ （明）曹学佺：《蜀中广记》卷46《人物记第六》，《景印文渊阁四库全书》本。
④ 《文天祥全集》卷16《集杜诗》，第663页。
⑤ （清）李鸿章修，（清）黄彭年等纂《畿辅通志》卷244《流寓》，商务印书馆，1934，第103页。
⑥ 按，文天祥以亡宋宰相身份，虽在押解中，然其忠义为世人敬重。又据周密《癸辛杂识》续集卷下《文山书为北人所重》载："平江赵升卿之侄总管号中山者云：近有亲朋过河间府，因憩道旁。烧饼主人延入其家，内有小低阁，壁帖四诗，乃文宋瑞笔也。漫云：'此字写得也好，以两贯钞换两幅与我如何？'主人笑曰：'此吾家传家宝也。虽一锭钞一幅亦不可博。咱们祖上亦是宋民，流落在此。赵家三百年天下，只有这一个官人，岂可轻易把与人邪？文丞相前年过此，与我写，真是宝物也！'"由此不难推知，文天祥特地拜望圈禁于河间的家铉翁，提高了家铉翁在河间人心目中的分量。[（宋）周密撰，吴企明点校《癸辛杂识》，第186页]

　　江南车盖走燕山，老子旁观袖手间。见说新诗题甲子，桃源元只在人间。①

　　南下抗元，行朝无力供给军费，文天祥乃自行开府，所率多是义兵，"居乏深谋之客，出无制胜之将"，"大抵瓦合乌散，常抱空志，赤手举事"。②文天祥虽明知奋勇抵抗对挽救南宋政权已无多少实际意义，但他仍为此竭尽全力，斗争不止，"法天地不息"，为南宋社稷争取存在下去的希望和可能性。由此及彼，年过六旬的家铉翁虽罹艰险，与文天祥《指南录》一样，宋亡后诗歌不书纪年只称甲子，耻事二姓，饱含遗民情怀，恪守遗民品格，令人敬仰钦佩。

　　《河间三首》诗中云"不为瀛洲复相见，阿戎翻隔万山云"，"阿戎"："晋、宋间人，多谓从弟为阿戎"③，文天祥与家铉翁虽为异姓，但以从弟（今谓堂弟）自称，人格理想上的高度契合使文天祥对家铉翁的认同从同德同志上升为同袍兄弟。但与此极其不相符的是，文天祥虽然对家铉翁深怀敬慕，视为兄长，但是详检家铉翁《则堂集》，却没有一首与文天祥相关的诗文，这与文天祥不断颂赞家铉翁的情况极不相称。二人之间是否还有其他交情？

　　查找文献，诸多史料都记载了家铉翁倾囊救赎文天祥的长妹懿孙一事。④《宋史·家铉翁传》载："文天祥女弟坐兄故，系奚官，铉翁倾囊中装赎出之，以归其兄璧。"⑤至元十四年（1277）前后，受文天祥牵连，其长妹懿孙被陷大都，沦为官奴。时家铉翁羁留大都，不惜变卖橐中衣物，倾尽所有，将其赎出。这足见家铉翁与文天祥交情之深。文天祥有母亲曾氏、妻子欧阳夫人、二妾颜氏和黄氏，六女定娘、柳娘、环娘、监娘、奉娘和寿

① 《文天祥全集》卷14《指南后录》，第568页。
② （宋）邓光荐：《文信国公墓志铭》，载《文史》17辑，中华书局，1983，第240页。
③ 《资治通鉴》卷141《齐纪七》载：王思远乃尚书令王晏从弟，"（晏）及拜骠骑将军，集会子弟，谓思远兄思微曰：隆昌之末，阿戎劝吾自裁，若从其语，岂有今日！思远遽应曰：如阿戎所见，今犹未晚也。"胡三省注："晋、宋间人，多谓从弟为阿戎，至唐犹然。"参见（宋）司马光编著、（元）胡三省音注《资治通鉴》，中华书局，1956，第4407页。
④ （明）钱士升《南宋书》卷62，清万斯同《宋季忠义录》卷10、（嘉靖）《河间府志》卷13、《畿辅通志》卷20，民国《眉山县志》卷10等皆有记载。
⑤ （元）脱脱等：《宋史》卷421《家铉翁传》，第12598页。

娘，二子道生和佛生。然而自德祐初应诏勤王，尽以家资为军费，全然投身国难，亲人无不受其牵累。先是长女定娘、幼女寿娘以病死于河源（今广东河源），一妻、二妾、一子、二女皆在空坑之役中被元军所俘，而母亲曾氏与长子道生又因染军疫相继离世。文天祥家破人亡，因此家铉翁救助懿孙意义十分重大，更可以理解为是对故宋忠臣的一种慰藉。对懿孙的倾囊以赎，使家铉翁的生活陷入极度困窘之中，以至初置河间时，"六年里，五迁舍"①，"居无把茅，卧乏班荆。病无以药，寒无以衾"。②

这件事无可辩驳地证明了家铉翁对文天祥的深情厚谊，但《则堂集》却无一句与文天祥有关的文字，究其原因或可做如下推测：一是《则堂集》散佚严重③，今存家铉翁诗文未见与文天祥有关的内容，或与《则堂集》散佚有关；二是家铉翁北上之后，处于元人的圈禁之下，活动缺少自由，为保全彼此，他自然不会保存与文天祥有关的文字。

第三节　忠贞不渝的理想人格

元至元十六年（1279）至至元十九年（1282）十二月，文天祥被囚禁于大都（今北京）狱中，他经常会回溯宋元交战以后的种种故事，在朝代兴亡之际，看到昔日同僚、战友的不同选择、不同面目，感慨系之，对家铉翁有了更高层次的认识和评价。

一　狱中赋诗

大都狱中，文天祥赋《集杜诗》二百首，用杜甫诗句，谙熟于心，似信手拈来，追怀宋亡之际的人物故事，犹如波澜壮阔的历史画卷，恢宏澎湃，更蕴含着对历史的反思和人物的褒贬。每诗标有次第，部分诗前有序，诗歌内容分记社稷兴亡、忠臣义士、平生阅历、故乡家人，寄托感慨。《集杜诗》第一百三十八首《家枢密铉翁》，将家铉翁一生行事的准则归纳为"正"，这

---

① （宋）家铉翁：《水调歌头·题旅舍壁》，载唐圭璋编《全宋词》第 4 册，第 3032 页。
② （宋）家铉翁：《祭器之文》，载《全宋文》卷 8072，第 191 页。
③ （明）焦竑《国史经籍志》卷 5、孙能传《内阁藏书目录》卷 3 皆著录为 16 卷，清黄虞稷《千顷堂书目》卷 29 著录为 18 卷，《四库全书总目》卷 165 称"其文集二十卷，则已全佚。惟《永乐大典》收其诗文尚夥。谨裒合排比，以类相从，厘为文四卷、诗词二卷"。

与文天祥所遵循的浩然正气的人格理想是一致的。其序及诗云：

> 则堂先生家铉翁，蜀名家，有学问，举动必以礼，朝中老成典刑
> 也。当国都不守，先生签书枢密，见虏持正议。左丞相吴坚、右丞相
> 贾余庆，以省札遍告天下，令以城归附。先生不押字，虏自省中胁以
> 无礼，公不为动，竟末如之何。后以祈请使为名，群诣北庭，既至，
> 上书申祈请之议。忤北庭意，留燕邸，已而移渔阳，又移河间。如我
> 朝羁置特官，给饮食而已。余过河间，得一二相见。先生风采，非复
> 宿昔，而忠贞俨然。使人望而知敬。呜呼！其可谓正人矣。
>
> 出处同世网（《郑公虔》），高谊迈等伦（《别蔡著作》）。
> 异方惊会面（《送韦别驾》），慰此真良臣（《寄唐使君》）。①

该序及诗紧紧围绕"正人""真良臣"这一评价展开，这也是文天祥狱中
回忆二人交往，给予家铉翁的综合评价。从家铉翁的出身家世来看，宋代
巴蜀乃政治文化的重地，家铉翁所在的眉山更是出现了许多著名的学术之
家、文学之家、史学之家。而眉山家氏乃蜀中名门望族，其家族人物多以
重大义、讲名节而载入史册，如仁宗时的家勤国、家安国、家定国，哲宗
时的家愿，宁宗时的家大酉、家炎等，且家氏以《春秋》学为家学，多有
著述传世。② 良好的地域文化和家风传统使家铉翁浸润其中，形成耿介不
屈、崇尚忠义的优秀品格。

与家铉翁一样，文天祥尊崇儒家思想，积极入世，最崇尚的就是超越
自我公忠为国的忠义之士。他"儿时爱读忠臣传"，在创作中每借前贤志
行以砥砺气节，苏武、祖逖、张巡等可歌可泣的英雄人物写满了战斗的诗
篇。文天祥站在历史长河之中，认为人要独立于天地间，最重要的就是要
有刚正之气，以刚正之气去抵抗一切外来的压力与邪恶。他在《正气歌》

---

① 《文天祥全集》卷 16《集杜诗》，第 663 页。
② 据嘉庆《眉州属志》卷 19，苏、程、家、史皆宋代眉州大姓，《宋史》卷 390《家愿
　　传》、清陆心源《宋史翼》卷 17《家大酉传》，宋魏了翁《知富顺监致仕家侯炎墓志铭》
　　《安人史氏墓志铭》《太令人程氏墓志铭》及吕陶《朝请郎新知嘉州家府君墓志铭》，皆
　　有关于家氏家族的记载。参见拙文《宋末家铉翁先祖及家人族亲考述》，《吉林广播电视
　　大学学报》2012 年第 11 期。

诗的前序中写道：

> 叠是数气，当之者鲜不为厉。而予以孱弱俯仰其间，于兹二年
> 矣，审如是，殆有养致然尔。然亦安知所养何哉？孟子曰："我善养
> 吾浩然之气。"彼气有七，吾气有一，以一敌七，吾何患焉！况浩然
> 者，乃天地之正气也。

文天祥不但很好地接受了孟子"浩然之气"的人格理想，更基于自我生存的历史背景，以"浩然正气"的人格思想化解人生的种种遭逢，无论多么恶劣的生存环境，即使在狱中水气、土气、日气、火气、米气、人气、秽气七种气体汇集肆虐，仍能以孱弱之身抵御而安然无恙。"正气未亡人未息"，文天祥由此而形成了独具一格的"浩然正气"的伟大人格，"创造出一种实在可行又趋于超越且富有悲壮意味的人生模式"。[1] 也正是因为文天祥自己以浩然正气践行了孟子"富贵不能淫，贫贱不能移，威武不能屈"的人格主张，他才能切身体会到家铉翁以年迈之身、苍老之躯艰难隐忍的执着与坚守。他们不约而同地成为儒家思想的真正践行者。

文天祥《集杜诗·家枢密铉翁》首句"出处同世网"是全诗精华之所在，语出杜甫《八哀诗》（故著作郎贬台州司户荥阳郑公虔）。年长杜甫二十一岁的郑虔（691～759）不仅道德文章迥迈时流，尤以诗、书、画被玄宗誉为"郑虔三绝"。[2] 然而安史之乱爆发，郑虔因被迫接受伪职而被贬为台州司户，贬谪期间毅然以兴文教、易风俗为己任，被后世誉为台州文教之祖。郑虔是杜甫的忘年之友，文天祥从郑虔在台州首办官学联想到家铉翁羁縻之中开馆授学，更从其交谊中看到了自己与家铉翁的影子。文天祥既概叹时代际遇导致个人的悲剧命运，更表达他与家铉翁遵循着相同的价值追求，不降志，不辱身，二人行事共同恪守这一"世网"，彼此惺惺相惜，成为乱离中的莫逆之交。

文天祥与家铉翁两位南宋故臣，一位毁家纾难，视死如归；一位羁留

---

① 戴木才：《论文天祥的人格思想》，江西省文天祥研究会编《留取丹心照汗青——文天祥国际学术讨论文集》，百花洲文艺出版社，1994，第 101 页。

② （宋）欧阳修、（宋）宋祁：《新唐书》卷 202《郑虔传》，中华书局，1975，第 5766 页。

北方，孤忠尽节。二人在宋亡之际共同表现出的对国家存亡命运的勇敢担
当使彼此产生了强烈的认同感，并生发拳拳情谊，而他们的情谊绝非个人
私谊，而是对亡宋故国尽忠竭力、恪守志节的深情厚谊，超越现实阻隔，
在风雨如晦、狂涛怒浪中直达精神的最高境界。在朝代更迭的政治风雨
中，前朝的名士贤人总会遇到新朝的强大压力，他们有的以身殉节，有的
选择了投靠，有的选择隐遁，还有人披肝沥胆，义无反顾。不同的价值观
促使人们选择了各自的道路，即使是父子兄弟也未必达成一致，这在历史
上并不鲜见。因此，志同道合的表层内容体现在日常生活与工作中，而其
深层含义则体现在家国罹难之时，能"见危授命"，共同坚守道义，恪守
人格，以社稷为重，为了维护国家利益和尊严而牺牲自我，达成理想和信
念上的高度一致。文天祥与家铉翁交往正是志同道合这一理想在人格与道
义上的最好诠释。

二　后世评价

文天祥为家铉翁赋诗引起了后世的关注。明代学者瞿佑（1347～1433）
《归田诗话》是记载诗人诗作、逸闻逸事的诗话笔记，其"家铉翁持节"
条引用文天祥的诗句来表彰家铉翁持身之节。此外，明代蒋一葵《尧山
堂外纪》卷63、清代彭遵泗（1702～1758）《蜀故》①、《（民国）眉山县
志》② 也记载了文天祥对家铉翁的颂赞。下面仅举《归田诗话》中的"家
铉翁持节"：

> 元兵南下，次高亭，宋朝纳降。吴坚为左相，家铉翁为参政，与
> 贾余庆、刘岊为祈请使北行。文天祥诗云："当代老儒居首揆，殿前
> 陪拜率公卿。"又云："程婴存赵真公志，赖有忠良壮此行。"前谓吴，
> 后谓家也。至北，铉翁抗节不屈，拘留河间。世祖崩，成宗即位，始
> 赐衣服，遣还乡里，年逾八十矣……可谓不负文山所期矣。③

① （清）彭遵泗：《蜀故》卷14，清乾隆刻补修本。
② 王铭新等修，杨卫星、郭庆琳纂《（民国）眉山县志》卷10，载《中国地方志集成·四
川府县志辑39》，巴蜀书社，1992，第666～667页。
③ （明）瞿佑：《归田诗话》中卷，第25～26页。

瞿佑认为，家铉翁虽未以死殉国，但他羁北期间以讲授《春秋》缅怀故国，以著述《春秋集传详说》弘扬《春秋》大义影响身边士子，坚守亡臣志节，直至成为"濒死"之"孤臣"，终未辜负当年文天祥对他的期望。家铉翁的持节守志是对忠义之士的慰藉，但在更本真的范畴里是在践行自己的人格理想。家铉翁自号"则堂"，他因"中年因读《礼》，采《内则》名篇之义，命堂曰'则'"，认为世间万物都是依据一定的规律存在，而世间之人要遵循这一规则、法则行事。他遵循君臣之礼、一臣不事二主的儒家准则，一生行事也践行了"则"的内涵。在衰老日甚的生命尽头，家铉翁也曾绝望地发出长叹，"归去来兮，天涯万里将安归"，甚至留下遗言："今年不归明年复不归，病骨欹崎会当化为原上骼。拟从诸君豫乞石一方，他年埋之冢前三四尺。上书宋使姓某其名某，下书人是西州之西老逢掖。"① 尽管绝望至极，他还是苦苦等待，以历史上全节而归的使臣自勉，"钟仪拘而获释，解扬踬而得全，子卿困而终归，忠宣浩乎弗留"②，守志不渝。他在诗中写道："留得浩然英气在，便将生死付朝曛"③，"为言仗节瀛海上，齿发衰谢气如虹"④，家铉翁的浩然意志与自然世界融为一体，他在孤独中成就了自我，维护了国家的尊严。

人格是一个人的精神信念、价值取向、内在德行等的综合外化，理想人格更加强调的是对这一思想品格的内涵理解与外在探索的知行合一。先贤们将全部身心投身到对理想人格的践行中，"舍生取义，杀身成仁"，追求人格的尊严、生命的意义、社会的价值，以超越生命的崇高境界，呈现具有独创价值、指导意义并带有悲壮意味的完美人格。文天祥是中国历史上道德与文章兼善的典型人物，其精神是留给后世的最宝贵的文化遗产。文天祥赋诗九首颂赞家铉翁临大节而不可夺、守孤寂而终其操，其对后世的精神影响已突破事迹本身。家铉翁与文天祥一道成为鼎革之际士人的精神典范，他们的志行也是当代士人应该汲取的思想行为准则。

---

① （宋）家铉翁：《假馆诗》，《全宋诗》卷3343，第39946页。
② （宋）家铉翁：《则堂集》卷6《和归去来辞（并序）》，《景印文渊阁四库全书》本。
③ （宋）家铉翁：《挽刘文蔚》，《全宋诗》卷3344，第39955页。
④ （宋）家铉翁：《朱信叔洛阳人往佐长安省幕》，《全宋诗》卷3343，第39949页。

第六章　家铉翁的家国思想

宋元易代之际，面对山河破碎，社稷倾覆，出现了许多抒写亡国之恨、黍离之悲的文学作品。在漫长的圈禁生活中，家铉翁选择了以讲授和著述《春秋》为磨砺岁月的方式，他用诗文记述了孤独而坚韧的内心世界，尤以黍离之悲、家国情怀深切动人。

作为一位流寓他乡的前朝遗老，在地域上远离原来的生存环境，在精神上却无法与过去相割裂，这使他的创作与留居江南的遗民作家有所不同。正如萨义德在探讨"知识分子的流亡——放逐者与边缘人"这一问题时所说，流亡"不只意味着远离家庭和熟悉的地方……而且意味着成为永远的流浪人，永远离乡背井，一直与环境冲突，对于过去难以释怀，对于现在和未来满怀悲苦"。[①] 把作家身份和生存环境作为重要的观察点，这也是我们解读家铉翁其人其作的一把钥匙。

第一节　故乡之思

至元十五年（1278），已过花甲之年的家铉翁被流放到河间。河间，古为瀛洲地，地连畿辅，介于燕赵之间。这里物华景美，亦是文化古郡，是《毛诗》《孝经》的发祥地。家铉翁曾在《送崔寿之序》中这样写道："河间，古文物郡，毛公、董子之化，至今犹有存者。士尊名教而贵礼让，远功利而谈诗书，出而仕于四方，所至皆以兴学校、崇教化为事。"又作

---

① 〔美〕爱德华·萨义德：《知识分子论》，单德兴译，生活·读书·新知三联书店，2013，第44页。

组诗《鲸川八景》，赞咏东城春早、西园秋暮、冰岸水灯等景观。然而，河间只是人生旅途中被迫停留的驿站，四季美景不能冲淡他对故乡的思念。

至元二十二年（1285）是年逾古稀的家铉翁流寓北方的第十个年头，他在《跋辋川图》中写道：

> 余年七十有三，行世五纪，周游半天下。所至值佳山美景，藉草倚树，适吾之适，兴尽辄去。居无一寸之园、一丘之亭，而余之内心无所慊也。兹寓高阳，四境平旷，而余之山崔嵬，与西山俱高也。极目无川，而余之水浑茫，与大河俱长也。人言此土疏瘠，不可以树艺，而余之土熙然其春，肃然其秋，物生其间，可花可实，生意浩乎其莫遏也。[1]

高阳，隶属保定路之安州，位于河间路与保定路的边界，《则堂集》中多次提及高阳，应临近铉翁寓所。尽管高阳之地平旷，但他内心因忆起蜀之西山而皓爽高洁；尽管高阳之土贫瘠，但他心中却随着四季的轮回而春华秋实，一切都像在故乡的样子。在长期的流离漂泊中，家铉翁淡化了眼前的一切，沉浸在对故乡的眷念之中。

一　以心悟雪，意在归洁

雪在北方最为常见，但家铉翁所咏却不是数九隆冬的北国之雪，而是故乡"蜀之西"的雪山之雪。家铉翁的感怀，多是结合儒家经典，以哲人之思去观照当下之景。面对六出飞花，他契之于心，参之于《易》，悟出雪之真意。《雪庵记》与《雪岩说》可视为家铉翁咏雪的姊妹篇，而以前者精深透彻，更见思乡之意："余蜀人也。蜀之西有雪山焉，崔嵬万寻，皓爽高洁，贯冬夏而不改。余爱之仰之，暇日必升高丘以望。"[2]尽管在审美体验上已达到物我合一的境界，但家铉翁仍感到没有彻悟雪之真谛。直到得山中隐者的指引，中年读《礼》，始悟出"洁静精微"之意，只有"以心悟雪，以雪洗心"，将雪比之于德，内外融合，才能理解故乡之雪所

---

① （宋）家铉翁：《跋辋川图》，《全宋文》卷8067，第110页。
② （宋）家铉翁：《雪庵记》，《全宋文》卷8069，第145页。

蕴含的真谛。

在《雪岩说》中，家铉翁亦阐释了涤荡内心、以心悟雪的体会。文中写道："魏晋以后，诗翁才人为雪赋者多矣。或拟其形，或喻其色，唯恐其不能工，然皆非真知雪者也。……盖拟其形、喻其色，求之于外也。……学道君子以心晤雪、以雪洗心，故能真有得于雪。"[①] 可见，家铉翁不仅欣赏自然界的雪，他还将雪的内在品格与个人的节行操守融为一体。

家铉翁词《念奴娇·送陈正言》"我节君袍雪样明"句，以雪比喻志节，诗《雪山辞》"著归洁之意"[②]，均是家铉翁心灵的写照。其爱雪，不同于一般的"诗翁才人"，在咏雪的诗词文赋中，融入了他浩然的归洁之意。

二　梅兄竹友，天外怀人

故乡岷山的梅花和竹林令家铉翁魂牵梦萦。在赞咏梅竹的诗赋中，蕴含着他对家乡故人的牵挂。

四川产竹，家铉翁酷爱之，然而北方无竹，他时常感叹："一从脚踏黄沙堆，不见此君四寒暑"[③]，"余家乎岷之下兮，有梅萧萧，有竹森森……皓兮苍兮，吾独想其岁寒之心"。[④] 他更直言"是邦无梅竹"，失落迷茫之意溢于言表。乡土迢远，梅竹无迹可寻，只有效仿梅竹岁寒而愈见高洁的精神，全节而归。

《雪中梅竹图（并序）》不但赞咏故乡的梅竹，而且蕴含着对故人的思念。其诗云：

　　梅兄乃我义理朋，竹友从我林壑游。青青不受尘土涴，皓皓肯与红紫伴……却风吹灰万象改，平生故交还在不。绨袍犹思见范叔，雪堂剩欲逢元修。故山自有归隐处，琅玕成林雪成坞。会当见汝面目

① （宋）家铉翁：《雪岩说》，《全宋文》卷8069，第140页。
② 《雪山辞》今佚。据柳贯《跋张直夫先生所得家枢密四诗》："公诗四章，其一《雪山辞》也，著归洁之意，与朋友共，其属望先生，则诚在矣。"
③ （宋）家铉翁：《谢舜元以墨竹为赠》，《全宋诗》卷3343，第39951页。
④ （宋）家铉翁：《题梅竹图》，《全宋诗》卷3344，第39960页。

真，西湖西畔踏雪寻故人。①

在这首诗中，家铉翁以梅竹"严气正性"的内在品格激励自己，抒发了久在异乡的失落以及对故人的思念。其中，"雪堂剩欲逢元修"句，写苏轼贬谪黄州，故旧少有通问，唯有故友巢元修徒步前往拜见一事。家铉翁渴望与故交相见，更渴望回到故乡，归隐竹林，踏雪交游，从中可见其"天外怀人之意"。

三　岷峨牡丹，乡国之思

家铉翁出生于峨眉山下的眉州。峨眉山峰峦叠嶂，气势逶迤，因为有山峰相对如蛾眉，故称峨眉山。异乡漂泊之时，峨眉山常常萦绕于脑际。适逢有朋友赴长安，他建议友人取道入蜀，一览峨眉山的雄奇壮伟："由秦而西是为入蜀道，乘兴一登岷峨矗天峰。"② 他自己也骄傲地说："我家正住岷峨下"，又说"余家乎岷之下兮"。③ 峨眉山作为故乡的标志，在《则堂集》中多次出现。

峨眉山物华丰美，自然神奇，在久客思乡的家铉翁心里，峨眉山更如梦幻之境，别具奇特之美。《牡丹坪诗（并引）》中所歌咏的牡丹与世间的牡丹就大有不同，其引文讲述了一个梦境的由来。三十年前在苏州幕府任职时曾有人问他："荷花以周敦颐为知己，菊花以陶渊明为主人，牡丹的知己是谁呢？"家铉翁认为牡丹的知己应是北宋邵雍，他真正知花，乃从花之根心验证其高下之别。如今身在他乡，见到盛产牡丹的洛阳的友人，家铉翁特书牡丹诗相赠，希望带回去放在种花的地方。不想夜晚梦见有人说："你能想起大峨中峰吗？我家就在那下面。"醒后思之，那托梦者应是峨眉山的牡丹坪上为玉皇守花之人吧！于是"漫成此诗，见乡国之思也"，其诗云：

> 洛花古来称第一，金为之相玉为质。画堂深处养根荄，丽日光中

---

① （宋）家铉翁：《雪中梅竹图（并序）》，《全宋诗》卷3343，第39944页。

② （宋）家铉翁：《朱信叔洛阳人往佐长安省幕》，《全宋诗》卷3343，第39949页。

③ （宋）家铉翁：《题梅竹图》，《全宋诗》卷3344，第39960页。

见颜色。人力栽培傥未周，本然之天从而失。我家大峨峰顶牡丹坪，傲雪凌霜知几春。冬深突兀层崖上，春来烂漫红云生。相传皇人炼丹处，帝敕六丁为守护。天葩只合奉天人，那许移根到下处。吁嗟皇人长与花为主，世上红紫纷纷何足数。①

峨眉山脉自岷山分出，在岷山之南，突起三峰，有大峨、中峨、小峨之分，牡丹花就生在大峨峰。古传有仙人在此炼丹，故其花异常灵秀。家铉翁云："丹气融为此花，大者如扇，径二尺，其高有数丈者，遍满山中，故其地号牡丹坪"（《牡丹坪诗（并引）》诗后自注），其花之娇艳可以想见。

诗歌采用对比手法，以金相玉质来赞美"古来称第一"的洛阳牡丹，然而大峨中峰的牡丹生之天然，足与"人力栽培"的洛阳牡丹相媲美。其得之天然，又与仙人为伴，故"与世俗牡丹稍异"。

值得注意的是，《牡丹坪诗（并引）》自注曰："人有欲移根种之山下者，辄为雷电雨雹所侵"，这或可理解为家铉翁以花自喻，借牡丹移根别处而遭雷雨侵袭，比喻故国沦丧、志士飘零的痛苦。

第二节 故国之念

圈禁河间，不知归期，重返故国是家铉翁唯一的愿望。《则堂集》中的诗文既有对已逝君王的怀念，又有对亲人的思念，对故国的思念无时不撞击他的心灵。

一 怀念故君，涕泪滂沱

家铉翁在南宋时经历了宋末四帝：他出生于宁宗嘉定六年（1213），在眉州度过了童年、少年的快乐时光；在理宗执政的四十年里，他从一名十三岁的少年逐渐长大成人，以父荫补官，任常州太守、浙东提点刑狱等职，所至皆有声名；度宗时期，他年过半百，受到朝廷器重，屡负大任；恭宗时期，他被调任京都，任临安府尹。目睹家国倾覆，他毅然肩负起祈

---

① （宋）家铉翁：《牡丹坪诗（并引）》，《全宋诗》卷3343，第39946页。

请使一职，远赴大都，为国请命，因不仕新朝而被流放。

作为故宋朝臣，家铉翁深怀忠义之情。《则堂集》有《题宁皇雪月图后》《三山吴履道承出示理皇御书唐人诗，恭题其后》等诗写南宋故主，尤以后者动人心魄，其诗云：

> 先君曩侍绛熙殿，拜赐天画盈箧箱。帝书超轶钟王上，不与欧柳论低昂。孤臣流落滨九死，老眼尚能识偏傍。旅檐惊见巫再拜，拜起不觉涕泪滂……①

在河间时，家铉翁意外见到了理宗的御书，想到这当是藏于理宗昔日讲殿——绛熙殿的御书，宋亡后被元军掠运北去而流散民间，他悲痛万分，惊慌跪拜，不觉已是涕泪滂沱。如此至宝，然囊中无物，无力换得，只能乞得模本，刻于玉石，为后世珍藏。家铉翁对理宗有较为深厚的情感。此诗沉郁悲凉，深蕴亡国之悲、孤臣之泪。

家铉翁具有经国济世的才干和仁民爱物的情怀，知常州时，尽心竭力，政誉翕然，地方志多有对其政绩的记载。其时他曾以花喻君臣，而今在河间，触物生情，遂重赋旧诗，《人有画花中四伦者，偶记毗陵旧诗，即题其上》（其一）即此诗。诗中写道："万红深处一花王，犹带姚家宫样黄。物物有君还有佐，殿春须属召公棠。"② 召公乃周武王之弟，是国之重臣，因采邑在召（今陕西岐山西南）而称召公。召公巡行乡邑，喜在甘棠树下听讼断狱，自侯伯至庶人，皆各得其所，安居乐业。其卒后，民人思其政，怀棠树而不敢伐，作《甘棠》之诗（《诗经·召南·甘棠》），颂扬其德政。昔日家铉翁以姚黄牡丹喻君王，以海棠喻臣子，烘托君臣之义，而今沧海桑田，宗国沦覆，只能徒留小诗以作纪念。

二　佳节思亲，凄凉堪哀

每逢岁时节令，总会触发诗人身世孤零、漂泊无依的感伤。《则堂集》

---

① （宋）家铉翁：《三山吴履道承出示理皇御书唐人诗，恭题其后》，《全宋诗》卷3343，第39942页。

② （宋）家铉翁：《人有画花中四伦者，偶记毗陵旧诗，即题其上》（其一），《全宋诗》卷3344，第39959页。

有十余首佳节怀乡的诗作，从中可以体会到其内心的孤苦。

立春时节，蜀人有以巢菜作饼的习俗。家铉翁在大都时，因其地没有巢菜，深感遗憾。今在河间得见，倍感亲切，想起家乡习俗，遂赋诗《西州旧俗每当立春前后以巢菜作饼，互相招邀名曰"东坡饼"。顷在燕，尝有诗云："西州最重眉山饼，冬后春前无别羞。今度燕山试收拾，中间惟欠一元修。""元修"即巢菜之别号，盖豌豆菜也。东坡故人巢元修尝致其种于黄冈下，因得名"元修"。南方有之，燕中无此种，余来河间再见，立春感旧事用前韵》。① 诗题很长，因中间既藏旧诗，又叙元修菜的典故。诗中云"凄凉如在黄冈下，苦淡从教邻壁羞"，家铉翁渴望故友如巢元修般不远千里前来看望，然而希望总是落空。思念故乡亦是怀念故国，寄寓深沉的家国之念。

九九重阳节题咏的几首诗最能表达诗人身世孤零、漂泊无依的感伤。"客中又过一重阳"，瀛海茫茫，登高远眺，目送归鸿，把酒消愁，一位耄耋老翁就这样苦度佳节。② 最让家铉翁难过的是，重阳思亲，亲已不在，更无法回到故国，去父亲的坟前祭奠，只能"梦随鸿鹄南飞去，岑下长号酹一杯"。③ 他是那样的孤独，既无亲人，亦少有客人拜访，"衰翁无事日倾倒，佳客何人时一来。孤鹤飞鸣知我在，征鸿嘹唳为谁哀"④，似乎只有掠过的飞鸟，才知道他的存在。

家铉翁有多首诗词咏于中秋佳节，如诗《中秋日客退独坐偶成》《中秋日菊盛开》《中秋月蚀，邦人鸣钲救月，不约而齐，中原旧俗犹有存者，感而有作》以及词《念奴娇》（中秋纪梦）等，传达出难以明言的家国之痛。月是故乡明，望月是思乡的一种象征，而今无论月圆月缺，都与故乡时空相隔，笔端书不尽人生的悲欢离合。困窘在此方寸之地，闭门独自赏月，心随月去，希望能够解脱桎梏，灵魂皈依故乡，获得片刻安宁。

---

① （宋）家铉翁：《西州旧俗每当立春前后以巢菜作饼，互相招邀名曰"东坡饼"。顷在燕，尝有诗云："西州最重眉山饼，冬后春前无别羞。今度燕山试收拾，中间惟欠一元修。""元修"即巢菜之别号，盖豌豆菜也。东坡故人巢元修尝致其种于黄冈下，因得名"元修"。南方有之，燕中无此种，余来河间再见，立春感旧事用前韵》，《全宋诗》卷3344，第39955～39956页。

② （宋）家铉翁：《九日即事雪中见菊》，《全宋诗》卷3344，第39957页。

③ （宋）家铉翁：《九日登瀛台和昔人韵二首》（其一），《全宋诗》卷3344，第39961页。

④ （宋）家铉翁：《九日登瀛台》，《全宋诗》卷3344，第39955页。

三 闻鹃忆蜀，梦里归乡

归乡无望，家铉翁只能将情感寄托于诗文，寄托在梦中。"夜来有梦到家山，苍筠翠干犹依然"①，他怀念友人，眷念那些去过的地方，更无数次地在梦里回到故乡，找到人生的归属。

羁留的苦闷以及对自由的强烈渴望使家铉翁感到特别压抑，他常常从道家羽化成仙的故事中寻求精神的解脱，经常会忆及游历道观的经历，怀念与道友的交往。洞霄宫是南宋道教的中心，位于临安，汉元封三年（前108）建宫于大涤洞前，至宋代，皇室崇尚道教，朝廷常以去位之宰执大臣提举该宫，盛极一时。昔在临安时，家铉翁曾在天柱山（与大涤山相对）筑建茅舍，修身问道，多次游访洞霄宫，咸淳九年（1273）六月，他知镇江军府兼管内勤农营田事节制军马，曾作《洞霄宫庄田记》。然在次年，洞霄宫毁于宋元战乱。家铉翁与道士清溪翁交往较深，羁北期间，他作《诗寄洞霄道友清溪翁，书于寓舍归洁》，其诗云：

> 汉家中郎年七十，霜鬓垂垂人不识。冬深破屦踏层冰，暑到露头走赤日。穷坚老壮本分事，百年未死为形役。洞天九锁郁嵯峨，古来相传神仙宅……梦魂几度如相逢，别来已久知相忆。愿分仙家九转丹，服之身轻生羽翼。周游八表任去来，跳出阴阳寒暑域。②

北方冬天寒冷，他穿着破旧的草鞋，行走在层冰之上；夏日酷暑，却露头赤脚，暴露在烈日之下。生存环境如此恶劣，为了减轻现实的痛苦，他从道家思想中寻求精神安慰，向往神仙世界，愿服仙丹，长生不老，羽化成仙，超脱尘世的羁绊。

《寄江南故人》"堪称宋遗民爱国诗的代表作"③，我们说，正是家铉翁流寓他乡的经历和流人身份，才创作出如此浩渺旷远、意韵悠长的诗篇。其诗云：

---

① （宋）家铉翁：《谢舜元以墨竹为赠》，《全宋诗》卷3343，第39951页。
② （宋）孟宗宝编《洞霄诗集》卷9，江苏古籍出版社，《宛委别藏》本，1988，第119页。
③ 孔凡礼：《宋代文史论丛》，第192页。

曾向钱唐住，闻鹃忆蜀乡。不知今夕梦，到蜀到钱唐？①

诗中说，以前自己在故都临安任职时，听到杜鹃的啼叫，总会想到故乡眉山。而今国破家亡，被流放他乡，不知今夜梦里会回到故乡眉山，还是回到故都临安？诗仅五言四句，然而诗中营造的那种对故国、对故乡魂牵梦萦的意境却令人敬叹。② 严羽《沧浪诗话》讲，宋人"以文字为诗，以才学为诗，以议论为诗"，宋诗之弊就是好以文字、才学取胜，缺少唐诗那种如羚羊挂角、无迹可求的意境。南宋后期，道学兴盛，志道而忘艺，对文学创作产生负面影响。尤其是江湖诗人普遍社会地位不高，缺少传统文人对国家、社会的责任感，诗歌境界不高。而家铉翁则不同，其家世显赫，乃蜀中的名门望族，且才华卓荦，心怀家国，因此他的创作能够避免江湖诗派的弊端，在诗歌中呈现阔达的气象。

第三节　坚守之志

南宋亡国之际，家铉翁已进入人生的暮年。羁北后的十九年，是家铉翁一生中最痛苦的时期。但他的内心似乎凝聚着一股无比强大的力量，虽忧患摧折而不改初衷。

一　南北相望，肝肠如昨

河间与故都临安，相距两千余里；而河间与故乡眉州，距离更加遥远，圈禁河间的漫长岁月里，家铉翁与故国亲人只能鸿雁飞书，聊寄思念。其弟祖仁是《则堂集》中记载的唯一与他有书信往来的亲人。

至元二十一年（1284），家铉翁困于北方八载，祖仁寄书求他为"志堂"书室"发扬其义"，遂作《志堂说》。在文中，家铉翁抒发了兄弟二人在板荡凄凉、风雨交迫中不能共处一室、相濡以沫的无奈与悲凉，表达各自以学问为旨归、坚守志节的患难之情。文中写道：

---

① （宋）家铉翁：《寄江南故人》，《全宋诗》卷3344，第39960页。
② 郭绍虞编选、富寿荪校点《清诗话续编》，上海古籍出版社，1983，第195页。

　　余昔与祖仁俱侍先君周游四方，过庭讲习，一在义理……余以国事见驱而北，祖仁避地入闽，别去八九年，穷困百罹，未尝一日废书也……吾兄弟虽衰迈日侵，不复有意当世，犹能以既老之识从事于经，尚庶几托圣言以垂不朽乎！昔坡、颍弟兄，感夜床风雨而兴会合不偶之悲。今吾与祖仁南北相望，万里寒饥，疾恙之弗恤，而汲汲于道，惟恐失之。[1]

兄弟二人虽饱尝亡国之痛，但暮年仍以学问自持，以道义自勉，守志不渝。祖仁"更用功于《易》，著论成编"，铉翁则攻于《春秋》。由此，他以苏轼、苏辙兄弟"夜雨对床"的典故，写到手足之情。元丰三年（1080），苏辙沿江而上，探望被贬黄州的苏轼，因风浪过大，在磁湖滞留二日，遥寄诗书，以表因风雨阻隔而无法得见的遗憾。家铉翁兄弟亦南北相隔，铉翁奉使北上，而祖仁隐居福建，人生不知能否再相逢。在巨大的社会风浪中，兄弟二人只能守道自持。

　　值得注意的是，《则堂集》多次提及苏轼，四库馆臣云："铉翁隶籍眉山，与苏轼为里人。故集中如文《品堂记》《养志堂记》《志堂说》《笃信斋说》《跋太白赏月图》《和归去来词》诸篇及《豌豆菜》诗，自注间或称述轼事迹。"[2] 这不仅是因为家铉翁与苏轼有很深的渊源——家铉翁的六世祖家勤国与其从兄安国、定国，曾与苏轼兄弟为同门友，更是由于苏轼作为眉州故人，其屡遭贬谪却乐观豁达的人生态度给予了他精神力量。

　　宋亡之际，被元朝押解大都的故宋朝臣、太学生等，有出仕元朝为官者，有被圈禁流放者，亦有极少数人被释南归，如南宋宫廷琴师汪元量、太学生张观光以及朝臣陈正言等。而这三位，南归前都曾拜望过家铉翁，与他有较深的交谊。其中陈正言南归时，家铉翁作词《念奴娇·送陈正言》，借送其南归，抒发自己的耿耿孤忠。其词（下阕）云：

　　　路人指示荒台，昔汉家使者，曾留行迹。我节君袍雪样明，俯仰

---

① （宋）家铉翁：《志堂说》，《全宋文》卷8068，第125～126页。
② （清）永瑢等：《四库全书总目》卷165，第1416页。

都无愧色。送子先归，慈颜未老，三径有余乐。逢人问我，为说肝肠如昨。[①]

自离临安，家铉翁饱受折磨。此时，别人的南归对于他来说，既有欣喜，又充满失落。在词中，家铉翁期望陈正言能隐居田园，颐养天年。而对于自己的处境，他再三表明会坚守节操以至终老。他以孟子的话自勉："仰不愧于天，俯不怍于人"，俯仰无愧。虽写送别，然气力甚遒，耿耿孤忠，于词中毕见，读其诗而见其人，大义凛然的形象如在目前。

南宋亡国后，北上的宋宫室和朝臣等的服饰问题受到元世祖的关注。在亡宋宫室、祈请使等抵达大都觐见时，忽必烈宣布"不要改变服色，只依宋朝甚好"。[②] 因此，家铉翁服宋衣冠以终其身，其衣冠、礼度仍犹宋人，其词中所云"我节君袍雪样明"，在形式上亦并非虚指。这与一些江南遗民极其相似，如华亭人陆霆龙，"宋亡即栖隐讲授，终其身衣冠不易"[③]；金华人俞金，宋亡后独率其家行宋礼，"深衣峨冠，谈说古道"，不顾时俗窃笑。[④] 由此我们可以想象，在异域他乡，家铉翁保留南宋的服饰传统，这一形象本身就带有深刻的意蕴，产生一定的社会影响。

二　仗节瀛海，咏物明志

随着衰老日甚，家铉翁时常发出"孤露余生，流落天外"[⑤] 的悲慨，虽开馆授学，"甚喜黄冠为侣，更得青衿来伴"[⑥]，但是"人生暮景更天涯，眼中愁绪知多少"的伤感心绪从未间断。[⑦] 但无论何种境遇，总要走下去。眼前的一草一木是一种特别的陪伴，给他以心灵的抚慰。

菊花、墨梅、红梨花是家铉翁的爱物。百花之中，他尤喜菊花，《中秋日菊盛开》、《九日即事雪中见菊》、《鲸川八景》（其二《西园秋暮》）

①　（宋）家铉翁：《念奴娇·送陈正言》，《全宋词》第 4 册，第 3032 页。
②　（元）刘一清：《钱塘遗事》卷 9，上海古籍出版社，1985，第 219 页。
③　（清）陆心源：《宋史翼》卷 34，中华书局，1991，第 368 页。
④　（清）万斯同：《宋季忠义录》卷 12，《四明丛书》本。
⑤　（宋）家铉翁：《跋心如水翁治家箴》，《全宋文》卷 8067，第 108 页。
⑥　（宋）家铉翁：《水调歌头·题旅舍壁》，《全宋词》第 4 册，第 3032 页。
⑦　（宋）家铉翁：《九日偶成呈彦举》，《全宋诗》卷 3343，第 39948 页。

等诗均咏九月菊，其中以《九日即事雪中见菊》（其三）最能体现仗节瀛海的情怀。作家由物及人，诗以九月菊傲然霜雪的精神励志自勉。

然而，家铉翁认为九月菊虽好，却不是"菊中第一流"。因为九月菊的特点在于能抵抗霜雪，但霜雪自有精神，二者相遇乃是相宜相美，霜雪亦成就了九月菊的品格。相比而言，六月菊才是菊中精品。虽然酷热就像一位施加暴行的仇人，但六月菊能经"暑寒而不改"，至秋晚，枝条虽已苍老，花色却灼然艳丽。家铉翁有诗《六月菊以夏中破萼，至秋晚枝条虽苍劲，而花色灼然鲜明。贯暑寒而不改，菊中之贞士也。余以比之商山四皓，为之赋》，不但歌咏六月菊，更由物及人，赞美高节之士。其诗云（节选）：

> 君不见当年秦焰焦中州，儒坛处处同荒丘。独余商山老人在，高卧林泉节不改。平生不识咸阳门，晚随币聘来汉京。欲兴诗书谈王道，再使风俗还归治古淳。我评此花似此老，傲暑凌寒无不可。种之阶庭今几年，我自识花花识我。粤从夏五开敷到残秋，更与黄花为辈俦。嗟哉黄花非辈俦，老行难逐少年游。此菊当为菊中第一流。①

据《史记·留侯世家》《汉书·张良传》载，汉初有四位高士在商山隐居，名为东园公唐秉、夏黄公崔广、绮里季吴实、甪里先生周术。汉高祖闻而召之，不至。后来高祖因宠戚夫人而欲废太子刘盈，吕后用留侯计，请出四皓为太子侍宴。四人皆八十有余，须眉皓齿，衣冠甚伟，高祖见状，打消了更换太子的念头。四皓在秦始皇焚书坑儒之乱世隐居林泉，至晚岁获聘，力挽时局，令人敬叹。"老行难逐少年游"，比之正逢花期的九月菊，六月菊犹如商山四皓，岁愈晚而愈见其品性。由此及彼，家铉翁赞美菊花，更使我们想到，他的毅力品质有如六月菊，志节贞行犹如商山四皓，是"菊中之贞士"，更是人世之贞士。

除了菊花，家铉翁亦喜爱梅花，其《墨梅》诗写得自然流畅，气象恢宏："非香之香，非色之色。伴我孤吟，风清月白。冰崖孤芳，雪林早春。

---

① （宋）家铉翁：《六月菊以夏中破萼，至秋晚枝条虽苍劲，而花色灼然鲜明。贯暑寒而不改，菊中之贞士也。余以比之商山四皓，为之赋》，《全宋诗》卷3343，第39945页。

伴我读易，见天地心。"仿佛他的身体与精神浸透了墨梅的风骨，在料峭的早春时节，天地之间唯有墨梅绽放，陪伴着他，使他郁积的苦闷得以释放。

以我观物，万物皆着我之色彩，诗人见到红梨花的盛开，亦是别样的心情："万玉林中惯识君，霜天月夜富精神。谁将红粉涴颜色，却与夭桃斗莫春。"① 红梨花抖落寒峭，于暮春的霜夜间绽放，敢与桃花争艳。诗人总是在日常生活中寻求精神的慰藉，有这些美好事物的相伴，自己的坚守就不那么孤独了。

三　齿发衰谢，浩气如虹

在中国历史上，奉命出使异域，由于各种原因被扣留、被杀害的使者甚多，尽管家铉翁熟知这些使者的命运，也曾绝望地发出长叹，"归去来兮，天涯万里将安归"，但他仍在苦苦等待被释的消息。至元二十三年（1286），家铉翁流寓北方已十年，想到苏轼、苏辙、魏了翁等在遭遇贬谪之时，都曾和过陶渊明《归去来兮辞》，"久之皆得生还故郡"，亦和成篇，以见引领南望之意。

《和归去来辞（并序）》酣畅淋漓地表达了家铉翁亡以来的感受。他叙述亡国之所见，"智者见几而勇逝，愚者苟得而欢奔。谨者避射而括囊，弱者含污而慧门"，正是由于这些见利卖国的小人、避难自守的懦者使南宋不能保全其国，但是"尔焜尔污，我全我尊"，自己愿坚守气节，为南宋添得一份尊严。但意愿的实现是何等艰难！"心为形役"，长期的圈禁与桎梏使心灵备受摧残，不知何时才能得到解脱，唯有从历史人物中去寻求宽慰。"钟仪拘而获释，解扬踬而得全，子卿困而终归，忠宣浩乎弗留"，作为奉命出疆的使者，春秋时期楚人钟仪、晋人解扬、汉代苏武、南宋洪皓，他们大义凛然，不事二主，为完成使命而舍生忘死。其中，苏武被留十九年而归，洪皓被留十五年得返，这使被困河间已十年的家铉翁找到了榜样的力量，并以他们坚贞不屈的精神砥砺自己，"天运周星而必复，明年其归尚奚疑！"正是这份希望，支持他坚守下去。

---

① （宋）家铉翁：《咏红梨花》，《全宋诗》卷3344，第39959页。

家铉翁在河间的生活是极其艰难的，因其拒仕元朝，元人仅"给饮食而已"。[①]他租房居住，日常生活多赖邻里的帮助，"居无把茅，卧乏班荆。病无以药，寒无以衾"。[②]他尝言，"留得浩然英气在，便将生死付朝曛"[③]，"为言仗节瀛海上，齿发衰谢气如虹"[④]，他誓以生命抵御挫折，以意志对抗命运。

面对日复一日、年复一年的等待与绝望，他甚至在《假馆诗》中写下了悲壮的遗言：

> 今年不归明年复不归，病骨欹嶔会当化为原上骼。拟从诸君豫乞石一方，他年埋之冢前三四尺。上书宋使姓某其名某，下书人是西州之西老逢掖。平生著书苦不多，可传者见之《春秋》与《周易》。[⑤]

在这份遗言中，家铉翁最想表明的是自己从未忘记南宋使臣的身份，虽历尽千辛万苦，也要保持不屈不移、卓然特立的风骨与信念。史料记载，家铉翁学邃于《春秋》，羁縻河间，他开馆授徒，以《春秋》教授弟子，讲学之时，"数为诸生谈宋故事及宋兴亡之故"[⑥]，时常流泪叹息。家铉翁解《春秋》，与南宋诸儒怀有同一旨归，即以《春秋》为复仇之书，认为"《春秋》有复仇之义"。[⑦]对于《春秋》中记载的复仇之举，家铉翁予以褒扬，婉曲地表达亡国之悲、家国之仇，其家国情怀全然隐于其内。

总之，"流亡意味着将永远成为边缘人"，遗民、使者兼流人的身份，使家铉翁与留居江南、尚能保留原有生活群落的遗民有了显著的不同。"南宋遗民故老，相与唱叹于荒江寂寞之滨，流风余韵，久而弗替，遂成风会"[⑧]，时在临安就有清吟社、白云社、孤山社、武林社等，儒雅云集，

① （宋）文天祥：《集杜诗·家枢密铉翁第一百三十八》，《文山先生全集》卷16，《四部丛刊》景明本。
② （宋）家铉翁：《祭器之文》，《全宋文》卷8072，第191页。
③ （宋）家铉翁：《挽刘文蔚》，《全宋诗》卷3344，第39955页。
④ （宋）家铉翁：《朱信叔洛阳人往佐长安省幕》，《全宋诗》卷3343，第39949页。
⑤ （宋）家铉翁：《假馆诗》，《全宋诗》卷3343，第39947页。
⑥ （元）脱脱等：《宋史》卷421《家铉翁传》，第12598页。
⑦ （宋）家铉翁：《春秋集传详说》卷3，《景印文渊阁四库全书》本。
⑧ （清）赵翼著，王树民校证《廿二史札记校证》，中华书局，1984，第705页。

而在江西有青山社、明远诗社、香林诗社，在湖南有平江九老诗会，即使由于地域等因素不便于参加诗社活动，江南遗民也会以其他形式沟通交流，以群体的力量排解内心的悲愤。而家铉翁却是孤身一人，高龄、异域、孤独、痛苦，时刻吞噬着他，他几乎成为一名远离故国、被世事遗忘的边缘人。正是对故国的热爱、对人格的追求，使家铉翁担负使命，时愈穷而节愈坚。

家铉翁的黍离之悲与江南遗民亦有不同。宋元之际，志士遗民面对沧桑巨变，将故国之思寄于诗篇，抒发亡国之恨。与江南遗民的生存环境所不同的是，家铉翁留寓的河间之地，此前曾被金人占领，而后又被蒙古统治，作为被征服的宋人，他不便于在此直接倾吐亡国的悲愤，因此他更多地抒发思念故乡的情感，而思念故乡也是思念故国，在乡国之思中寄寓亡国之恨、黍离之悲。

从创作风格上看，《则堂集》有古体诗四十余首，近体诗五十余首，词三首，骚体两篇，这些作品有一个共同的特点，就是情感低沉、质朴平正、沉郁悲凉。这与南宋其他遗民作家创作如文天祥慷慨愤激、谢翱悲恸凄怆、谢枋得风骨凛凛有所不同。这应与其长期被羁留北方的经历有关，年事日高，缺少自由，精神苦闷，日夜思乡不得归，特殊的人生经历是其诗风形成的主要原因。

要之，家铉翁的创作词意真朴，不假雕琢，这与学者评价"宋末志士遗民之诗以气节精神胜，不能全以工拙论"[1] 大体一致。宋亡之际，诗风为之一振，钱谦益云："宋之亡也，其诗称盛……古今之诗莫变于此时，亦莫盛于此时……考诸当日之诗，则其人犹存，其事犹在，残篇啮翰，与金匮石室之书，并悬日月"[2]，在宋末的诗坛上，家铉翁之诗文因人而重，以其浓重的黍离之悲、深厚的家国情怀而具有一席之地。

---

① 王水照、熊海英：《南宋文学史》，人民出版社，2009，第 322 页。
② （清）钱谦益著，（清）钱曾笺注，钱仲联标校《牧斋有学集》卷 18，第 800~801 页。

第七章 家铉翁文学创作论

家铉翁本是一名学者型官员，《则堂集》并未见到一篇作于南宋时期的诗文。这或可说明，家国覆灭和个人遭逢的悲剧命运，迫使他以笔为剑，将郁积的巨大悲愤倾注于创作，文学成为他内在情感的一种强烈精神诉求方式。由南入北的巨大环境变化，使读者在其诗文中能感受到环境的冲击感、朝代转换感、自我定位感，体会到一份寂寞苍凉却沉着不变的心态。家铉翁并未像文天祥、谢枋得、汪元量那样"以诗存史"，他只是在做一种文字的记录。一位垂垂老翁，流寓异乡，寂然地记录他的日常生活，期盼着朝廷放归的特赦令。《则堂集》占据读者心灵的，正是透过文字所流露出的理智、舒缓而冷静的内心世界。

《四库全书》所载《则堂集》虽有散佚，却是家铉翁现存唯一的一部诗文集。《则堂集》凡六卷：卷 1 至卷 4 收其文：包括制、记、序、说、序、跋、箴、赞、偈、疏、哀祭文等各体文共 84 篇；卷 5 至卷 6 收其诗 102 首：包括四言诗 2 首、五言古诗 6 首、七言古诗 33 首、五言绝句 1 首、七言绝句 46 首、七言律诗 9 首、词 3 首、骚体 2 首。此外，傅增湘《宋代蜀文辑存》卷九十四辑补家铉翁文 5 篇。本章分体论述，从具体篇章入手，试析其在诗歌、散文、韵文、词以及辞赋各方面的创作风格。

第一节 则堂之诗

《则堂集》散佚严重，明代时孙能传等撰《内阁藏书目录》卷 3 录为"六册，九十六卷"，至清代嵇璜《续文献通考》卷 190 著录则为"六卷"，《四库全书》辑录《永乐大典》遗存，流传至今的只有六卷。整理后的《全宋诗》共收则堂诗68题，100余首。家铉翁的诗作虽然数量不多，却独具特色：思致凝练、悲慨沉郁、诗意真朴、文不掩质。则堂诗也从一个侧面反映出深受宋代理学影响的创作特点。

一　诗如其人，诗以人重

文如其人，诗如其人，只有创作者的个性与艺术风格达到高度契合，主观情思与客观表达高度融合，才能达到这一境界。清代方东树（1772～1851）《昭昧詹言》认为："文字成，不见作者面目，则其文可有可无，诗亦然。"[①] 这里说的就是以意逆志、从文辞见性情的创作佳境。家铉翁的诗歌情感厚重，他将自己的思乡情怀、人格理想倾尽于诗，其创作体现了诗如其人的特点，更表现为因其人而知其诗、"诗以人重"的独特之处。

家铉翁于诗文中自诉情感，又自塑形象。其诗文无意之中刻画了两种自我形象：其一是苦苦坚守、思乡念国的前朝使臣形象；其二是流寓异乡、重情重义的流放者形象。

"前朝使臣"是家铉翁身份的自我认定，这一身份使他在漫长的羁縻岁月里恪守君臣大义，始终坚守为人臣而不事二君的原则。即使国破家亡，曾经的君臣之义也没有遗忘，作为遗臣的社会角色也没有改变。家铉翁在诗中着意抒写亡国之臣的执着与信念，如《假馆诗》：

> 江南遗老瀛边客，来时鬓斑今雪白。几年坐困市井尘，五迁来到诗书宅。中州典型尚未艾，故家文献宛如昔。主人盛年兀老苍，古心不为名利役。昼闲对客无俗谈，夜灯从容须挟册。有疑必问问必中，讲学定知有源脉。世人骛外如轮云，君心向道坚金石。念我南冠久絷维，分我三间明月席。绨袍厚德更高古，冬有纤纩夏有绤。我衰拟作苋裘藏，感君推田城西陌。今年不归明年复不归，病骨嶔嶔会当化为原上骼。拟从诸君豫乞石一方，他年埋之家前三四尺。上书宋使姓某其名某，下书人是西州之西老逢掖。平生著书苦不多，可传者见之

---

① （清）方东树：《昭昧詹言》卷1，人民文学出版社，1961，第2页。

《春秋》与《周易》。①

作为一位被长期圈禁在异乡而不知归期的前朝使臣，是什么样的信念支撑他苦苦地坚守？是对故乡故国眷恋而深沉的情怀，对理想人格锲而不舍的追求，使他恪守信念，即使永无归期，尸骨埋他乡，亦要立碑存志，永远守望。

《寄江南故人》是一篇佳作，也是亡宋流人的经典作品，诗中仿佛见到一位梦里思蜀望"钱唐"的亡宋使臣形象。其诗云：

曾向钱唐住，闻鹃忆蜀乡。不知今夕梦，到蜀到钱唐。②

诗人对故国、故乡的遥望不仅仅表现在外在形式上，故国、故乡更如一幅记忆中的山水画镌刻在内心深处。然而圈禁在异乡，言行受到限制，他无法倾诉，只能将这种深入骨髓的思念埋藏在心中。久而久之，每夜思乡入梦，以致他神情恍惚：今夜梦里，自己会回到故国临安，还是回到故乡眉州？这一思乡者的形象，于不经意间已植入读者心中。

羁縻日久，齿鬓衰老，家铉翁已不敢期望有生之年还能重返故国，但他期望故人要相信他永不更改的志节。他在诗中写道："我家正住岷峨下，定有乡人故老讯衰踪。为言仗节瀛海上，齿发衰谢气如虹"③，虽然鬓齿将衰老不堪，但乡国之思、浩然正气永远壮美如虹。在日复一日、年复一年的消磨中，他已将生死置之度外，"留得浩然英气在，便将生死付朝暾"④，他认识到生死已不重要，精神留存于世间就是人生意义之所在。

流放，意味着终生禁囿，意味着比死更大的折磨。但家铉翁仍然拥有智者的理性与豁达，在艰苦的环境下，重新开始了新的生活。对于一位前朝政治犯，元朝没有剥夺他生存的权利，因此，无论是为了捍卫南宋的尊严，还是为了向世人表达这份不屈服的气节，他都要活下去，且要这艰难

---

① （宋）家铉翁：《假馆诗》，《全宋诗》卷3343，第39946~39947页。
② （宋）家铉翁：《寄江南故人》，《全宋诗》卷3344，第39960页。
③ （宋）家铉翁：《朱信叔洛阳人往佐长安省幕》，《全宋诗》卷3343，第39949页。
④ （宋）家铉翁：《挽刘文蔚》，《全宋诗》卷3344，第39955页。

的余生有价值、有意义。至元十五年（1278），家铉翁被改置河间，几经搬迁，终于有了安身之所。他希望能够以微薄之力做一些事情，于是，多方求助，借到一处学馆，开始了授徒讲学的生活。家铉翁所选择的这一生活方式，既为当地的教育做出了贡献，也是传播儒家经典与文化的最好渠道。不顾年高，不遗余力，家铉翁是一位有德行的流放者。

家铉翁深沉稳重、谦谦有礼，当地人很愿意与他这样的前朝遗老交往。在中国历史上由于政治原因而被流放之人，家铉翁可算作成功的一位。一些士人纷纷登门拜访，求他为自己的字号或厅堂斋室释义，求他为记、为说、为序。对此，家铉翁欣然接受，与当地人建立了很好的往来关系。《则堂集》中有多首唱酬之作、赠别之诗，以及悼挽诗，都是与河间士人交往的见证，从中可见家铉翁情感的真诚与生命的热度。如《送陈真谷赴邢州幕》：

> 嗟余仗节五寒暑，岂不欲归迷归路。天涯获识我辈人，乃是三生林壑侣。病身不死赖公药，僦屋无人因公户。萧然一身水上萍，惟公为我北道主。前晨除书到里门，虽为公喜惜公去。明朝欲别更凄然，谁为我依有文度。公身方健供时需，人生富贵在迟暮。衣锦归来定何年，我帆已落吴松浦。再见便作来生期，临分哽咽不得语。[1]

家铉翁曾经得到当地人陈真谷很多帮助，尤其在初至河间身患疾病、居无定所之时，陈真谷接济他渡过难关。因此在送别友人赴他乡就职时，家铉翁一方面是祝福，另一方面又备感失落伤怀，他几乎痛哭失声，"衣锦归来定何年，我帆已落吴松浦。再见便作来生期，临分哽咽不得语"，真挚的友情源于用心的投入。这首诗，为我们刻画了一位重情重义的流放者形象。

二　思致凝练，悲慨沉郁

日子平淡安静，看起来家铉翁好像忘了过去，但事实上，他从未有过一丝一毫的淡忘，故国的一切都化入他的心中，愈久愈凝重，愈久愈悲

---

[1]　（宋）家铉翁：《送陈真谷赴邢州幕》，《全宋诗》卷3343，第39949页。

凉。最具代表性的作品是《三山吴履道承出示理皇御书唐人诗，恭题其后》，其诗如下：

> 先君囊侍缉熙殿，拜赐天画盈筐箱。帝书超轶钟王上，不与欧柳论低昂。孤臣流落滨九死，老眼尚能识偏傍。旅檐惊见亟再拜，拜起不觉涕泪滂。几拟从君换此宝，囊空无物可以将。待归从君乞模本，刻之琬琰永为子孙藏。①

这首诗，写他在羁縻之地有幸见到理宗遗落的御书，惊异之中，那种家国之痛、身世之感猛然间涌上心头，悲慨而不能自持。这使我们不禁产生这样的联想：日常生活中，家铉翁有条不紊，看起来从容镇定，平静地安排眼下的事情，然而一旦遇到与南宋有关的任何事情，他都会悲从中来，无限伤感。学者祝尚书认为：“被羁押时，天下大势已定，他（家铉翁）已再无回天之力了，于是只得将国亡家破的血海深仇积淀在心底，而以平静的心态面对现实”，“但一旦触及国破家亡的旧伤，他痛苦的泪水就会潸然而下”②，这是对其内心世界的极好诠释。

家铉翁又有《九日偶成呈彦举》诗，思致凝练绵密，融汇着无穷无尽的感伤，其诗云：

> 高阳今日是重阳，与客凭高送一觞。白首相逢俱老大，黄花随地看芬芳。故园三径都荒了，目断晴空归路渺。人生暮景更天涯，眼中愁绪知多少。寒风萧萧吹我衣，酒阑莫遣帽檐敧。我歌老圃秋容句，君诵渊明归去辞。我歌君和日欲夕，我醉君扶君须力。明年此会还相忆，江东暮云千里隔。③

国家倾覆、流寓他乡、缺少自由，这样残酷的现实使他郁积了太多的

---

① （宋）家铉翁：《三山吴履道承出示理皇御书唐人诗，恭题其后》，《全宋诗》卷3343，第39942页。
② 祝尚书主编《中国古代诗文名著提要·宋代卷》，河北教育出版社，2009，第545~547页。
③ （宋）家铉翁：《九日偶成呈彦举》，《全宋诗》卷3343，第39948页。

无奈。诗人反复咏叹暮年居天涯、人老不得归的痛苦，充溢着慷慨悲凉的味道。

《九日登瀛台》同样是一首悲慨沉郁之作。

> 此地无山喜有台，南瞻北眺两宜哉。衰翁无事日倾倒，佳客何人时一来。孤鹤飞鸣知我在，征鸿嘹唳为谁哀。老来万事如归宿，不为忧愁强把杯。①

每个节日都会倍增其思乡之苦，家铉翁老泪纵横，将所有郁结的情绪凝练为思乡之诗。因此，其诗中选取的意象如"衰翁""孤鹤"，富有浓重的感伤味道，诗歌也因此具有沉郁悲凉的特点。

三　诗意真朴，文不掩质

《四库全书总目》卷165《则堂集》云其"词意真朴，文不掩质。亦异乎南宋末年纤诡繁碎之格，尚为多有可取耳"②，指出了家铉翁诗具有诗意真朴、平正畅达、不饰修辞的特点。如《迁居得甘井诗》诗：

> 海咸河淡都尝遍，荼苦荠甘我自知。世味曾教千百变，先生舌本只如饴。（其一）
> 真水由来自有源，非河非海性其天。为君凭饰标三字，唤作城西君子泉。（其二）③

从诗题便知，诗人要抒发迁居后喜凿甘井之意，其一由"海咸河淡""荼苦荠甘"两组对比，咏叹井水之甘甜；其二则赞叹如此真水其来源"非河非海"，而是天性本然，并据此给井泉起名叫"君子泉"。整首诗平白畅达，直道题旨。再如《题李氏敬聚堂》《晚步》等诗，亦语言质朴晓畅，是《则堂集》中较常见的一种风格。

---

① （宋）家铉翁：《九日登瀛台》，《全宋诗》卷3344，第39955页。
② （清）永瑢等：《四库全书总目》卷165，第1416页。
③ （宋）家铉翁：《迁居得甘井诗》，《全宋诗》卷3344，第39957页。

道学思想对南宋诗歌影响最大。由于道学家本人对文艺创作持排斥态度，他们作诗如同在谈论义理。而受道学主导思想的影响，作家在创作时往往重视伦理道德的议论说教，多率意成诗，导致意境平庸，丧失了诗的趣味。南宋刘克庄（1187～1269）称宋朝"三百年间，虽人各有集，集各有诗，诗各自为体，或尚理致，或负材力，或逞辨博，少者千篇，多至万首，要皆经义策论之有韵者尔，非诗也。自二三巨儒及十数大作家，俱未免此病"①，说的正是南宋诗文尚谈义理、缺少诗味的特点。家铉翁早年学习儒家经典，治学上又宗陆（陆九渊）、兼朱（朱熹），因此他自然会将理学思想渗透到文学创作中。《则堂集》所载诗歌，有一部分具有深受理学影响而表现为说理明道、平正质直的特点，如《赠河间隐者苑君年八十有一》，其诗云：

> 海上有三山，瀛洲居其一。何年飞来神州赤县东，其上至今犹有神仙宅。庞眉皓首方瞳翁，乔松美门乃其匹。深衣大带儒中仙，不读黄庭读《周易》。乾元用九独探数之原，九九妙契乾策八十一。万事万物从此始，衍之又衍至于千百亿。寿翁以金书玉篆长生符，不若寿翁以邵子先天周子一太极。梅边生意浩无穷，坐阅人间蟠桃几回实。②

按：河间，唐时称瀛洲，而传说中海上三神山之一亦名"瀛洲"，因此诗首句言"海上有三山，瀛洲居其一"。诗中赞美一位喜读《周易》、庞眉皓首的八十一岁隐者方瞳先生，习读邵雍（1011～1077）之"先天学"、易学。家铉翁"喜谈《春秋》，尤喜谈《易》"③，凡与《易》学有关联，他都引申联想，论经说理，自得其乐。其他此类诗如《赠隐者忘机（并引）》《闻杨和卿在馆中读〈易〉不去，手赠以诗》《辛巳正月十六日张云斋过访郭舜元高飞卿持草书黄庭来会作上元歌》《岁暮传〈易〉终成长吟书送景山茂实》《见星行赠武春卿》《雪中玩〈易〉偶成》等，都是以谈说义理为核心话题。

---

① （宋）刘克庄：《竹溪诗》，《后村集》卷94，《四部丛刊》景旧抄本。
② （宋）家铉翁：《赠河间隐者苑君年八十有一》，《全宋诗》卷3343，第39948页。
③ （清）永瑢等：《四库全书总目》卷165，第1416页。

大凡与经典有关，与学问有关，家铉翁都要在诗中释义，其诗看上去更像是一首义理诗，体现出一种以学问为诗、学者之诗的风范。

第二节　则堂之文

作家作品风格之形成，因素比较复杂。刘勰《文心雕龙·体性》曰："才有庸俊，气有刚柔，学有浅深，习有雅郑，并情性所铄，陶染所凝，是以笔区云谲，文苑波诡者矣。"[①] 他认为诗文创作的主体是作家，作家的才、气、学、习以及情性、陶染等诸多差异，使得创作风格呈现多样性和复杂性。而文体不同，风格亦不同。下面，分从散文、韵文、骈文等诸文体出发，分体论述家铉翁文的特色。

一　散文

散文是指与骈文相对，以散句为主，不讲究音韵、排比、对偶的文章。散文概念从宋代起已较通行，宋末元初的名儒俞琰（至大四年尚在）《读易举要》，集宋李樗（？～1115）、黄櫄（淳熙十四年进士）两家《诗》解为一编的《毛诗集解》，南宋辅广的《诗童子问》，朱鉴（1190～1258）的《诗传遗说》，都多次论及散文。杂记、论说、书信、赠序、序跋、传记、行状、碑铭等文体都是古代散文的范畴。[②] 下面从《则堂集》中记体文、论说文、赠序、书序、题跋等五种文体，分别论述家铉翁散文的特点。

（一）记体文

记体文乃自唐始，自唐至宋，日遽兴盛，宋人文章总集中收录大量的记体文章，《文苑英华》有记体37卷，《唐文粹》有记7卷，《宋文鉴》有记8卷。杨庆存先生曾列举唐宋记体散文的代表性作家和他们的创作数量：唐人韩愈9篇，柳宗元33篇；入宋之后，欧阳修45篇，苏轼63篇，王安石24篇，曾巩34篇，叶适53篇，朱熹81篇，陆游56篇。[③] 我们由此可

---

① （南朝梁）刘勰：《文心雕龙·体性》，安徽教育出版社，1993，第538页。
② 关于文体介绍，参见曾枣庄《中国古代文体学》（下卷），上海人民出版社、上海书店出版社，2012。
③ 杨庆存：《宋代散文体裁样式的开拓与创新》，《中国社会科学》1995年第6期。

见记体文在宋代兴盛之况。

记体文以叙事为主,是记事之文。在发展演变的过程中,唐代和宋代的记体文略有不同:唐代的记倾向叙事,而宋人则喜欢杂以议论。明代学者吴讷(1372~1457)《文章辨体序说》是明代文体论的集大成之作,其中《文章辨体序说·记》云:"《金石例》云:'记者,纪事之文也。'西山(魏了翁)曰:'记以善叙事为主。《禹贡》《顾命》,乃记之祖。后人作记,未免杂以议论。'后山(陈师道)亦曰:'退之(韩愈)作记,记其事耳;今之记,乃论也。'"① 这一论述明辨了宋人记体文好发议论的特点。

家铉翁的记体文收录在《则堂集》卷1、卷2,从所记对象看,多是应河间当地人之求而写的建筑物之记,有斋记、亭记、阁记、堂记、寺观记等。现存家铉翁记体文30篇:《中斋记》《云斋记》《雪庵记》《见山亭记》《秀野亭记》《道山堂记》《道山书堂记》《一乐堂记》《传清堂记》《品堂记》《近古堂记》《养志堂记》《自贵堂记》《隐求室记》《肃堂记》《敬室记》《李氏敬聚堂记》《直斋记》《节斋记》《拙斋记》《尊教堂记》《思义斋记》《时思堂记》《节孝堂记》《积庆堂记》《种德堂记》《瑞云寺记》《寂照阁记》《洞霄宫记》《洞霄宫庄田记》。这些记体文采用借题发挥的手法,就厅堂斋室之名,结合儒家经典议论生发,主旨多指向理学范畴。其文一般都对建筑物的主人、建造情况等进行介绍,兼述家铉翁与主人的关系,重在阐发义理。读其文,如同倾听一位老者在讲述故事,蕴含无尽的人生况味,表现出温婉纡徐的叙事特点和磅礴恣肆的东坡风神。

首先,家铉翁的记体文议论精到,擅长叙事,多从叙事入笔而渐入论述的主旨,自然熨帖,呈现一种温婉纡徐的风格。

《见山亭记》是家铉翁应乡学宿儒王虞卿的请求,为其亭而作的记。文章开篇就是叙事,他叙述自己早岁周游江南,见山颇多,对比写出河间人因地处平原而无处登临的遗憾。于是,里人在屏风上画山、在庭院里堆叠假山,寄托对山的想望之情:

---

① (明)吴讷、(明)徐师曾著,于北山、罗根泽校点《文章辨体序说 文体明辨序说》,人民文学出版社,1962,第41页。

余周游半天下，见山多矣。晚岁羁寓古瀛，乃在燕、齐、赵之间。其地平旷衍沃，环数百里无高山大阜可登览以自壮。里人病之。绘山于屏，叠山于庭，以寄其愿见山而不可得之情。余过而见之，语之曰……①

接着，文章开始进入所记之正题，先介绍主人公：

王君虞卿，乡之老学宿儒，授徒三十年，坐下冠者童子常以百数。平居以主敬自持，训饬学徒，惟在一敬。喜愠不外形，动作有常则，乡党归重，人无异词。余亦幸托友焉。②

请家铉翁为之作记的主人公乃是一位乡学宿儒，已经讲学三十年了，弟子众多。平素主"敬"，喜怒不形于色，举止有规矩，在乡里颇具名望。紧接着，家铉翁叙述王虞卿建造西亭，以"见山"为名，邀其作记，并记述了王虞卿以"见山"命亭的缘由。对话描写引人入胜：

一日闻君作亭向西，榜曰"见山"，亟往访而观之。坐定，跂而望，重城岿然，其下屋瓦参差，无所睹也。余问虞卿："子之山安在，为我指示其处。"虞卿恚然大笑曰："是中安得有山，吾所见者非山之山也。吾晨兴坐于斯亭，招诸生来前，诵《诗》读《书》，讲《易》说《礼》，各业其业，各吐所疑，各炫所长，有会于余心，余为之喜。如好山升乎楣梁，修巘堕乎几格，余每应接不能暇也。诸生退，宾朋来集，踵相接于斯亭。谈经者吾答以经，论事者吾应以事，自性命道德以至耕稼陶渔，靡不毕陈。会于余心，余为之喜，如岩崖豁开，冈阜起伏，各献其状，为吾之有，吾受之而不能既也。……彼骚翁词人，流连风景，啸傲林壑，放意茂林修竹之表，适情云山烟水之外，一觞一咏，自以为知山。皆逐物而迁者，于山果何见乎？"③

_____

① （宋）家铉翁：《见山亭记》，《全宋文》卷8069，第147页。
② （宋）家铉翁：《见山亭记》，《全宋文》卷8069，第147页。
③ （宋）家铉翁：《见山亭记》，《全宋文》卷8069，第147～148页。

家铉翁为此地无山而却要命名为"见山"而感到不解，王虞卿则以自己的感悟解开了他的疑惑。王虞卿认为自己每日清晨在此亭读书讲学，弟子们各述其意，就如同有好山从梁间升起；其后有宾朋相邀，聚于此亭，谈经论事，无所不包，就好似岩崖豁开，山冈起伏，各种景观，尽显目前，进而认为自己从读书之中领悟了"见山"之真谛，与骚翁词客之流连山水不可同日而语。《见山亭记》由点线的叙述渐进到学理思辨的记事手法，使读者渐入佳境，呈现娓娓道来、玄妙起伏的叙事特色。

《近古堂记》也是一篇记体文佳作，亦善于叙事，从自己的经历而及与堂主王国实的交往，纡徐道来，入题自然，逐渐宕开。其开篇云：

> 余周游半天下，入其里，睹其风俗淳厚，人有士君子之行，问之必古哲人上贤讲学故处。典型渐渍，有自来矣。岁戊寅，自燕徙瀛，三阅寒暑，与其里人游纵。观其俗尚所异，尊老贵德，崇俭尚让而好学，其俗然也。岁正月，父老凤戒里中子弟，少长咸集，乃推其父祖行者俾坐中席，相与罗拜于前。既又推其兄行者俾坐右席，复相与罗拜于左……①

间又叙述自己入古瀛后所见学塾之盛，"蔼然有古者乡庠党塾之遗意"：

> 余欲为之记之而未皇也，倪去。三徙，自城之南历西而东，所至皆有学塾，授徒多者百余人，少者不下数十。弦诵相闻，蔼然有古者乡庠党塾之遗意。②

之后交代堂主的身份，最后阐释兴私塾之学对于教化民风的重要意义：

> 王君国宝所居近古堂则东塾也。学校之废六七十年，而郡人犹能各以其力兴城阙之久废，谓非善教之所罩可乎？昔东坡公为眉山郡治

---

① （宋）家铉翁：《近古堂记》，《全宋文》卷8070，第157页。
② （宋）家铉翁：《近古堂记》，《全宋文》卷8070，第157页。

记兴作，有及于乡俗近古者三，至今海内之人目眉山为三近古州。今是邦礼让之俗、近古之风，遽数之不能悉，其可使之佚而无传乎？乃书此为之记。自今由塾而庠，由庠而泮，顿复承平之旧，将使海内之人目古瀛为近古州，顾不美欤？尔令长君子、巨宗达人，其勉旃，无坠两先生诗书之泽。①

家铉翁之记体文浸染了宋人喜议论的特点，但是由于其文章叙事性强，通过交代事之原委，而自然过渡到议论，这就使议论之词入情入理，含蓄隽永，不显枯燥突兀。

《肃堂记》写邻人李氏父子，在生动的记叙中发表严肃的议论，有善于叙事、转接自然、逐层深入而揭示宗旨的风格特点。《肃堂记》文如下：

余始至瀛，僦居中城，邻于种德李氏，获与志远及其弟茂实为文字友。余敬之爱之，恨相得之晚。里人或语余曰："子未识其父兄耳，识其父兄则知渊源所渐，厥有自来也。"久而种德翁簿正高阳，满考来归，舜臣亦自肃宁至，余乃得升老子之堂，遍交群从。典刑法度，炳乎相辉。或以文采著，或以政事称，皆端静而内守，笃学而好修，信乡誉之不虚得也。

肃宁壮邑也，介燕、赵之间，民物繁阜，风气杂揉，自昔以为难治。或劝无往，君慨然曰："邑以肃名，吾平日售用一肃字，当以吾之肃，肃彼之未肃，奚难治之有？"乃随事而整葺之。邑庠久废，衿佩散而之四方，文风索然。君首以兴学为务，聿新泮宇，渐复旧章。弦诵之音洋乎盈耳，人知讲学之为贵，是其政之肃而文也。五方游惰之人，怙威群行，积为田里之害。君震之以不怒，驯之以有礼，强梗率服，入其境相戒无犯，是其政之肃而和也。健险好胜之氓，持吏短长以为讼端，败俗伤化，莫此最甚。君临之以庄，镇之以静，伸其郁滞而平其险嚚。莫不革心向善，俯首从化，旧习为之丕变，是政之肃而有纪也。在官六七年，乃获授代以去。邦人为之立碑颂德，以为前

---

① （宋）家铉翁：《近古堂记》，《全宋文》卷 8070，第 157~158 页。

之宰是邑者几人，久而肃，肃而成，如君全美，实所鲜俪。

余昔扁君之堂曰"肃"，以昭其实也。君欲记之以发扬其义，乃重告之曰：夫肃之为肃，乃圣贤学问中之事，非世俗尚威严以为肃也。肃之此心，肃之此身，心正而身修，肃之本也。其本既正，然后推以达之于事。本正而末举，圣贤学问之肃也。三代而下，为政者尚防禁，设章程以求人之肃，此吏治之肃，非学问中事，君子有不贵也。《易》之《文言》曰："直其正也，方其义也。"又曰："君子敬以直内，义以方外，敬义立而德不孤。"《文言》之"敬直"，即学问之道，所以肃乎其内者也；《文言》之"外方"，即吾内肃，所以达之于事而无不肃者也。大率主敬以为之肃，则心正身修而内自肃也，未有中无所主而能内肃者也，未有内之既直而外之不能方者也。《文言》之"直方"，贯本末该内外而为言也。

余观舜臣父子兄弟所以修之家庭者，而知其平日用工在内，所主在敬也。惟其所主在敬，故其达之于外者，无往而不肃。君今赞贰淮安，以其施之一邑者而施之一州，廉誉著闻，士论归重无异辞，此敬直之效验，随地而著者也。由是而扩充，在我之工夫无有间断，则其肃之于外者，将日异而月不同，岂止一邑一州而已哉！舜臣其勉之。①

该文从家铉翁赏识邻人李志远、李茂实兄弟起笔，又写到与其父李种德、兄舜臣的相识，到李氏父子家中拜访，了解到李氏父子四人皆端静内守，笃学好修，或以文采著，或以政事称，贤德文采享誉一方，进而介绍李舜臣在肃宁为官的政绩。然后解释"肃"的义理——重在主敬，肃乎其内，达之于事，无往而不肃，由学问之肃诠释为官之肃，层层递进，解释主旨。

其次，家铉翁记体文受到其乡贤苏轼的某些影响，在行文风格上亦表现出磅礴恣肆的特色。

我国古代文学有重视典范的传统。学子初学诗文，往往模仿、学习前代大家、名家。朱熹曰："古人作文作诗，多是模仿前人而作之。盖学之既久，自然纯熟。"又云："人做文章，若是仔细看得一般文字熟，少间做

---

① （宋）家铉翁：《肃堂记》，《全宋文》卷 8070，第 163～164 页。

出文字，意思语脉自是相似。读得韩文熟，便做出韩文底文字；读得苏文熟，便做出苏文底文字。"① 向前辈学习成为入学之阶，既是一种方法，又是一种捷径，即使后来转益多师，自成一体，但其文字间会留下早年师承的烙印。宋元时期，前有欧、苏古文运动的成果，后有时文"以古文为法"的潮流，学子们普遍尊奉古文大家韩愈、柳宗元、欧阳修、三苏的作品为文章典范。

家铉翁与苏轼同为四川眉州人。苏轼（1037～1101），字子瞻，自号东坡居士，苏洵长子。嘉祐二年（1057）进士，六年复举制科，入第三等。仕至翰林学士承旨，绍圣初坐元祐党籍，屡贬至儋州，卒于常州，年六十六。苏轼是北宋成就最高的文学家，擅长诗、词、文等多种文学体裁，在散文方面与欧阳修并称"欧苏"，"其体浑涵光芒，雄视百代，有文章以来，盖亦鲜矣"。② 苏轼文风影响极其深远。在此笔者要强调的是，苏轼虽一生坎坷，辗转各地，但是其诗文之中始终有浓厚的"眉山记忆"③，以至以故乡"眉山"为名，有"苏眉山"的美誉。作为乡贤，家铉翁对苏轼深怀景仰爱慕之心，四库馆臣云："铉翁隶籍眉山，与苏轼为里人。故集中如文《品堂记》《养志堂记》《志堂说》《笃信斋说》《跋太白赏月图》《和归去来词》诸篇及《豌豆菜》诗，自注间或称述轼事迹。"④

《品堂记》本是称颂瀛洲相台的韩京叔、韩鼎臣兄弟的画艺，赠之以"品堂"二字。韩氏兄弟是北宋魏国忠献公韩琦（1008～1075）的本家后世孙，画艺高超。家铉翁此文引用苏轼品评唐代著名的画家吴道子（约680～759）、王维（701？～761）的诗句来颂赞韩氏兄弟。苏轼之诗《凤翔八观》其三（王维吴道子画）曰："何处访吴画？普门与开元。开元有东塔，摩诘留手痕。吾观画品中，莫如二子尊。道子实雄放，浩如海波翻。当其下手风雨快，笔所未到气已吞。亭亭双林间，彩晕扶桑暾，中有至人谈寂灭，悟者悲涕迷者手自扪。蛮君鬼伯千万万，相排竞进头如鼋。摩诘本诗老，佩芷袭芳荪。今观此壁画，亦若其诗清且敦。祇园弟子尽鹤骨，

---

① （宋）黎靖德：《朱子语类》卷139《论文上》，《景印文渊阁四库全书》本。
② （元）脱脱等：《宋史》卷338《苏轼传》，第10817页。
③ 马里扬：《"眉山记忆"与苏轼词风的嬗变轨迹》，《文学遗产》2012年第1期。
④ （清）永瑢等：《四库全书总目》卷165，第1416页。

心如死灰不复温。门前两丛竹，雪节贯霜根。交柯乱叶动无数，一一皆可寻其源。吴生虽妙绝，犹以画工论。摩诘得之于象外，有如仙翮谢笼樊。吾观二子皆神俊，又于维也敛衽无间言。"① 家铉翁对苏轼称颂吴道子、王维画作的观感和评价之诗句信手拈来，洋溢着仰慕之情。家铉翁《品堂记》云：

> 昔之评画者以吴道子为神品上上，王摩诘为妙品上上。夫造于妙矣，入于神矣，其品复在上之上。艺至是旷千载而独立可也。今二子之画流落人间，时或见之。其精之至而造于妙者，犹可求之笔画之间；其妙之至而入于神者，非笔画形象之所求。盖妙犹可识，妙而入于神有未易识耳。东坡翁在凤翔，有曰："道子实雄放，浩如海涛翻"，"当其下手风雨快，笔所未到意已吞"。又曰："吴生虽妙绝，犹以画手论"，"摩诘得之于象外，有如仙翮谢笼樊"。其末又云："吾观二子皆奇俊。"又于维也敛衽无间言，味诗意似以摩诘优于道子，与《画品》所评异矣。然皆赏其妙而不及其所以神，岂妙而入于神有未易言欤？余周游海内，所识国工老手多矣，精妙绝人，往往多见之。有如神品上之上，闻之矣而未之见也。
>
> 晚岁来瀛，乃识相台韩京叔鼎臣兄弟，魏国忠献公之诸孙也。燕、赵间推善绘，必曰瀛海之二韩，扣其门求其画者踵相接也。乡党前辈老成人每为余言：韩氏兄弟画入神品，子无以寻常眼法而观也。尝为大长老雪苑师作观音、地藏二相，每焚香展玩，光采郁勃，出乎顶间，渐大满一室中。苑公宝而藏之，不轻以示人。比其殁，画为有力者取去。余虽未及见之，闻在他所而尤奇异，乡老成人所言不诬也。
>
> 余尝从容以问鼎臣，乃曰："人以吾画为有神，吾初不知其神如何也，但昔尝闻之师，以为画者心之精神，得之心，应之手，不可以外求也。故吾当画时，闭户静存，画是人，则想其人之容色，其动作语言。想之有得。然后像之以为像，夫是以能得其真。乃如绘天人相，则想其清净玄虚，高出万物之表；绘浮屠氏在定相，则想其湛寂

---

① （宋）苏轼：《东坡全集》卷1，《景印文渊阁四库全书》本。

内守，神采蕴于不露；绘浮屠氏应物相，则想其庄严具足，辉光发而外见。皆积精以起之，运智以成之，画虽成于吾手，吾不能神其所为其神者，出于自然，吾有不能知也。"余闻其言，作而曰："人以子之画为神，子不能知其神，是子画之所以几于神也。勉之哉，摩诘、道子不足多逊。"乃书"品堂"二字以遗之。①

吴道子之画雄放，浩瀚如海波翻腾，意在笔先，成竹在胸；王维画清新醇美，意境深厚，画中有诗，得于象外。吴道子、王维之画所显示出的盛唐之风，别说是韩氏兄弟，即使在中国古代绘画史上也是难以超越的。但家铉翁看到韩氏兄弟的画作，听了韩鼎臣的绘画感受和理论，极为叹服。因此就以苏轼对吴道子、王维画作的品评来激励韩氏兄弟，从中亦可见家铉翁对苏轼的称赏。家铉翁不但随引苏轼之诗，而且《则堂集》部分散文的风格气势磅礴，理词俱健，颇有苏轼遗风。

家铉翁的内心世界凄凉沉寂，但在现实生活中，他对真诚关心自己并有共同情趣的异乡友人仍然投以一片赤诚。综观其文，尽管大多说理意味比较浓厚，但同为记体文，与求文者关系的远近也在一定程度上影响作家的创作心态和行文笔法。《则堂集》中几篇纵横恣肆、体现苏轼遗风的作品，都是家铉翁写给与他交往最多、志趣相投的朋友的。如张彦举是家铉翁在河间最亲密的朋友之一，其文《云斋寿容赞》、诗《赵提举求作字，余辞以不能工，仍作诗谢之》及诗《九日偶成呈彦举》都记录了他们情感以及生活的细节。家铉翁曾为张彦举之斋而作记，其文《云斋记》是也。节录如下：

士有抱负奇伟，不求为世用，犹典教一方，以其道私淑诸人者，是虽仕也而实隐也。是虽隐也与潜深伏奥独善其身者异矣。河间张彦举，早负乡曲盛名，以乡国公选，教授六州，十年于兹，安恬不竞，余所谓仕而隐，隐而能以其道私淑诸人者也。彦举以"云"名斋，俾余为之记。

---

① （宋）家铉翁：《品堂记》，《全宋文》卷8070，第155~156页。

余谂之曰："云，一也。瑞乎天者为庆云，泽乎物者为油云，栖迟岩窦、偃薄林壑、不能为瑞为泽者则闲云也。子取其为瑞者乎？抑取其为泽者乎？抑慕其栖岩偃壑适己之适而忘情于斯世乎？昔者禹、皋、稷、契并处尧朝，蔚乎其辉，炳乎其容，衣被下士，人莫名其功，此云之瑞乎天者也。伊起于莘，说奋于岩，其君用之，其类应之，肤寸而升，不终朝而雨乎八纮，此云之泽乎物者也。乃若荷蓧耦耕之伦，以放旷为高，处不违其里，行不越其乡，羞币聘而傲王公，则岫云之无心者也。吾子学孔孟之学，诵诗读书，考古订今，方将有用于世。彼隐君子遁世之事不足为子言也。然则云以名斋，义何居乎？"

张子曰："嘻，吾敢志古人之志乎？盖云者雨之根也；学问者事业所从来也。高山大泽，其包纳也厚，其涵蓄也久。故气之升乎天者氤氲郁纷；泽乎土者霖霂沾濡，是岂一日之积乎？士君子之学亦犹是耳。吾典教六州，士之从吾游者数十百人。其渴于闻道，若旱苗之望滋，吾惧乎无以雨。穷年兀兀，唯日孜孜，亦欲厚吾之所蓄，庶有以沾溉吾徒云尔。子不观诸《易》乎？云雷而为屯，雷雨而为解。屯之云雷，其蓄诸中者乎？解之雷雨，其泽诸外者乎？子知屯之必能为解，知云之必能为雨，则知吾命斋之意矣。乃若皋、稷、伊、傅之事业，关乎天而制于命，吾如彼何哉？子其毋以为问。"余闻君言，为之歌曰："山之高兮，云之涵兮；泽之大兮，云所纳兮。子之居兮，宫环堵兮。道所存兮，充子之学。道弥大施弥溥兮，云兮云兮，其孰窥子之际兮。"遂书以为记。①

全文分为三部分，第一部分介绍张彦举其人，仕隐两途，以其道私淑诸人而不求为世所用；第二部分是家铉翁询问斋主何以"云"命名？取"瑞天之庆云""泽物之油云""无心之闲云"中哪一种？既领起，又分述。第三部分写张彦举的回答，他由云雨及学子，认为士君子从其学，犹如旱苗、干土之盼祥云，他典教一方而"惧乎无以雨之"。接着他阐明自己以"云"名斋，是根据《易》"云雷而为屯，雷雨而为解。屯之云雷，其蓄

---

① （宋）家铉翁：《云斋记》，《全宋文》卷 8069，第 144～145 页。

诸中者乎？解之雷雨，其泽诸外者乎”。这样思维缜密、铺排对比、文风豪健的文章，确实颇有苏氏纵横辩驳之风。

《道山堂记》是家铉翁写给友人赵器之的。赵器之在生活上给予家铉翁很多帮助。家铉翁初到河间时，“居无把茅，卧乏班荆。病无以药，寒无以衾”，是赵器之“惟君垂仁，矜我颓氂。辟馆招延，筑室丕冒。既奠厥居，又丝其衣。既遗以安，又相其归”。[①] 赵器之曾拿出三间房给家铉翁居住，又赠送其衣等，甚至还划出一块地送给家铉翁作将来的墓地。二人曾共读《程氏遗书》，一起在龙祠前赏菊赏月并赋诗，结下了深厚的情谊。其记体文《道山堂记》和《道山书堂记》都是为赵器之“道山堂”所作，而前者更见风采，《道山堂记》论曰：

> 余曰：“非是之谓也。山以道名，著其高也；囿以瀛名，著其清也。学道君子志乎高，愿卑者之同乎其高也；居乎清，愿浊者之同乎其清也。而岂遁世放旷之谓哉？主人好乐诗书，涵泳义理，澹然泊然，远荣利而弗即，知其志之所存，居之所在，是名也斯为称。”[②]

铺排而不夸张，文风雄肆，情感激越，气势充沛，论述了“道山”蕴含之意义。

（二）论说文

论说文以说理为主，直接说理辨析、阐发见解，议论是论说文的主要表达方式。论说文有论、说、难、评、议、解、原、辨（辩）、问对等不同称谓，其中，说是说明、解释性文字，为论之一体。吴讷《文章辨体序说·说解》云：“说者，释也，述也，解释义理而以己意述之也。说之名，起自吾夫子之说卦，厥后汉许慎著《说文》盖亦祖述其名而为之辞也。”[③] 说体文源于先秦策士进说献谋的“游说”之辞，注重辞采。汉以后，以“说”名篇的文章，一般是说明、申释事理的单篇说体文。至唐代，说体

---

① （宋）家铉翁：《祭器之文》，《全宋文》卷8072，第191页。
② （宋）家铉翁：《道山堂记》，《全宋文》卷8069，第150页。
③ （明）吴讷、（明）徐师曾著，于北山、罗根泽校点《文章辨体序说　文体明辨序说》，人民文学出版社，1962。

文才兴盛起来，韩愈的《师说》乃是千古名篇。

家铉翁的论说文以说体文为主，现存 20 篇：《塑夫子像说》《澄鉴说》《德昭字说》《公度字说》《诚甫字说》《景贤字说》《晋斋说》《约斋说》《志堂说》《心斋说》《稽古斋说》《勉堂说》《恕斋说》《笃信斋说》《实斋说》《习古斋说》《肃堂说一》《肃堂说二》《青鼎说》《中庵说》。这些文章都是围绕一个具体的解说对象，或是某人之字号，或是某人之书斋、堂名，以"说"来阐明其所代表的意义。家铉翁的说体文具有解说性、譬喻性的特点，且逻辑清晰，文势贯通流畅。

在字说的文章中，《诚甫字说》很有代表性。中山（今河北定州）人张诚甫，名德信，是当地的名儒硕德，与家铉翁在大都相识，曾向家铉翁求文，阐释其命字之义。家铉翁因作《诚甫字说》，其文云：

中山，古文物之邦。名儒硕德，轨辙相望，后进彬然好学，见称于时，张君诚甫其人也。名德信，与余相会燕京，求余发扬命字之义。

余曰：子知信而诚在是矣。夫仁义礼智，是为四端。仁得信实其为仁；义得信实其为义；礼得信实其为礼；智得信实其为智。必实而后能成其德，故阴阳之有五行，木、火、金、水，必得土而后能成其为用。天一生水，得土而为冬，其数六；地二生火，得土而为夏，其数七；天三生木，得土而为春，其数八；地四生金，得土而为秋，其数九。此阴阳五行之理，而仁义礼智，必得信而后能成其为德，此天道之自然也。

子之严君命子之名盖本于此。师之命字乃所以终成其义，而术家谓土寄旺，四季非寄旺也。《中庸》曰："诚者，天之道也；思诚者，人之道也。诚者，不勉而中，不思而得，从容中道，而圣人之事也；思诚者，择善固执之者也。"夫诚未易言也，而思诚者，乃学道君子所当勉也。信所以为思诚地也，择善而固执之，吾子之所当务也。择善之要，惟信而已。

先儒尝谓："信之一字，自不妄语入，朝思夕思，择善而固执之，随事皆信，乃所以思诚也。"夫恻隐、羞恶、辞让、是非之心，人皆有之，必孳孳乎用力于信，然后有以诚乎本然固有之德，如是而为仁，如是而为义，如是而为礼，如是而为智，皆以信而实之，信在是则诚在是矣。择善而固执，乃思诚之大端。诚甫其勉焉。①

家铉翁从儒家弘扬的五个道德范畴——仁、义、礼、智、信入手，说明仁、义、礼、智这四者都是以"信"为基础，只有得信，仁方可仁，义才称得上是义，礼可称之为礼，智才称得上是智。"信"是基础、根本。

在斋名的阐释中，《稽古斋说》很有特点。朱熹曾云："稽古，稽，考也，考虞夏商周圣贤已行之迹，以证前篇立教、明伦、敬身三者人能向慕而观法之，则可无愧圣贤之列矣。"家铉翁为河间高阳的阴振之的"稽古斋"而作一篇说。其文云：

> 高阳阴振之以稽古名斋。余过而问焉，曰："士莫不以稽古为尚，而志之所趋有弗同也。志功名者稽其成，志学问者稽其程，志典章文物、议论政事者，稽其已往之废兴，大率考古订今，求为有用，非以独善此身也。子亦有志于此乎？"振之嘉然而笑曰："吾隐者也，奚用之可致？吾授徒于乡，冠者、童子从吾游常数百人。朝夕所稽，皆六艺之言与夫训诂传注之辞。诸生有问，依古为对，其非古者有未暇言也。少尝治《易》，以分著布卦为事。人有以是来扣，据经而答，其非经者有不能知也。吾所谓稽古，如是而已矣。尝闻汉儒有受宠王庭，退而陈其车服之美，自矜耀以为稽古之力者，吾浅之而不敢慕也。"余闻君言，矍而作曰："子立志如此，异乎人之为稽古矣。然愿有以告。"
>
> 夫古，一也，而有中古焉，有上古焉。溯洙泗而上，迄于夏、商之世，是为中古；溯尧、舜而上，迄于轩、羲之世，是为上古。道之大原由是而出，至于今几万年。学士大夫所为稽古此而已。然而上古之上，复有古焉。非书传之所纪，无语言文字之可稽，则所谓义理之原，先天地而生者也。宇宙之初，人物之始，书虽未形，理则已具。

---

① （宋）家铉翁：《诚甫字说》，《全宋文》卷8067，第117~118页。

追夫河龙负图，洛龟出书，阴阳分而五行列，易于是乎有象。《易》之有象，以图书而为古者也。图之九，书之十，以太极而为古者也。冲漠无朕者，太极之本体，而阴阳五行之理之象，实具于其间。古之上复有古，此易之原也。子分蓍布卦，因变以求易，后天学也。即象数之可稽者，而原易理之所从来，则先天之学，画前易也。万殊而一理也，万古而一心也，千万人而一致也。即心以悟易，即易以求道，由后天而窥先天之蕴，即有象而悟无象之奥，则古之上复有古，所谓易理之原者，可得而知矣。振之明于易，有静守之功，筮虽奇中而志存学古，不以是名家也。故吾乐以先天画前之易为君告，是所谓稽古之能事，余与君皆当勉焉。①

此文从《易》阐释"稽古"，赞赏振之的稽古品趣。振之所好，不是表面的喜好，而是汲取古代文化的精髓，其朝夕所稽皆六艺之言与训诂传注之辞，并参以《易》，分蓍布卦。如果有人来叩问，振之皆据经而答。

（三）赠序

赠序文体是唐宋时期盛行的文体。赠序文是以序名篇的诸多文体中的一种，标题一般都是以"送……序""赠……序"为题。吴讷的《文章辨体序说·序》概括了赠序文的文体特征："东莱云：'凡序文籍，当序作者之意；如赠送燕集等作，又当随事以序其实也。'"前者指序跋之序，后者则指赠序。

家铉翁有赠序文三篇：《送崔寿之序》《送杨善长序》《送穆秀之序》。内容除了叙交谊、慰离情外，更有针对朋友、后生的境遇、遭际而予以独到中肯的劝导。

家铉翁圈禁河间时，已是一位老者，所以所作赠序文的对象，基本是晚辈后生。在赠序文中，他投之真诚的善意，或鼓励，或劝勉，从中可见其练达的人情，对朋友后生起到人生导向作用。如《送崔寿之序》，该文叙述崔寿之在安阳为官时，兴建学校，延请儒师，然而初有起色，却有人认为他做得不好，调其离开，士人都为其抱不平，感到可惜，但崔寿之一

---

① （宋）家铉翁：《稽古斋说》，《全宋文》卷 8068，第 128~129 页。

切如故，不久又要被调至广平。有人认为有前车之鉴，崔寿之到广平后就不要再兴建学校了。家铉翁却不这样认为，《送崔寿之序》有云：

余读《诗》至《郑风·子衿》，掩卷而叹曰：周之东迁未久，学校之废乃至是乎！及观《鲁颂》之《泮水》，其诗曰："鲁侯戾止，小大从公"，又曰："载色载笑，匪怒伊教。"上以是率其民，下以是从其上，八章蔼然，与《郑风》"我往而彼不来"者异矣。盖周公、鲁公之化在人未泯，故其习俗渐渍，有以异乎他邦也。

河间古文物郡，毛公、董子之化，至今犹有存者。士尊名教而贵礼让，远功利而谈诗书。出而仕于四方，所至皆以兴学校、崇教化为事。然有行之而通者焉，亦有率之而不能应，感之而未能尽孚者焉。是则鲁、郑比壤，而学之兴废不同，其俗使然，非士君子所病也。

崔君寿之河间之秀，弱冠从其乡曲老先生讲问经义，敏而好修，有党里之誉。往岁调官安阳，始至即延师儒，设讲席，率郡之子弟执经请疑，人肃然知有师道。学宫久废，墟为牧场，前之仕乎此者莫或过而问之。君独以是为戚，亟佐其长，鸠工度费，兴颓举坏，辟宫墙，拓厦屋，像先圣贤而事之。春秋岁祀，俎豆具设，登降如礼，长老预在列者咨嗟太息，不图盛事复见于今。政将成，翩彼飞鸮，乃或鸣其不善，亟委而去之，士论共惜，寿之则不以是芥蒂，杜门讲习忘倦。久之，乃调广平之宾幕。春仲将发，众为祖于郭南，或举觞而言曰："鲁僖之化不可以行于郑校；泮林咏歌不可以加于城阙，子是行欲兴学，其毋遽乎！"

余曰不然。士之仕也，观其志之所存；及其既仕也，观其政之所先。其所先者，乃其志之所存也。存之于平居，先之于临事，惟学问君子能之，不可望此于众人也。寿之筮仕之始，莅官之初，即能以延儒兴学为急先务，由其志之所存也在是，故其政之所先者亦在是，此正寿之所以卓然过人，出处通塞，系乎所遭，其可以是沮吾志乎！况广平地大物众，秀民汇兴，皆有志于道，夫岂安阳可儗？余愿君举安阳之已行而行之广平，推安阳之未及行而究之广平，必致其长于鲁僖、郑侨、汉文翁之上，使人曰路幕有儒者，故路之政事皆出于经，美声洋溢，主宾俱荣，不亦善乎！若夫治簿书，课功程，苟逃旷责，刀笔吏类能之，不足为君浼也。乃书此以饯之。[①]

　　家铉翁认为士人为官，要看他的志向在哪里，其志向会体现在其政事之中。崔寿之过人之处就在这里，无论去何处就职，都把兴学授徒作为第一要务。这也是家铉翁在国破家亡后，羁寓古瀛，却坚持授徒讲学的精神理念。

　　送杨善长的赠序文体现了家铉翁赏识后学、鼓励尚儒精于学问的长者之风。文章以古代人才的评判标准各异，条条大路均有成才之径，勉励杨善长不要因为父母亡故不能在京为官吏而灰心。冀望他刻苦问学，岁通一经，终会成为大有用之人才。其《送杨善长序》云：

　　三代盛时，耕于野者为民，升于学者为士。士者，民之秀杰，千百而一二者也。故有选士，有俊士，有造士，由俊而造，德成行尊，是之谓进士。王与二三大臣论其材能而授之以位，公卿大夫由此其选也。乃若府史胥徒之属，则庶人之在官者耳。蹷其征输而役之以事，官长所举，不以荐之于王，是乌得俊造齿哉？盖上之所贵者在士，故天下之士莫不知所以自贵。风俗淳厚，人才众多，用此道也。降春秋而战国，王者之制日以隳坏，而老学宿儒犹能以道自任，不与世变俱迁也。当时诸侯大国之君亦知儒之为贵，卑躬尽礼，惟恐不能致，其肯以待众民异术者而待之乎？又降而两汉，选举之制虽与古异，然非经明行修，名为儒者，不得在高位。国之羽仪，民之师表，于是乎在。其有由他途而进，或阶曹掾而升，不过职钱谷，治簿书，试以其所长而止耳。自是以来千有余年，九流名家，并驰争先，而圣人之道、儒者之教，如三辰丽天，清明光洁，万目同仰，夫岂以一屈一伸，或用或舍，而为晦明轩轾乎？道如是，教如是，儒者之所以为贵亦如是，万钧一羽，在我而不在物也。

　　河间杨善长，家世业儒，中间为菽水之养，试掾于京。俄而风木

────────────

① （宋）家铉翁：《送崔寿之序》，《全宋文》卷8066，第94～95页。

缠悲，以是返舍。既除丧，自念禄不逮养，乃舍去刀笔之陋，复儒冠焉，乡党以是贤之。一日过余，具道所以然之故，求一言以表其向道之夙忱。余语之曰：人有下乔而入幽者矣，子今舍掾从儒，所谓出幽而迁乔，子之立志善矣。虽然，立志非难而坚志为难。余愿子持之以静深，要之以悠久，毋动于荣利，毋夺于贫苦，毋安于卑近，岁通一经，以植其大本。闻海内有先觉之士，必往请质所疑，以定学问之指归。使在我者充然实有可恃，万钟轩冕且不足以累其方寸，庶人在官之禄，又何足为浼乎？①

家铉翁的赠序多是以长者的身份对友人、后学以劝慰和勉励，语极平淡，却蕴含深刻的人生哲理。赠人以言，重于金石珠玉，从家铉翁赠序的字里行间，受赠者能够感受到豁达的处事态度，殷切的期望祝福，这些对于受赠者来说是值得珍藏、受用无穷的。

（四）书序

除"赠序""送序"外，"序"还有为典籍作序，如王应麟所说："序者，序典籍之所以作也。"②

家铉翁有书序 2 篇，即《春秋集传详说序》《孝先诗卷序》。家铉翁一生致力于《春秋》学研究，《春秋集传详说序》是其《春秋集传详说》的序，也是他学问的精华之所在。《春秋集传详说序》云：

> 《春秋》非史也，谓《春秋》为史者，后儒浅见不明乎《春秋》者也。昔夫子因《鲁史》习《春秋》，垂王法以示后世。《鲁史》，史也。《春秋》则一王法也，而岂史之谓哉？陋儒曲学以史而观《春秋》，谓其间或书，或不书，或书之详，或书之略，或小事得书，大事缺书，遂以此疑《春秋》。其尤无忌惮者，至目《春秋》为断烂朝报，以此误天下后世，有不可胜诛之罪，由其不明圣人作经之意，妄以《春秋》为一时记事之书也。或曰："《春秋》与《晋乘》《楚梼

---

① （宋）家铉翁：《送杨善长序》，《全宋文》卷 8066，第 95～96 页。
② （宋）王应麟：《玉海》卷 204《辞学指南》，《景印文渊阁四库全书》本。

杌》并传，皆史也，子何以知其非史而为是言乎？"曰：史者，备记当时事者也。《春秋》主乎垂法，不主乎记事。如僖公二十八年，晋文始霸，是岁所书者皆晋事；庄九年齐桓公入，是岁所书者皆齐事；隐四年卫州吁弑君，是岁所书者皆卫事；昭八年楚灭陈，是岁所书者皆陈事。有自春徂秋止书一事者，自今岁秋冬迄明年春夏，阅三时之久而仅书二三事者。或一事而累数十言，或一事而屡书特书，或著其首不及其末；或有其义而无其辞，大率皆予夺抑扬之所系，而宏纲奥旨绝出语言文字之外，皆圣人心法之所寓，夫岂史之谓哉？盖《晋乘》《楚梼杌》《鲁春秋》，史也，圣人修之则为经。昧者以史而求经，妄加拟议，如蚼蜗伏乎块壤，乌知宇宙之大、江海之深？是盖可悯，不足深责也。

铉翁早读《春秋》，惟前辈训说是从，不能自有所见。中年以后，阅习既久，粗若有得，乃弃去旧说，益求其所未至。明夏时以著《春秋》奉天时之意，本之夫子之告颜渊；原托始以昭《春秋》诛乱贼之心，本之孟子之告公都子。不敢苟同诸说之已言，不敢苟异先儒之成训。三传之是者取焉，否则参稽众说而求其是；众说或尚有疑，夫然后以某鄙陋所闻具列于下。如是再纪，犹不敢轻出示人，将俟晚暮辑而成编，从四方友旧更加订证。会国有大难，奉命起家，无补于时，坐荒旧学。既遂北行，平生片文幅书无一在者。忧患困踬之久，覃思旧闻，十失五六。已而自燕来瀛，又为暴客所剽。然以地近中原，士大夫知贵经籍，始得尽见《春秋》文字，因答问以述已意，卒旧业焉。书成，撮为纲领，揭之篇端。一原《春秋》所以托始，二推明夫子行夏时之意，三辨五始，四评三传，五明霸，六以经正例，凡十篇。俾观者先有考于此，庶知区区积年用意之所在。夫若僭躐之罪，则无所逃。眉山后学寓古杭家铉翁谨书。①

家铉翁熟读《春秋》，羁縻期间以《春秋》教授弟子。他在南宋时读《春秋》和亡国后教授《春秋》，有许多不同的理解，认识也更为深刻。在

---

① （宋）家铉翁：《春秋集传详说序》，《全宋文》卷8066，第99～100页。

这篇序中，他强调《春秋》"主乎垂法，不主乎记事"，他认为《春秋》是政治书，讲的是纲常伦理，而不单是讲述春秋事件的历史书。

《孝先诗卷序》是为河间张孝先的诗集所作的序，以孝先出于孝悌之门的品德出发，由褒赞孝德到评价诗集，体现了家铉翁重视作家人品的特点。其文云：

> 人之为善，乃己分之所当为，非有为而为之也。如种之必生，炊之必熟，种者、炊者，但知其用力之勤而已。为之不怠，则种者必能生，炊者必能熟，皆自然之理也。于公自谓："我治狱多阴德，子孙必有兴者，令高大门间，以需之于异日。"其言果验。然以己之阴德责报于造物，学道君子所不言也。余久羁古瀛，地与鲸川相接，知张氏为孝弟之门，由祖而子而孙，传以孝弟。至于孝先，不懈愈勤，乡党称之，士大夫敬之。余虽未识其人，知之久矣。一日见此轴，以于公阴德为言，余语之曰：子之德修之于身，行之于家，由祖至孙，传之如一日，世所为实行，不期报于造物，而造物之报常在焉。所谓孝弟之道通于神明者也，而岂世俗阴德阳报者云乎哉！《中庸》曰："大德必得其位，必得其禄，必得其寿。"此虽为大舜而言，然人之有一行之修、一事之善，莫不能不格而孚，不感而应，自然而然者也。栽者培之，岂不信哉！子力行不倦，其效有不可得而言者。愿言勉之。①

该文着重阐明了孝先之德。这与家铉翁个人追求高尚的节操相合，并以此期望孝先在追求德行方面力行不倦，日后必有大成就。

家铉翁一向强调学者要有"自得之见"，其评文论书亦如此，不愿人云亦云，而坚持己见，发人之所未发。家铉翁有书序两篇。二文见解独特，展示出其渊博的学识，也体现了家铉翁对世事的体认。

（五）题跋

题跋分为书跋和篇跋。题跋之名始于唐而盛行于宋。吴讷《文章辨体序说·序跋》言："至唐韩柳始有读某书及读某文题其后之名。迨宋欧、

---

① （宋）家铉翁：《孝先诗卷序》，《全宋文》卷8066，第98页。

曾而后，始有跋语，然其辞意亦无大相远也，此《（宋）文鉴》、《（元）文类》总编之曰'题跋'而已。"① 内容广泛，除了具有序中惯常的对诗、文、词、画以及人物的品评褒贬外，还具有考古证今、释疑订谬的内容。

家铉翁的题跋文，或品诗论画，或探究义理，或念古伤怀，表现出良好学养和深邃情怀，今存 14 篇：《跋心如水翁〈治家箴〉》《跋明皇观浴马图》《跋韩干马图》《跋辋川图》《跋浩然风雪图》《跋太白赏月图》《圣门一贯图书后》《新绘一贯图书后》《书蒋象山谏草后》《题宁皇雪月图后》《友竹亭诗卷后记》《题摩利支天像下方》《题四臂观音像下方》《题中州诗集后》。

《题中州诗集后》是家铉翁题跋的代表作，是他为金代作家元好问编纂的金代诗歌总集《中州集》所作的题跋。元好问（1190～1257），字裕之，号遗山，太原秀容（今山西忻州）人。兴定五年（1221）中第，历内乡令、南阳令、尚书省掾、左司都事，终至尚书省左司员外郎。金亡，不仕。晚年尤以著作自任，自誓"不可令一代之迹泯而不传"，又以故国文献为己任，凡金源君臣遗言往行，采摭所闻，记录百余万言。有《中州集》《遗山集》等传世。《金史》有传。

《中州集》编撰于金灭亡之际的金哀宗天兴二年（1233）五月，历经十七年，至蒙古海迷失后元年（1249）刊行于世。以十干为序，凡十卷，入选 249 位诗人，每位入选的作者均立有诗人小传，共收录 2010 首诗歌。《中州集》不是一部简单的诗歌总集，而是元好问以诗存史、寄寓故国之思的一部相当有价值的总集性文献。

金、南宋先后被蒙古族所灭，而金所统治的大部分地区，原来是北宋的领土，因此对于元好问所命名的"中州"，家铉翁深解其意，认为《中州集》的编撰目的就是打破朝代界限而以文化传承为宗旨，他在《题中州诗集后》中写道："其生乎中原，奋乎齐鲁汴洛之间者，固中州人物也；亦有生于四方，奋于遐外，而道学文章为世所宗，功化德业被于海内，虽谓之中州人物可也。"家铉翁从元好问乃金遗民的身份出发，理解其命名这部金代诗歌总集的思想，进而赞誉元好问。家铉翁《题中州诗集后》云：

---

① （明）吴讷、（明）徐师曾著，于北山、罗根泽校点《文章辨体序说　文体明辨序说》，第45页。

世之治也，三光五岳之气钟而为一代人物，其生乎中原，奋乎齐鲁汴洛之间者，固中州人物也；亦有生于四方，奋于遐外，而道学文章为世所宗，功化德业被于海内，虽谓之中州人物可也。盖天为斯世而生斯人，气化之全、光岳之英，实萃于是，一方岂得而私其有哉？迨夫宇县中分，南北异壤，而论道统之所自来，必曰宗于某，言文脉之所从出，必曰派于某，又莫非盛时人物范模宪度之所流衍。故壤地有南北而人物无南北，道统文脉无南北，虽在万里外，皆中州也，况于在中州者乎！余尝有见于此，自燕徙而河间，稍得与儒冠缙绅游，暇日获观遗山元子所裒《中州集》者，百年而上，南北名人节士巨儒达官所为诗与其平生出处，大致皆采录不遗，而宋建炎以后，衔命见留与留而得归者，其所为诗与其大节始终亦复见纪。凡十卷，总而名之曰《中州集》。盛矣哉，元子之为此名也！广矣哉，元子之用心也！

夫生于中原，而视九州四海之人物，犹吾同国之人；生于数十百年后，而视数十百年前人物，犹吾生并世之人。片言一善，残编佚诗，搜访惟恐其不能尽，余于是知元子胸怀卓荦过人远甚。彼小智自私者，同室藩篱，一家尔汝，视元子之宏度伟识，溟涬下风矣。呜呼，若元子者，可谓天下士矣。数百载之下，必有谓予言为然者。①

家铉翁寓居北方，有机会了解金代作家及创作，他没有拘囿于国别、朝代、地域，而是以大一统的思想，从道统文脉自古相承的发展角度，对元好问选诗的文化立场以及识见力给予高度赞誉。

陈垣先生曾注意到家铉翁此跋，《元西域人华化考》云：

元好问生金末元初，其所选诗，号《中州集》，宋人之留元者有家铉翁，为题其后。文见《元文类》八三，曰：……。此又宋人之先见，而其后竟言中者也。盖铉翁留元十余年，得睹元初人物气象，与

---

① （宋）家铉翁：《题中州诗集后》，《全宋文》卷8067，第112页。

宋季之偏激狭隘，迥然不同，知其后必昌，故为是论。岂知不用百载，而西北子弟之成就，已过乎铉翁所期也。①

元初政治一统，南北文化合流已成为普遍现象。此时，也许家铉翁看到了元朝统一后的社会呈现良好的发展态势，但就他个人而言，他始终在心底坚守着忠臣不事二主的纲常伦理。家铉翁能关注到元好问的《中州集》，或可说明家铉翁在文化上已乐于接受南北文化汇通繁荣的趋势。尤其他看到《中州集》中辑录了宋建炎以后赴金国的祈请使滕茂实、朱弁的诗作，联系当下的政治格局，感慨系之，更加认同元好问的选诗原则。

家铉翁自幼浸润儒家文化，习读书史，对流传下来的字画等颇有见识，所作题跋往往体现出渊博的学识和深邃的思想。《题宁皇雪月图后》是家铉翁为一幅宫廷画所作题跋。史载宁宗喜欢书法，亦喜画作，有一位宫廷画家以宁宗在雪月辉映的冬夜里阅读经籍、赋诗吟哦为内容，绘过一幅《宁皇雪月图》。南宋亡国后，这幅画作流失，然家铉翁有幸在河间得以赏鉴。他郑重地斋戒、沐浴，并作题跋，该跋精练而深邃。其《题宁皇雪月图后》曰：

> 物格而知至，学问之大端也。是以孟子平日教人托物引喻，于白羽之白、白雪之白、白玉之白，辨析不遗于毫末。由是而穷理尽性，以造于光明盛大之域，格物为之先也。是道也，布衣穷居之士，皓首探索，未能窥见津涯。而我宁皇法宫闲暇，游情经籍，发为吟哦，洞中义理，非夫生知天纵，加以学问之益，岂能雍容纤徐，尽物理之妙至于此哉？嗟夫！月光之与雪色，自内外二境而言也。境虽异内外，有以融之则异者无不归于同。惟圣人心与道一，境与心会，仰观俯察，有以喻乎二者之间，是故知其为同，众人则不能然也。臣尝学此，未能有得。伏读圣制，鼓舞咏歌，至于再三而不能已。谨斋沐题其后，他时从主人乞本，刻之坚珉，与海内学士共之。②

① 陈垣撰，陈智超导读《元西域人华化考》，上海古籍出版社，2000，第 135～136 页。
② （宋）家铉翁：《题宁皇雪月图后》，《全宋文》卷 8066，第 104 页。

家铉翁出生于宁宗嘉定六年（1213），在宁宗统治时期度过了十二岁之前的少年时光。宁宗赵扩（1168～1224），1195～1224年在位，性格懦弱，资质平平，先后受制于权臣韩侂胄、史弥远。其在位期间发动了两次北伐战争，签订嘉定和议。宁宗无能，国事受权臣左右，但他体恤民生，赈济流民，还办了两件得人心的事，一是为岳飞平反，二是支持抗金，鼓舞了宋人的士气。虽然我们对历史上的宁宗有诸多评议，但作为现实中的一代君王，皇家之尊严深深地镌刻在家铉翁的童年记忆中。家铉翁认为托物引喻之道，虽"布衣穷居之士，皓首探索，未能窥见津涯"，但宁宗以天赋和学问悟得"洞中义理"，参透了月光与雪色中内外之两种境界，二者境界虽异，但内外有相融之处。家铉翁的跋语虽有过誉之处，但其中体现的是他对昔日君王的尊重崇敬，对故国的拳拳眷恋。

《跋明皇观浴马图》则咏叹唐明皇早年意气风发的豪情，借以表达对其晚年荒淫豪奢的讽刺。其文云：

> ……徐君字某，藏是图，旧有题字在上，曰"明皇观浴马图"。余展玩数四，爱其笔意精赡不俗，有坰野之风焉。方开元盛时，帝犹有志于天下，法宫闲暇，御水殿纵观浴马，无邪之思可以想见于画手丹青之外。比及中岁以后，侈心一开，思不在事，举西北要处及闲厩重权悉以畀之禄貌，而骐骊骅骆、骦骓骝騨悉归渔阳厩中，而武备荒矣。早年无邪之思，至是无复存者，大乱将作而不悟。览是图，可为三叹息。①

唐明皇在位四十余年，早年奋发有为，整顿吏治，革除弊政，发展经济，史称"开元之治"。然而后期政治黑暗，吏治腐败，他又好声色，奢侈荒淫，以致安史之乱误国。家铉翁观此图，感慨万千，由末句知唐明皇"大乱将作而不悟"，更联想到南宋亡国之命运，"览是图，可为三叹息"。以古鉴今、以史明志，其深沉的历史兴亡感见于笔端。

《书蒋象山谏草后》一文则以南宋"庆元六君子"事为议论对象。庆

---

① （宋）家铉翁：《跋明皇观浴马图》，《全宋文》卷8067，第109页。

元元年（1195），丞相赵汝愚被韩侂胄贬黜，太学生杨宏中、周端朝、张道、林仲麟（一作徐仲麟）、蒋傅、徐范等六人上书反对，受到"送五百里外编管"的处分，他们号称"六君子"。① 其时，六人上书后，"权奸盛怒，将中以危法"，四位从者"咨嗟涕洟，自悔恨始谋不审"，而倡议者杨宏中、属稿者蒋傅却挺身而出，力挡众祸，最终遭贬。倘若二公不去上书，命运将是另外一番景象。针对这种看法，家铉翁有自己的认识，他说："君子之为善，非徼后福而为之也。使二公得为端、嘉法从，当国家多事时，碌碌无所建明，保富贵以殁，见鄙清议，不若全庆元上书之令名，垂之汗青，以诏方来之为愈也。然则世以为二公恨，二公盖含笑于九京矣。"② 家铉翁本着正义之心，认为君子所为，不是为了回报，而愿垂以后世，希望同类事件不再发生。家铉翁之论，寄意遥深，仍是对家国的热爱，亦如其所言"尊慕名节乃其夙心"。

其他题跋如《跋浩然风雪图》亦磅礴恣肆，于字里行间体现出家铉翁高雅的情趣和对高尚境界的追求。

> 此灞桥风雪中诗人也，四僮追随后先，苦寒欲号，而此翁据鞍顾盼，收拾诗料，喜色津然贯眉睫间，其胸次洒落，殆可想矣。虽然，傍梅读《易》，雪水烹茶，点校《孟子》，名教中自有乐地，无以冲寒早行也。③

看到画中诗翁在风雪中慨然欢喜，尽管家铉翁佩服其洒落的心胸，却更喜雪水烹茶之趣，傍梅读《易》之乐。于求异中见真知，于不同中见性情，从中可见家铉翁之品格。

二　韵文

不仅诗歌有韵，文也有含韵。韵文包括箴、铭、赞、颂、哀祭各文体。吴讷《文章辨体序说》云："大抵箴、铭、赞、颂虽或均用韵语而体

---

① （元）脱脱等：《宋史》卷455《杨宏中传》，第13374页。
② （宋）家铉翁：《书蒋象山谏草后》，《全宋文》卷8066，第103页。
③ （宋）家铉翁：《跋浩然风雪图》，《全宋文》卷8067，第111页。

不同。"① 刘师培《论文杂记》云："箴、铭、碑、颂，皆文章之有韵者也。"历代总集、别集多把这些体裁归入文类。

（一）哀祭文

哀祭文包括祭文、吊文、哀辞、诔辞等，为悼念亲友或所敬重的人而作，重抒情。家铉翁现存哀祭文两篇：《祭器之文》《祭文蔚文》，以情行文，真挚的感情灌注于字里行间，让读者有悲从中来之感。

《祭器之文》写给相识十二年的河间友人赵器之，《祭文蔚文》写给相识五年的河间士人刘文蔚。两篇祭文都很详细地介绍了与祭主相识、相交的过程，从文中可知易代之际宋、元士人的交往并未受到朝代兴亡的影响。

赵器之是家铉翁最深挚的朋友，他们交往十二年，赵器之离世，家铉翁极为悲痛，作《祭器之文》，其文曰：

> 我生不辰，逢天瘅怒。奉命于征，以国之故。有志弗遂，见羁于瀛。茹苦衔哀，啮毡饮冰。去家万里，倏逾一纪。子死孙幼，谁为我视。居无把茅，卧乏班荆。病无以药，寒无以裘。惟君垂仁，矜我颓氅。辟馆招延，筑室丕冒。既奠厥居，又丝其衣。既遗以安，又相其归。恩意备周，仁念渥洽。众或间之，君愈恻怛。是谓古道，罕见于今。衔环结草，刻铭在心。②

该文开篇就叙述自己由南入北、备尝艰辛。正是因为自己的不幸遭遇，才愈加感念赵器之对他无微不至的帮助。然而，家铉翁毕竟是前朝遗老，乃谪居至此。当地人有的对家铉翁持保守或者怀疑态度，向赵器之挑拨离间，"众或间之，君愈恻怛"，但赵器之丝毫不在意，反而因为家铉翁的身份而对其更加关心和敬重，表现出人与人之间纯洁的情谊。

士人刘文蔚与家铉翁交往甚密，家铉翁曾有两首诗《刘文蔚久苦目眚。昨日乘凉来过，共谈先天图义。一夕翳去明现，间里以为异事。因诗纪之》《赠云山逸人刘巨川瞽而谈命》记述他们的交往，刘文蔚离世时，

---

① （明）吴讷、（明）徐师曾著，于北山、罗根泽校点《文章辨体序说　文体明辨序说》，第43页。

② （宋）家铉翁：《祭器之文》，《全宋文》卷8072，第191页。

家铉翁除了作有哀祭文外，还作有悼亡诗《挽刘文蔚》，可见情意之深。《祭文蔚文》开篇云："我居江表，君居古瀛，地虽有南北之异，学初无彼此之分。"① 南北地域的差异并没有阻挡学术的传播，没有成为学者之间的界限，他们之间"匪道不谈，匪经不说。更可互否，有磋有琢"，成为互相欣赏的朋友。

家铉翁性格沉稳，与人交往重情重义，这从两篇祭文中亦能体现出来。正因为如此，他在描述或评价友人的时候，能很好地刻画出友人的风神。如写赵器之："惟君德美，具在月旦，内外戚疏，有口斯赞。事亲以孝，丧亲以礼，睦族以仁，处乡以义。言抚诸弟，惟一惟均，垂训诸儿，有规有循。信谊著乎交友，仁爱溥乎比邻，淡然名利之域，卓然奔趋之门。"② 通过家铉翁的描述，我们感受到赵器之是一位具有仁义之美德、淡薄之性情的儒者，身上具有家铉翁非常欣赏的品质。正因为如此，他们彼此欣赏，家铉翁之祭文写得极为深沉真挚：

> 孰知一息不来，乃遂为千古之人。以公平生，知公身后，虽殁犹存，千古不朽。呜呼哀哉！君尝许余以城西之田，俾余藏骨于其间。我未即死，君胡弃我而先？维今年春，君婴小疾，尝有治命，俾余即斯丘园而营兆域。言犹在耳，君胡疾倾，我衰日甚，欲归未能。傥遂溘先于朝露，所愿从君于九京。呜呼哀哉！③

如泣如诉，尤其是写赵器之曾许家铉翁田地作为墓地，"君尝许余以城西之田，俾余藏骨于其间"，然而"我未即死，君胡弃我而先"，这是最能打动读者的细节，仿佛是在死者墓前哭诉一般，真切感人。

《祭文蔚文》则流畅而富有情韵：

> ……一夕不来，千古永诀。欲言浩如，竟付哽咽。君志坚强，君操端洁，议论据正，典型具设。我要君以北方之名流，君所希者中州

---

① （宋）家铉翁：《祭文蔚文》，《全宋文》卷8072，第192页。
② （宋）家铉翁：《祭器之文》，《全宋文》卷8072，第191页。
③ （宋）家铉翁：《祭器之文》，《全宋文》卷8072，第191页。

之贤哲。币聘将驰，修途欲发，春风整舆，夜舟移壑。盛年方刚，穷居寡欲，匪疾匪衰，胡夺之速？盖力行者或有时而勿寿，恣睢者或反常而能久，是赋分之勿齐而人生之常有。呜呼！①

如此一位将有作为的俊杰英才竟然早逝，"盛年方刚，穷居寡欲，匪疾匪衰，胡夺之速"，这是令家铉翁最为痛心的，由此慨叹人生之无常，寿命之无常，感情真挚，情韵其中，不能自已。

（二）箴体文

箴是援古刺今以箴戒得失之文。历来文论对箴这一文体多有论述，如《文心雕龙·铭箴》云："箴者，针也；所以攻疾防患，喻针石也。"② 王应麟《辞学指南》云："箴者，谏诲之辞，若箴之疗疾，故名箴。"又引"西山先生曰……箴乃规讽之文，贵乎有警戒切劘之意"。③ 明代吴讷《文章辨体序说·箴》云："箴者，规诫之辞，若箴之疗疾，故以为名。"④ 姚鼐《古文辞类纂·序目》云："箴铭类者，三代以来有其体矣。圣贤所以自戒警之义，其辞尤质，而意尤深。"⑤

家铉翁现存箴2篇：《主静箴（有序）》《肃堂箴（有序）》。两文都鲜明地表达了援古刺今、勉励志行之意。其《主静箴（有序）》云：

> 余昔尝禀学于庸斋赵先生，以"主静"二字为告。暮年在瀛，追记遗言，作箴以自警，与同志共学焉。
>
> 天地之初，阴阳之始，混乎难名，惟静而已。是谓真静，万化之根，不与动对，动由是生。人之此心，惟静为体，后天而存，先天在是。学问之道，贵探其原，主一无适，其静乃专。我尝从师，请问疑义，谆谆之告，主静为事。主静何先？惟心其存，惟定惟默，惟几惟深。大本既立，万善以生。如日之夕，其晦也所以为晨；如冬之藏，

---

① （宋）家铉翁：《祭文蔚文》，《全宋文》卷8072，第192页。
② （梁）刘勰：《文心雕龙》，上海古籍出版社，2015，第69页。
③ （宋）王应麟：《玉海》卷204《辞学指南》，《景印文渊阁四库全书》本。
④ （明）吴讷、（明）徐师曾著，于北山、罗根泽校点《文章辨体序说　文体明辨序说》，第46页。
⑤ （清）姚鼐纂集，胡士明、李祚唐标校《古文辞类纂》，上海古籍出版社，1998。

其阙也所以为春。是为主静，实动之根。非若异教，以断为寂，断灭灭已，寂岂能息！呜呼小子，念兹在兹，复尔性于有生之始，澄尔源于未发之时。中有所生，其静其一，发而皆中，动静对立。静则贞固而植本，动则渊泉而时出。盖原先天以及后天，即心体之妙而悟本然之太极。①

该文追记昔日先生赵庸斋对他的勉励之辞"主静"，围绕"主静"，结合自身感受，重申治学应主静，处事要主静。静乃心之所专，只有做到定、做到默，才能达到高深境界。

《肃堂箴（有序）》云：

余自燕徙而南，与河朔杨君伯通遇于瓦桥，辞和色温，言论本乎义理，御下严整，不烦馆人，余固敬之。及来河间，君以职事久留，因得朝夕共语，商略古今，谈论疑义，知君少从乡先生学问，以肃名堂，求余为之箴。箴曰：

惟春为仁，惟秋为义。温厚之气其肃也为秋，发生之仁其肃也为义。天时非肃则不成，人事非肃则不治，身法非肃则不严，家政非肃则不理，此肃之为义见之于经，所以为贵。或者乃曰："严气振槁，是谓肃杀，厉气为刑，流弊刻切。君子制行，所贵中和，以肃名堂，无乃有颇？"

予曰不然。吾所谓肃，非此之谓，学问之功，涵养之事，内肃其心，端居存诚，人欲以屏，善端以生；外肃其形，峨冠正襟，动作有则，语默有程。由身而家，由家而国，典刑森罗，法度具设，有紊斯正，有变斯革，匪威而严，匪怒而率，其肃惟和，岂刻之云？盖仁以为体，义以为用。义虽维肃，每依乎仁，兹其为肃，所以为成。在《易》之《兑》，金行肃洁，圣人取其丽泽之象，蔽以一言曰"说"。君子体之，朋友讲习。惟肃惟说，以成其德。敢以余义，而为子告，圣言昭垂，自今允蹈。②

---

① （宋）家铉翁：《主静箴（有序）》，《全宋文》卷8072，第188页。
② （宋）家铉翁：《肃堂箴（有序）》，《全宋文》卷8072，第189页。

家铉翁阐释他对"肃"的理解，认为"肃"要内肃其心，外肃其形，这样由自身而家庭，由家庭而国家，律法严备，有功政教。

（三）赞体文

赞起源于图赞，以简洁的语言评述图画内容。随着发展，逐渐演变，可分为三类，徐师曾《文体明辨序说》云："其体有三：一曰杂赞，意专褒美，若诸集所载人物、文章、书画诸赞是也；二曰哀赞，哀人之殁而述德以赞之者是也；三曰史赞，词兼褒贬，若《史记索隐》《东汉（书）》《晋书》诸赞是也。"[①]家铉翁现存赞体文3篇：《真谷寿容赞》《云斋寿容赞》《僧乞达摩弥勒赞》。前两篇是杂赞，后一篇是佛赞。

家铉翁通过《真谷寿容赞》，把河间友人——真谷居士陈彦祥笃信佛教、好施好礼、天性嗜善激义的个性气度充分展现出来，也将二人多年的默契之交以及对友人的祝愿表达得淋漓尽致。其文云：

> 无极之真，万化之根，先天而生，后天而存。其降曰命，在人曰性，惟性之真，惟真惟静。有隐君子，内全其天，出入老佛，若禅若仙。宅谷之真，其乐也内，以真合真，心与境会。山之苍苍，水之洋洋，中有真意，是谓实理。万形皆弊，此理常在，永言保之，历劫不坏。[②]

行文自然流畅，语言简约入境，犹如清风悠悠、碧水朗朗，给人留下高山流水遇知音的想象空间。

《云斋寿容赞》是则描画出河间友人张彦举安恬不竞、虽仕若隐、以道淑人的儒者形象。其文云：

> 太羹玄酒，味外之味。浑金璞珍，自然之贵。盘胸文字五千卷，落笔云烟三万纸，浩乎其无穷乎？其学也有自来矣。噫！元杜去后无

① （明）吴讷、（明）徐师曾著，于北山、罗根泽校点《文章明辨序说　文体明辨序说》。
② （宋）家铉翁：《真谷寿容赞》，《全宋文》卷8072，第190页。

人，黄阁于今有几。请君直下承当，寿我斯文，传之永世。①

与上文所赞陈彦祥比较，家铉翁给予张彦举的赞美更具体，所赞之规格也更高，直接将张彦举的才华比作元结、杜甫、黄庭坚，虽是美赞过誉，但可以想见张彦举读书万卷、落笔千言的气韵。

三　骈文

骈文与散文相对而言，以四六句式为主，是一种讲求对偶、声韵、用典、辞藻的文体，在声韵上讲究平仄，韵律和谐；修辞上注重藻饰和用典。家铉翁今存骈文主要是祝文。祝文又叫祝辞，徐师曾《文体明辨序说》云："按祝辞者，颂祷之词也。……苟推其类，则凡喜庆皆可为之，不特施之二事而已。"②

家铉翁有疏 12 篇：《总府修路学疏》《安州修学疏》《创建守真庙疏》《崇佛寺化修造疏》《天宁寺化缘疏》《总府近请提学省斋入学讲说，已荷还归里宅。属兹歉岁贵籴之秋，本府虽屡有所济，而书橐罄然，未知淑后。禀命帅垣出疏，遍叩府县僚采，各请光题，以副崇儒之美意》《乡人请张教授疏》《路幕请张教授疏》《总府请赵提学疏》《路幕请赵提学疏》《请祥讲主疏》《请明讲主疏》，大多是称颂、描画学堂建成、寺庙建成的论祝文，或是请儒者、教授讲学的聘书。它们属于应请之作，文采焕然，并无太大实际意义，但从中可见家铉翁是受到当地人敬重的名人。

第三节　则堂之词

家铉翁今存词三首：《水调歌头·题旅舍壁》《念奴娇·中秋纪梦》《念奴娇·送陈正言》，或描写河间生活，或抒发志节，体现了喜用典故、境真意达的风格特色。

家铉翁的三首词，主旨各有不同：《水调歌头·题旅舍壁》主要描述羁北生活，《念奴娇·送陈正言》则是抒发志节的佳作，《念奴娇·中秋纪

---

① （宋）家铉翁：《云斋寿容赞》，《全宋文》卷 8072，第 190～191 页。
② （明）吴讷、（明）徐师曾著，于北山、罗根泽校点《文章辨体序说　文体明辨序说》。

梦》借助纪梦表达自己的思想，以前两首最能代表则堂词的风格特色。
《念奴娇·送陈正言》词云：

> 　　南来数骑，问征尘、正是江头风恶。耿耿孤忠磨不尽，惟有老天知得。短棹浮淮，轻毡渡汉，回首艫棱泣。缄书欲上，惊传天外清跸。
>
> 　　路人指示荒台，昔汉家使者，曾留行迹。我节君袍雪样明，俯仰都无愧色。送子先归，慈颜未老，三径有余乐。逢人问我，为说肝肠如昨。①

在《念奴娇·送陈正言》中，家铉翁心系南宋，吐露真情。"南来数骑，问征尘、正是江头风恶"暗指元朝正搜寻、攻打南宋海上小朝廷，小朝廷危在旦夕；"短棹浮淮，轻毡渡汉"写元军渡淮，目标直指南宋；"回首艫棱泣"写自己作为祈请使被押解北上，回望都城，痛心不已；"缄书欲上，惊传天外清跸"，写祈请使刚至大都，还未来得及向南宋朝廷报告，就听到三宫被掳北迁的惨剧。家国灭亡的一幕幕，深深地印刻在家铉翁的记忆中，只要念及，就会非常清晰地在脑海中掠过。

国破家亡已成为无法改变的现实，自己还能为南宋做的就是尽己之力，磨尽岁月风霜，走完使者的一生。远离亲人、远离故国，他默默忍受，向苍天发誓："耿耿孤忠磨不尽，惟有老天知得"；在苏武遗址承诺："我节君袍雪样明，俯仰都无愧色"；向故交倾诉："逢人问我，为说肝肠如昨。"他要把这份对故国的衷肠统统倾泻出来。唐圭璋《唐宋两代蜀词》评价这首词说"孤忠耿耿，毕见于词"②，是极其精到的概括。

家铉翁在词中喜借用典故，表达自己的处境与心情。《水调歌头·题旅舍壁》词云：

> 　　瀛台居北界，觌面是重城。老龙蹲踞不动，潭影净无尘。此地高

---

① （宋）家铉翁：《念奴娇·送陈正言》，《全宋词》第 4 册，第 3032 页。
② 唐圭璋：《唐宋两代蜀词》，载华东师范大学中文系古典文学研究室编《词学研究论文集（1911～1949）》，上海古籍出版社，1988，第 266 页。

阳胜处，天付仙翁为主，那肯借闲人。暂挂西堂锡，仍同旦过宾。

六年里，五迁舍，得比邻。儒馆豆笾于粲，弦诵有遗音。甚喜黄冠为侣，更得青衿来伴，应不叹飘零。夜宿东华榻，朝餐泮水芹。①

一词中有两处引用《诗经》中的诗句，《念奴娇·送陈正言》用典处则更多。如"路人指示荒台，昔汉家使者，曾留行迹"，作者引苏武自喻；"三径"指隐居故园，引晋赵岐《三辅决录·逃名》，西汉末王莽专权，兖州刺史蒋诩辞官归里，院中辟有三径，只与求仲、羊仲往来；"我节君袍雪样明，俯仰都无愧色"，用《孟子·尽心上》"仰不愧于天，俯不怍于人"之意。宋人作诗，好"以文字为诗，以才学为诗，以议论为诗"②，表现出学者之诗的特点。家铉翁作为一名学者型官员，他以典故入词，既是个人的风格，也是宋词的特点。

第四节　则堂辞赋

古代辞赋通称，辞可称赋，赋可称辞，骚体辞是介于诗、赋、文之间的一种特殊文体，明代张蔚然《西园诗麈》云："骚之为体，非诗非赋非文，亦诗亦赋亦文。自《骚经》至《大招》，篇节几许，而千百世为诗为赋为文者，取给不竭焉，咄咄是何物。"③

家铉翁有骚体辞 1 篇：《和归去来辞（并序）》，体现了家铉翁深沉的家国情怀，敬慕靖节，悲愤豪放，可视为家铉翁的代表作之一。

"渊明文名，至宋而极。"④ 宋人喜陶，无论其诗品还是人品，陶渊明的诗赋在宋代受到最为广泛的推崇，并出现了大量的和陶、学陶之作。在宋人眼里，陶渊明不仅是优秀的诗人、隐逸人格的典范，更是一切有志于儒家之道的士人的人格典范。家铉翁与陶渊明产生深刻的情感契合，其《和归去来辞（并序）》满怀悲愤，既有他对南宋亡国的反思，亦有对自己

---

① （宋）家铉翁：《水调歌头·题旅舍壁》，《全宋词》第 4 册，第 3032 页。
② （宋）严羽著，郭绍虞校释《沧浪诗话校释》，人民文学出版社，2006，第 24 页。
③ （明）张蔚然：《西园诗麈》，续说郛本。
④ 钱锺书：《谈艺录》，中华书局，1984，第 88 页。

大节不亏的欣慰，更表达了归乡的强烈渴望与信念。其文如下：

> 归去来兮，天涯万里将安归！
>
> 落日孤云在何许，百感会而多悲。念开元之盛际，事已远而莫追。哀天宝之末造，世日降而日非。珰怙权而染鼎，裳倒植而成衣。权门焰焰而踵炽，国脉浸浸而遂微。智者见几而勇逝，愚者苟得而欢奔。谨者避射而括囊，弱者含污而彗门。耽大夏之千础，蔼一木之仅存。尔焜尔污，我全我尊。堕九仞而皇恤，视千古而有颜。旅既焚而胡号，节甚苦而难安。辩义利之两界，严理欲之一关。睇圣涯之浩瀚，陈众说而遐观。慨时运之已往，冀道脉之犹还。处幽谷之昧昧，希正途之桓桓。
>
> 归去来兮，余胡为乎远游！方羁絷之未释，岂安闲之可求？咽毡雪以自厉，视箪瓢而何忧！惟余早志当世，谓八荒之可畴，谓津可梁，谓川可舟。冀剥极之犹舆，期涣奔之必丘。嗟断梗之中叶，倏长堤之溃流。贤愚泯而同尽，万事舁于一休。
>
> 已矣乎！钟仪拘而获释，解扬颐而得全。子卿困而终归，忠宣浩乎弗留。水万折犹将障而东之，鸟暮投林岂无期？余纵不能效靖节躬东皋之耔，犹欲陪子由赓夜雨对床之诗。天运周星而必复，明年其归尚奚疑！①

这篇和陶辞作于至元二十三年（1286），是家铉翁羁縻北方的第十一年。他忍受着巨大的现实痛苦与精神折磨，还在等待被释南归的消息。《序》中交代，苏轼、苏辙、魏了翁等在遭遇贬谪时都曾和过陶渊明《归去来兮辞》，"久之皆得生还故郡"，因而作此文。

在这篇和辞中，最能引起读者共鸣的是家铉翁所遭受的精神苦难，"方羁絷之未释，岂安闲之可求？咽毡雪以自厉，视箪瓢而何忧！"钟仪、解扬、苏武、洪皓等四位流寓异域的使者最终得释而还，全节而归，"水万折犹将障而东之，鸟暮投林岂无期？"家铉翁坚信自己亦归期有望。由

---

① （宋）家铉翁：《和归去来辞（并序）》，《全宋文》卷8066，第91～92页。

此他要仿效陶渊明躬耕自足、恬淡自然的人生态度和生命形式，与道合一，与天合一。在面对艰难困境、穷愁哀叹、深悲剧痛之时，陶渊明的任真自适、冲淡自然的精神追求能够帮助人们获得一种超越现实苦难的精神力量。这也正是家铉翁从陶渊明身上所得到的精神共鸣与启示。

陶渊明不仅仅是任真自然，在晋宋易代之际，他所表现出来的与世不偶、怀才不遇的豪放形象、旷达与守节的品格更是其重要内涵。与此相应，陶诗亦表现出情感悲愤、风格豪放的特点。家铉翁的这篇和陶辞亦很好地继承了陶渊明悲愤而豪放的特点。

综观《则堂集》诗文，大多数作品表现为平淡的风格，极少表达愉悦之心境，国家覆亡的阴影时时笼罩作家心头，尽管过去多年，但个人感伤无奈的情绪难以挥去，总是于不经意中流露出来。

总体说来，《则堂集》在内容上注重对义理的探讨，在思想上表现为对世风的涵育，"其立言大旨，皆归于敦厚风俗，崇奖名教。随事推阐，无非以礼义为训"，[①]表现出诗以人重、文如其人的特征。虽然其文采、修辞等艺术表现力并不十分突出，但创作亦自成风格，独具特色。

概括说来，家铉翁的诗歌思想凝练，词意真朴，刻画出苦苦坚守的前朝使臣形象、不遗余力的流亡者形象，深深地打动着读者。其散文在语言上力求浅易流畅，记体文善于叙事，温婉纡徐，有些记体文风格磅礴恣肆，具有苏轼之遗风；赠序文语极平淡，蕴含深刻人生哲理；书序显示其渊博的学识，见解卓越，自成己说；题跋则表现出良好的学养和深邃情怀；哀祭文感情真挚，文富情韵；赞体文行文自然流畅，语言简约入境，于无形中刻画出传神的人物形象。家铉翁之文总体上秉持宋代散文风格平淡自然而又不乏气骨的特点。同时，家铉翁之词、骚虽然不多，但亦各有特点：作词喜用典故，表达真意；和陶辞则表现出悲愤豪放的气概与风格。

深究其文学风格的形成，除了与宋末文学的总体风格相一致外，更与家铉翁的正直品性密不可分。家铉翁处于国家衰亡、朝代更迭之时，其时身份显贵者如状元王龙泽（1246～1294）谄媚贾似道而取上第，但仕元入御史台；方回虽义正辞严痛恨投降者，自己却很快变节降元领取高位；状

---

① （清）永瑢等：《四库全书总目》卷165，第1416页。

元宰相留梦炎不能为宋出一招一策，随恭帝入元攫取元朝翰林承旨之尊。"独则堂家公以清节著，其不署降表，首为文丞相所称。虽以祈请使北，终不受爵，命居河间讲《易》，北方学者师尊之。归殁临安，遗爱在民"①，不愧为知行合一的一代名儒。作为一位正统的儒家学者，家铉翁身上有强烈的忠君爱国观念，在民族大义面前，毫不退缩，态度激切凛然，思想坚决彻底；在个性气质上，他正直古朴、直而不随，儒家思想的浸染使他豁达稳重，有长者之风。文如其人，家铉翁的诗品与人品高度一致，达到审美的完美统一。后世赞美家铉翁的文学创作，更多是加进了对其人格精神的高度认同。

---

① （明）郑真：《书盘峰先生墓表后》，《荥阳外史集》卷40《题跋杂识》。

第八章　家铉翁与《春秋》学

　　家铉翁学问赅博，"学遂于《春秋》"，身罹困境而发愤著书，著有《春秋集传详说》三十卷和《春秋集传详说纲领》一卷。家铉翁之《春秋》学，既有一定的家学渊源，更融入了他亲历亡国的特殊理解。被圈禁河间期间，他利用自己的学识在当地借用馆舍，授书讲学，为弟子传授《春秋》，其《春秋集传详说》可以说是他在讲义基础上的生发。讲学之中，他时常会联想起宋朝所处的历史时局以及宋亡的历史教训，并阐发其中。因此，他对于《春秋》的理解，有尊王攘夷、重经世致用的时代内涵。

　　宋代自立国至亡国，始终受到周边少数民族政权的极大威胁，因此宋代学者对《春秋》学的研究呈现出极大的热情。有宋一代，《春秋》学著述达600余种，成为经学的主流。在众多《春秋》学著述中，家铉翁的独特之处在于，他以自己的立身行事践行《春秋》经训，成为中国历史上以个人节操践行《春秋》大义的典范之一。

　　家铉翁国亡而志存，坚守君臣大义，后世学者多将他的事迹、品格与其治学《春秋》联系起来，盛赞其人格。元初学者柳贯（1270～1342）《跋张直夫先生所得家枢密四诗》云："枢密家公之奉使祈请，公之是心，知有名义，而不知有死生。《春秋》之用，深切著明，固一世之伟人哉"①，赞美家铉翁在国家危亡关头毅然接受赴北祈请之重任，履行为臣子之实，肩负为臣子之义，全然不顾个人生命之虞，所治《春秋》学乃表其忠义之用心，称得上是一代之人杰；吴师道（1283～1344）《家则堂诗卷后题》

---

① （元）柳贯撰，柳遵杰点校《柳贯诗文集》卷19，第394页。

云："士大夫当废兴存亡之际，而能秉节守义，归洁其身，为清议所予，其言论风旨之存者，人固望而实之。在宋之季，则文天祥、谢枋得之诗章，与家公之《春秋义说》是也。"① 其认为宋末爱国之士，首推文天祥、谢枋得、家铉翁，尤其将家铉翁的《春秋集传详说》与文天祥、谢枋得的诗文并提，体现出对家铉翁《春秋》学思想的深刻认识。至明末清初，少数民族入侵、国破家亡的不幸遭遇，使士人联想到南宋亡于蒙古铁骑的沉痛历史，在清初特定的历史时空里，有高尚志节的明遗民追寻宋遗民的人生轨迹和坚贞气节，在可追效的宋遗民事迹当中，家铉翁的事迹相当突出，明遗民方文（1612～1669）、王夫之（1619～1692）、徐枋（1622～1694）等赋诗撰文，以其砥砺志节、涵育世风。

《春秋集传详说》是因家铉翁之人而彰显于后世。四库馆臣于《春秋集传详说》卷首对家铉翁其人其著有精到的论述："其立身本末亦宋季之铮铮者，因其人而重，其言则是书不可不亟录矣。"② 四库馆臣认为家铉翁的《春秋》学是因其本人的铮铮铁骨而使其书有了不可忽视的意义和价值。尽管历史上有诸多学者对家铉翁的《春秋》学做出如此之高的评价，但目前学术界对于《春秋集传详说》的关注仍不多，仅有张尚英《家铉翁〈春秋〉学述论》③，胡宇芳的博士学位论文《家铉翁〈春秋集传详说〉研究》④ 进行专门探讨。有鉴于此，笔者不揣谫陋，考述《春秋集传详说》的成书过程、编撰体例，探讨家氏《春秋》学的思想主张，以推进对家铉翁及宋代《春秋》学的研究。

第一节 宋代《春秋》学述要

《春秋》是鲁国的编年史，也是我国现存最早的一部编年史，是体现儒家思想的经典著述。《春秋》所记录的史实，上起自鲁隐公元年（前722），下讫鲁哀公十四年（前481），其中包括隐、桓、庄、闵、僖、文、

---

① （元）吴师道著，邱居里、邢新欣校点《吴师道集》卷17，吉林文史出版社，2008，第395页。
② 《春秋集传详说》卷首，《景印文渊阁四库全书》本。
③ 张尚英：《家铉翁〈春秋〉学述论》，《儒藏论坛》第六辑，四川文艺出版社，2012。
④ 胡宇芳：《家铉翁〈春秋集传详说〉研究》，博士学位论文，北京大学，2010。

宣、成、襄、昭、定、哀十二公二百四十二年间的历史，虽用鲁国纪年，记载的却是各国的事，所以也是一部通史。

孔子及孔门弟子对《春秋》的解说及阐发，形成了最初的《春秋》学。此后，历代儒者、经师又在此基础上不断增益，逐渐形成传统意义上的《春秋》学。因《春秋》文简言约，遂有对其补充和阐释的著述，影响最大的是被后世尊为经典的三传，即《春秋左氏传》《春秋公羊传》和《春秋穀梁传》。西汉是《公羊》学的天下。东汉以后，《左传》逐渐被重视，成为《春秋》学的主体。

魏晋玄风大畅，儒学衰微，经学地位衰落。但这一时期的《春秋》学却出现了西晋杜预的《春秋经传集解》、东晋范宁的《春秋穀梁传集解》疏解《左传》和《穀梁传》的著作，对后世影响深远。唐代九经正义中关于《春秋》的有孔颖达《春秋左传正义》、徐彦《春秋公羊传疏》、杨士勋《春秋穀梁传疏》。

从治学门径而言，两汉比较注重师承、家法，东汉末年的郑玄打破门户之见，融合今古文，不名一师；东晋范宁的《春秋穀梁传集解》取三传之长；到中唐啖助、赵匡、陆淳师弟，开后世"变专门为通学"之风。北宋的《春秋》学承中唐之余绪，在治学门径上会通三传，直探经旨；承唐末五代之乱，在王道治乱方面，进一步突出尊王思想。宋室南渡之后，国势日蹙，其时局与周室东迁相似，儒者有感于国事，多借《春秋》以论事，尤其注重纲常名分，倡议尊王攘夷、自强复仇的观念。有宋一代，春秋学实为显学。《四库全书总目》称，宋明时期"解五经者，惟《易》与《春秋》二家著录独多"。①

家铉翁处于南宋晚期，其对于《春秋》学，与时代学术特点相一致，乃采集众说，以明己意，踵武前贤，归结守成。他之于《春秋》学，主要是将《春秋》学作为一种精神武器，借《春秋》经义表达自己的政治倾向和立身原则。清末经学家皮锡瑞（1850～1908）在《经学通论》中写道："《春秋》有大义，有微言。所谓大义者，诛讨乱贼以戒后世是也。"正因为此，世衰道微之时，往往是《春秋》学繁盛之时，学者借阐释《春秋》

---

① （清）永瑢等：《四库全书总目》卷27，第220页。

之微言大义，阐发对朝代兴亡的认识，抒发对政治格局的感慨，以此申明个人见解，客观上起到重建伦理道德、涵育世风的教化作用。

第二节　家氏《春秋》学概说

家铉翁精于《春秋》，对《春秋》学的研习伴随其一生。在《则堂集》中，通过对个别篇章的连缀，我们能够较为清晰地了解家铉翁学习、探究、著述《春秋》的过程，从早年到晚年，各具特点。其早年学习，"惟前辈训说是从，不能自有所见"。至中年，反复研读，历时长久，才"粗若有得"，能够"弃去旧说"①，形成自己的认识。年过半百时，对早年所学进行整理，拟作《心原》《性原》《春秋》《易纲领》的纲要，并将所要阐述之理，述与家中子侄辈，与宾客、故交切磋交流，"辨讹订惑"，对于其中的义理，"始而知所疑，中而释所疑"，最终形成了自己的观点。而后日益积淀静思，"益求其所未至"。② 南宋亡国之际，国家处于危难之中，自处尚难，其他更无从谈及，因此学问多有荒废。而北上大都的两年，"平生片文幅书，无一在者。忧患困踬之久，覃思旧闻，十失五六"，条件所限，旧学多有阙失。

直至流放河间，"以地近中原，士大夫知贵经籍，始得尽见《春秋》文字"。文献齐备，开馆授徒，在讲学之中，"因答问以述己意"③，与弟子亦有颇多交流探讨，教学相长。《春秋集传详说》成书于家铉翁困顿河间之时，其时他已年迈，身体羸弱，但"勉揩病目"，最终"手萃成编"。

由此可见，《春秋集传详说》乃集其一生研究之心得，这既是家铉翁在学术上的最高成就，也可视作他为《春秋》学所做的贡献。

一　成书时间

《春秋集传详说》的成书时间，龚璛《〈春秋详说〉跋》云："至元丙

---

① （宋）家铉翁：《读〈春秋〉序》，载《则堂先生春秋集传详说》，《通志堂经解》本。以下征引俱为此版本，不再复加注明。
② （宋）家铉翁：《心斋说》，《全宋文》卷8066，第126页。
③ （宋）家铉翁：《读〈春秋〉序》，载《则堂先生春秋集传详说》。

子宋亡，以则堂先生归，置诸瀛者十年，卒成此书。"① 按，"至元丙子"乃德祐二年（1276），该年二月，家铉翁被羁押北上，在北十年完成此书。"瀛"，河间古称瀛洲。又《则堂集》中有家铉翁为其弟所作《志堂说》，文中云："余自燕以来瀛，卒《春秋》旧业，成《集传》三十卷"，篇末题"甲申正望"。② 甲申为至元二十一年（1284），上距宋亡虚数凡十年，龚璛跋与家铉翁之说相合。故《春秋集传详说》著于河间，成书在至元二十一年。

书成之后，家铉翁将其寄往宣城潘从大，龚璛《〈春秋详说〉跋》云："自瀛寄宣，托于其友肃斋潘公从大藏之。"今考潘从大，宣城人，景定进士。③ 宣城，今安徽宣城，推测潘从大应是家铉翁的故交或同僚。其人史料记载甚少，唯见潘从大与卢挚（1242～1314）酬赠的两篇古体诗：《疏斋以旧作〈题渊明归来图〉诗见赠，依韵奉和》《疏斋用前韵记响山之游依韵奉答》。④ 从其诗句"平生大义""孤忠耿耿"等可见潘从大亦是一位重忠义之人。

《春秋集传详说》刊刻于泰定二年（1325），由龚璛作跋。龚璛（1266～1331），字子敬，镇江（今江苏镇江）人，父渠，宋司农卿。宋亡，士大夫居班行者，例遣北上，其父绝食而卒。璛悲不自胜，与其弟龚理刻苦于学，声誉籍甚，人称"两龚"。尤喜谈宋代故事，"客至，不问有无，倒壶命饮，与之谈前代事实，娓娓不倦"。⑤ 为言卓伟殊绝，自成一家。有《存悔斋稿》一卷，补遗一卷。龚璛事见黄溍《江浙儒学副提学致仕龚先生墓志铭》，《新元史》卷237有本传。由此可知，龚璛是南宋爱国志士的后代，其父龚渠（？～1279）曾任司农卿，宋亡时被元人押解北上，以绝食殉节。由此或可推测，龚渠与家铉翁曾同朝共事，有同僚之谊。龚璛为《春秋集传详说》作跋是有渊源的，可以说隐含着以龚璛为代表的宋遗民后代对父辈命运的悲慨，对坚守臣节的亡国士大夫的敬仰。

---

① （元）龚璛：《〈春秋详说〉跋》，载《则堂先生春秋集传详说》。
② （宋）家铉翁：《志堂说》，《全宋文》卷8068，第124页。
③ 《江南通志》卷121，《景印文渊阁四库全书》本。
④ （元）汪泽民、（元）张师愚编《宛陵群英集》卷3，《景印文渊阁四库全书》本。
⑤ （元）黄溍著，王颋点校《黄溍集》第三集，浙江古籍出版社，2013，第792页。

二 编撰体例

《春秋集传详说》的编撰体例是逐条解经，汇三传之注，有所别择、裁断，亦如家铉翁在《序》中所言，"不敢苟同诸说之已言，不敢苟异先儒之成训，三传之是者取焉，否则参稽众说而求其是"。

如对隐公元年"夏五月，郑伯克段于鄢"的阐发，家铉翁首先引述三传的说法，其后引宋儒的论述，再加以评点，最后阐明自己的观点。因篇幅所限，本书略去对三传之文的引述，只引录家铉翁的观点，其文曰：

> 蜀人木讷赵君①《春秋》说有曰："郑庄及叔段均为名教之罪人，而段为重。论者，皆甚郑伯而恕段，段何可恕乎？君虽不君，臣不可以不臣。父虽不父，子不可以不子。兄虽不兄，弟可以悖逆邪？予段之说本于序《诗》者之误后学，《叔于田》《大叔于田》之辞，皆刺段也。而序《诗》者乃曰'刺庄也'，是兄不可以不兄，弟可以不弟也。圣人责臣之过常重，责君之过常轻，非苟加轻重也。长幼之分也，尊卑之义也。分义定而天下定，吾不信郑伯之罪重于其弟。"木讷此论，颇得经意，故备录之。
>
> 或曰，胡氏推衍伊川之意，以为郑庄内忌叔段，故与之大邑，纵使叛逆失道，然后讨之。《春秋》推见至隐，故首诛郑庄之意。如子之言、讷之说，其与胡氏异乎？曰《春秋》之用法，亦平其心而已矣。方郑庄封叔段于京，以其母故耳。请制，弗与；请京，而后与之。此时此心亦岂有杀弟之意。而曰与之大邑，纵使失道以至于叛，然后以叛逆之罪讨之，无乃失当时之事实乎。据《传》叔段得京之后，收贰以为己邑，缮甲兵且将袭郑，夫然后不得不讨，庄不克段，段则克庄，彼成师之封于曲沃，亦岂晋侯有以稔其恶，而甚其罪，积习之渐，遂至于此邪？善读《春秋》者，观圣人用法之心，罪未形而曰《春秋》推见至隐，首诛其意，此秦所以毒天下而谓圣人为之乎？胡氏解经多有此病，读者谨之。

---

① 赵鹏飞，宋朝人，字企明，号木讷，绵州（治今四川绵阳）人。著有《春秋经筌》16卷传世。

或曰，如子所言，郑庄其无过乎？曰君人者制与夺者也，与夺在我，而使人得以请之，请之而遂与之，则将何所不至矣。曰姜氏欲之不与，则伤慈母之心，则将若何？曰否。郑庄始也从母之命，封段于京，彼以是为孝，卒之以段之故，誓母于颍曰：不及黄泉，无相见也。孝安在哉？使郑庄于请制、请京之时，裁之以义，谕之以礼，感之以诚，予其所当予，勿予其所不可予，则段不至于逆公，不烦于讨而郑无事矣。吁！惟知孝弟之道者，而后可语之，以此愚于郑庄何责？（余义见隐七年"齐侯使其弟年来聘"、襄二十年"天王杀其弟佞夫"。）①

在这里，家铉翁对赵鹏飞《春秋经筌》中"君虽不君，臣不可以不臣。父虽不父，子不可以不子。兄虽不兄，弟可以悖逆邪"的观点特别加以肯定，认为郑庄公作为君、兄或有不妥，但共叔段作为臣、弟也没有不臣、悖逆的道理，从而否定了前代对此事评价中"重君轻臣"的观点。

家铉翁对赵鹏飞此条经文的解释也透露出他的心曲。南宋末年，理宗权移奸臣史弥远，怠于政事；度宗更是懦弱低智又无能，朝政全由权臣贾似道把持；恭帝即位时年仅六岁，由谢太后垂帘听政。国势衰颓如此，家铉翁仍秉持为臣之道，坚守亡臣志节，以自己是一名前朝祈请使的身份规范言行，作为立身处世之道，不做贰臣，恪守爱国的忠诚。家铉翁的忠义大节，践行了"君虽不君，臣不可以不臣"的春秋大义。

其后，家铉翁引述胡安国对这段经文的解释。胡氏认为"郑庄内忌叔段，故与之大邑，纵使叛逆失道，然后讨之"。家铉翁认为胡氏的看法有些偏颇，他认为郑庄公是因为其母而封共叔段于京，"请制""请京"之时，并未有"杀弟之意"。所以他主张郑庄公并非无过，假使当初封邑之时，"裁之以义，谕之以礼，感之以诚"，尽到兄长的责任，遵守孝悌之道，可能共叔段就不会有后来的恶行了。这是家铉翁区别于三传及胡安国等解经者的不同之处。

可见，《春秋集传详说》对于前贤学说多有辨正，正如家铉翁所云，

---

① （宋）家铉翁：《则堂先生春秋集传详说》卷1。按：《四库全书》本，没有"则堂先生"四字，书名作《春秋集传详说》。

"愚于《春秋》，取三传之能得圣人意者，列之篇端。传有不能尽，兼采诸儒之说，诸儒所未及者，然后述其鄙见"①，四库馆臣评价"其论平正通达"，"或详或略，或书或不书，大率皆抑扬予夺之所系"，这也是《春秋集传详说》在撰述上较为鲜明的特点。

第三节　家氏《春秋》学思想

《春秋》有奖善、惩恶的作用。按三传的看法，《春秋》大义可从两方面说：其一是"明辨是非，分别善恶，提倡德义，从成败里见教训"；其二是"夸扬霸业，推尊周室，亲爱中国，排斥夷狄，实现民族大一统的理想"。② 这些可以归纳为《春秋》学的核心思想。前者是对人君的明鉴，而后者是拨乱反正的程序。这都是王道。

家铉翁认为《春秋》是经非史，"《春秋》主乎垂法，不主乎记事"，乃"圣人心法之见于事者"③，其著述革除以史传记载而求《春秋》的说经之弊。《春秋集传详说》与宋代《春秋》学的主流思想相一致，蕴含着"尊王"、"攘夷"、复仇雪耻之大义以及他对人君自振的期望。除此之外，该著更与宋元鼎革的时代背景相结合，阐发他对于朝代兴亡的深刻领悟和人生理念。

一　尊王攘夷

春秋时期，周王室衰弱，诸侯势力不断强盛。《春秋》中所记齐桓公、晋文公的事迹最多，所衍发的尊王攘夷的春秋大义便由此着眼。宋代始终处于与少数民族政权的对峙之中，外族进犯、国势衰颓的现实使宋儒对《春秋》及三传所载关于夷夏关系的事件和议论格外关注，有学者认为"北宋治《春秋》者好论内政，南宋治《春秋》者好论御侮，其言多为当时而发"。④ 家铉翁亲身经历了南宋被蒙古灭亡的过程，并被元朝羁縻，这

---

① （宋）家铉翁：《春秋集传详说纲领·评三传下（左传）》。
② 朱自清：《经典常谈》，崇文书局，2014，第 28 页。
③ （宋）家铉翁：《读〈春秋〉序》。
④ 牟润孙：《两宋〈春秋〉学之主流》，《注史斋丛稿》，中华书局，1987，第 141 页。

些经历使他对《春秋》"尊王""攘夷"思想有深刻的体会，尤其对于"攘夷"思想的阐发成为他《春秋》学的重要内容，且独具特色。

在宋代理学思想的影响下，家铉翁认为"尊王"要有限度，首先要尊"天"。王虽然尊贵，但在王之上，有一个对王进行赏罚予夺的天。他在《春秋集传详说》卷一中写道：

> 或曰：君之为天义，见于经，其来远矣。而前乎此，未有以天子为天王者。春秋之始称之，何欤曰天之为天，人皆知其尊，而无二上也。君之儗乎天，人皆知其尊，而无二上也。惟夫有儗乎君者，而后天之名始立。周之盛时，外薄四海，以迄于遐方殊俗知有王而已矣。至于衰世，乃有夷狄，而僭王号者焉。乃有诸侯而僭王章者焉。春秋首明大分，以天加于王，示天下所共主，而其尊不可以上。此春秋正名之先务也。然亦因以寓褒贬焉。故书天，所以明分，去天亦所以示贬。此以天王之尊，下赗藩妾贬也。[1]

在春秋大变革、大动荡的时代，诸侯都不甘落后，竞相争霸，在这样的时局中，应理性看待"尊王"，不能因为尊王而乱了章法。即便是王，也要有一个标准约束，这样才能制定良好的社会规范。

在《春秋集传详说纲领》中，家铉翁明确了夷狄之别，"内京师而外诸夏，内中国而外吴楚"[2]，不承认吴楚为春秋霸主，认为春秋"五君者，功罪不同，复有贵贱内外之辨，殆未可以概言也。盖齐桓、晋文则中国之诸侯，以尊天子、扶王室而为号者。楚庄则荆蛮，僭王而为列国患者也。桓、文用心固未必纯乎为善，而楚庄则志乎僭，纯乎利，与中国为水火者，其处心行事，可得与桓、文同日语乎！"[3] 这段文字借古寓今，影射宋元之关系。在家铉翁心目中，宋为夏，元即夷之"吴楚"，宋虽然为元所灭，但元朝不居于正统地位，而是"僭"。他的这种"夷狄"之辨，不仅是在解读《春秋》，而且是在表达自己的一种政治倾向。家铉翁认为，攘

---

① （宋）家铉翁：《则堂先生春秋集传详说》卷1"秋七月天王使宰咺来归惠公仲子之赗"条。

② （宋）家铉翁：《春秋集传详说纲领·评三传上（公羊穀梁）》。

③ （宋）家铉翁：《春秋集传详说纲领·明霸》。

夷为国家之重事，要明辨夷夏：

> 宋之盟、虢之会，夷之利而非中国福也。愚前已论之，因木讷所评有云：赵武为宋盟而弭天下之兵，诸侯安之，于是复率诸侯之大夫而为，天下之利甚大。故《春秋》褒之。吁！误矣！木讷每以利害而谈《春秋》，愚恐为后人之惑，不容已于言也。夫夷夏有常分，中国之尊，不与夷狄对峙并存于宇宙之内也。帝王盛时事，不复可谈于衰世。自入春秋以来，百七十年，楚僻居南服，虽倔强自大，不得与晋齿也。中国诸侯依盟主以自存，其有屈于夷者，暂也，非其常也。宋向戌持弭兵之说以内交于二国。辞曰弭兵，始谋未尝欲驱中国诸侯而为楚役也。赵武不明内外之分，苟偷目前之安，于宋之盟，首紊常经，倒置冠履，俾晋楚之与国交相见，而中国诸侯宋、鲁、郑、卫咸北面于夷楚之庭，为辱实大。其甚悖义者，始以弭兵而合晋楚之成，既而楚盛兵以临诸侯，灭陈、灭蔡、灭赖，芟夷小国，凭陵诸夏，人有左衽之忧，夷狄之祸，至是为烈。而陋儒苟见目前之暂安，遂以盟楚为天下之大利，是之谓邪说。有国有家者，所当深惩而痛绝。虽加以正卯之戮，殆不为过也。所谓读旧书不歃血者，楚再为长而晋不敢与争，中国之耻也。而谓《春秋》与之，岂非诬乎？盖《春秋》为中国惜，不使夷得以僭华，是故长晋。夫岂谓晋人所行为是，褒之而无贬乎？会盟于中原，逊裔夷以为长，此岂小失，而谓晋人以信为本，故《春秋》每书必先，岂不大失《春秋》之本旨乎？盖《穀梁》《左传》倡之，后之儒者借说经以迎合时论。愚读书至此，不能不为愤叹也。①

向戌弭兵之会，晋赵武不明夷夏之分，奉晋楚两国为共同霸主，使"晋、楚之从，交相见"，晋楚两国的附属国必须既朝晋又朝楚，由于原本属于晋的附属国占多数，不但使得楚国得到更多利益，而且使中国诸侯北面于夷楚之庭。然而，楚并未因与诸夏结盟而停止其兼并的行动，反而凭

---

① （宋）家铉翁：《则堂先生春秋集传详说》卷23昭公一"叔孙豹会晋赵武、楚公子围、齐国弱、宋向戌、卫齐恶、陈公子招、蔡公孙归生、郑罕虎、许人、曹人于虢"条。

陵诸夏之国，使中国诸侯有"左衽之忧"。家铉翁认为，明辨楚夷，绝不能苟且偷安，俯首奉其为尊，这是国家之大辱。因此，他反对赵鹏飞"以利害而谈《春秋》"，"借说经以迎合时论"，置夷夏大防之不顾，偷安目前而不知《春秋》大义。家铉翁此处解经，与他所处的时代有密切关系。宋与金曾多次签订和约，交纳岁币，且一度向金称臣，但这并未能阻挡金人的野心。南宋后期，蒙古铁骑挥鞭南下，直逼临安，德祐二年正月，南宋企望通过纳币称臣而使元退兵，派陆秀夫等至元军中，"求称侄纳币，不从；称侄孙，不从"，不久又"遣监察御史刘岊奉表称臣，上大元皇帝尊号曰仁明神武皇帝，岁奉银绢二十五万，乞存境土以奉烝尝"[1]，但是这都不能改变元朝消灭南宋的决心。由宋与金的对峙、与蒙古的对峙，家铉翁深刻认识到政权要想稳定，靠纳币、称臣都是不可行的，因为这只能给国家和人民带来无尽的负担和屈辱，徒增对方势力而削弱本国力量，最终不能抵挡外族进犯的野心。

家铉翁虽然明辨"攘夷"之《春秋》大义，但是其思想也带有宋代经学主张变易的时代特点，其"攘夷"观能够因势论事。对待"夷狄杂处"的问题，他服膺于孔子所论，从文化角度承认"夷狄杂处"：

> 但春秋之世，所谓夷狄戎者，多错居九服之内，又自以为先代之后，明德之裔，戎有姜戎，狄有姬狄，莫不负恃强大，有陵犯上国之心。鲁之盟戎、会戎，苟求无事而已。今白狄慕义愿朝，固非周制之所许，拒而绝之，有不可得。故《春秋》之义，会戎、盟戎则有讥。介葛卢来、白狄来之类，则直著其事，不与其朝，辨分而无绝也。[2]

孔子所处的春秋时代，是"华夏"与夷、狄少数民族杂处的时代，孔子主张以华夏文化为基础实现大一统。家铉翁尊奉孔子观点，他著述《春秋集传详说》之时，南宋已亡，元朝已统一南北，政治文化的统一已成为大趋势，且他所羁留的河间之地，此前曾被金人占领，现被元朝统治，华

---

① （元）脱脱等：《宋史》卷47《瀛国公本纪》，第937页。

② （宋）家铉翁：《则堂先生春秋集传详说》卷21襄公三"十有八年，春，白狄来"条。

夏杂处已成为定局。但对待华夷关系要秉持"辨分而无绝"的原则，既清楚夷夏有别，又不排斥夷夏之间的交通。

家铉翁被元朝羁留河间，他不做贰臣，坚守节操，但是在文化的传播上，他有开放的胸襟，不但接受北方文化，而且自觉地传播南宋理学、《春秋》学，有学者认为，"他作为一位陆学学者，最早北上传播陆学，并成为北方学术圈和会朱陆的先驱"。① 正是家铉翁所处的特殊历史时期、特殊地域环境，使他能够对"攘夷"问题有自己独特的认识。

二　复仇之义

"复仇说"是指公羊家推崇复仇的学说。春秋、战国及秦汉之际，天下无道，政治失序，诸侯相灭，君臣相杀，社会生活中缺乏最基本的公义，故灭人之国、杀人之父、残人之子的现象比比皆是，周天子已丧失天下共主的尊荣与公权，难以通过合法的政治力量来解除社会中的仇恨。在这种情况下，公羊家提出了"复仇说"，赞同通过复仇的方式来解决仇怨恶毒的政治问题，进而恢复社会正义。

宋代《春秋》学重要思想之一即复仇。无论是靖康之耻，还是元朝灭国，宋朝始终处于少数民族威胁之中，处于民族矛盾之中。两宋之际，国人目睹少数民族入侵，攻破都城，掳去君王，灭掉自己的国家，心中积蕴深仇大恨，欲报仇雪恨，故日思复仇。经学作为主流话语，《春秋》学作为一门显学，理所当然要承担这一时代诉求，故而此时的《春秋》学人又重拾《公羊传》的复仇大义，借《春秋》抒发民族义愤，借治经阐扬复仇主张。对于这一现象，由宋入元的戴表元曾说："咸淳中，余备员太学。博士弟子见学官月讲必以《春秋》，窃怪而问诸人，曰：'是自渡江来。以为复仇之书，不敢废也。'夫复仇之说，初非《春秋》本旨。中兴初，胡康侯诸公，痛数千年圣经遭王临川禁锢，乘其新败洗雪而彰明之。使为乱臣贼子者增惧，使用夏变夷者加劝。"② 复仇之义是南宋加于《春秋》的一个符合时代特征的思想内涵。

---

① 魏崇武：《论家铉翁的思想特征——兼论其北上传学的学术史意义》，《西南民族大学学报》（人文社科版）2006年第3期。

② （元）戴表元著，陈晓东、黄天美点校《戴表元集》上，浙江古籍出版社，2014，第155页。

《春秋》中关于复仇大义，大致可分为三种类型：其一是"国君复国君杀祖杀父之仇"；其二是"个人复国君杀父之仇"；其三"臣子复乱贼弑君之仇"。[①] 其中齐襄公灭纪、复纪侯谗杀其先祖九世之仇，是体现复仇大义的典型代表。

纪侯在周天子前毁谤齐哀公，哀公被杀。后齐襄公灭纪，为九世祖哀公报了仇。《春秋》庄四年夏书曰："纪侯大去其国。"《传》曰："大去者何？灭也。孰灭之？齐灭之。曷为不言齐灭之？为襄公讳。《春秋》为贤者讳，何贤乎襄公？复仇也。"[②] 按：《春秋》最恶灭人之国，因灭人之国者覆人之社，绝人之世，鱼肉其民，最为无道。但齐襄灭纪国，《春秋》不仅不恶，反而彰显其灭，变"灭"为"大去"，以示齐襄灭纪与其他灭国不同，其他灭国是为了掠夺土地人民，而齐襄灭纪则是为了复仇。正因为齐襄公灭纪是为了复仇，故《春秋》竭力彰显变"齐侯灭纪"为"纪侯大去其国"。对于这一条，家铉翁亦有自己的认识：

> 复仇之义大矣，公羊子于此发之，此孔门高弟得之于圣人，而传以示后世，公羊子有所授矣。诸说多不取。愚甚惑焉。盖灭国者，春秋所恶也。齐襄灭纪，自初迄终，《春秋》不从灭国之例，则以齐襄所仗者复仇之义，异乎其他灭人之国者耳。纪侯所以为善非为，其以酅入于齐也。以去之三年，而民之从者未毕，犹有太王去邠之风，民犹戴君。故圣人不忍遽以灭书。凡皆以垂法于后世耳，大去云者永去之辞。如妇人不终于夫家，以绝为大归，亦岂以大归为褒哀，其去而不可复返耳。胡氏谓圣人与其不争而去，不与其去而不存，夫不争而去，去而遂不复存圣人何取直与其得民未忍绝之耳。[③]

家铉翁认为《春秋》复仇之论出于孔子，经《公羊传》《穀梁传》进一步发挥，他说："复仇之义大矣，公羊子于此发之，此孔门高弟得之于圣人，

---

① 蒋庆：《公羊学引论：儒家的政治智慧与历史信仰》，福建教育出版社，2014，第260页。

② （唐）徐彦：《春秋公羊传注疏》卷6"庄公四年，纪侯大去其国"条，载《十三经注疏》，中华书局，1953，第32页。

③ （宋）家铉翁：《则堂先生春秋集传详说》卷5庄公上"纪侯大去其国"条。

而传以示后世，公羊子有所授矣。"又说："《春秋》于鲁庄之世，揭复仇大义以示天下。惟《公》《榖》知之，故于襄之灭纪，庄之会齐而拳拳焉。后之言复仇者，实昉乎此。此愚谓《春秋》垂世之经法，自《公》《榖》而发之，孔门高弟亲得于圣人者也。"① 其认为《春秋》贤襄公能复先祖之仇而为之讳灭国之恶。表面上是说齐襄公故事，内里点染着宋代兴亡与复仇意识。

家铉翁认为复仇之论，有益于世教。他在"庄公元年，齐师迁纪邢、鄑、郚"条中说："书师书迁，言用大众迫而迁之耳。《公羊》以为不言取者，为齐襄讳，以其志在复仇也。复仇之论，有益世教。"② 其对于《春秋》中记载的复仇之举予以褒扬："《春秋》有复仇之义，齐于纪有累世之仇，义不容己，而加之以兵，固礼教之所许。"③

家铉翁主张复仇，对于那些懦弱的君臣、苟且偷生者，提出尖锐的批评：

> 盖复仇，天下之大义。鄅之先世，殒命次睢，子孙偷生苟完，无有能以复仇为事者。至于今日，重遭仇邾之毒，彼亦有所悔而动耳。昔也戕之于邾，臣子欲救之而莫可。今戕之于鄅，臣子亦复坐视而莫救。《春秋》书邾人戕鄅子于鄅，言其空国无人，盗贼横行，至于杀其君，莫有为之讨贼复仇者，鄅之臣子，皆有罪焉耳。④

家铉翁认为如果遭遇深仇大恨，臣子不能复君父之仇，坐视国君之死，就是有罪之人。臣子宁可战而死，不应苟活。

家铉翁对于有不共戴天之仇而不报的君主给予讽刺。《春秋集传详说纲领》云：

---

① （宋）家铉翁：《则堂先生春秋集传详说》卷5庄公上庄公四年"冬，公及齐人狩于禚"条。
② （宋）家铉翁：《则堂先生春秋集传详说》卷5桓公上庄公元年"齐师迁纪邢、鄑、郚"条。
③ （宋）家铉翁：《则堂先生春秋集传详说》卷3宣公下桓公五年"夏，齐侯、郑伯如纪"条。
④ （宋）家铉翁：《则堂先生春秋集传详说》卷16宣公下"秋，七月，邾人戕鄅子于鄅"条。

幽王死于犬戎之祸，固有以自取。而平王者，乃幽王之太子，母子被谗见逐，逃奔于申，申侯其舅也，为之结援犬戎，伐周而殒其君。于是平王乃得立，申侯、犬戎，皆平王不共戴天之仇也，平王因父仇而得国，不思人君之位天位也，已以元子缵文武、成康之绪，殆天所与夷狄乱臣何有哉，而乃衔得国之恩、废复仇之义律以盾止书法平王何以自容，于覆载之内三纲沦，九法斁，莫甚此时。圣人于其始年，犹望其有志复仇以伸天下之大义，义明本正而后有以大服人心，振起颓纲，号召海内，而平王因循苟且，终不能以此自厉，而戍申戍甫忘亲奖仇，扬水之刺兴焉。①

家铉翁认为：周幽王因宠爱褒姒，烽火戏诸侯，又不顾众臣反对，一意孤行废除申后的儿子宜臼，而立褒姒之子伯服为继承人。申后是申侯的女儿，引发了矛盾。公元前771年，申侯抓住周幽王废嫡立庶的机会起兵发难，联合缯、犬戎等夷族势力，攻破西周都城镐京。在骊山杀了周幽王，立宜臼为王，是为周平王，西周由此宣告灭亡。周平王乃借助舅舅申侯之力弑父，而申侯勾结犬戎而致使西周遭遇灭国，有如此深仇大恨，但周平王并未兴复仇之义，因循苟且，丧失了周天子的权威，实在令人不齿。

三 人君自振

宋朝自徽、钦二帝被掳，中原沦陷；南渡之后，尽管承累世之积弱，兵气亦竭馁，对北方之金，大抵皆主和议，然而臣民日思报复。赵翼《廿二史札记》云："宋遭金人之害，掳二帝，陷中原，为臣子者固当日夜以复仇雪耻为念，此义理之说也。然以屡败积弱之余，当百战方张之寇，风鹤方惊，盗贼满野。……虽三尺童子知其不能也。"②

由宋入元天崩地裂的时代变迁让士人耳闻目睹了君权的颓落，身为亡国之臣，家铉翁对亡国之痛有切肤之恨。他借解《春秋》而寓述己意，提出自强乃立国之本，人君当有自强之志，不依赖于臣子，不受制于权幸，

---

① （宋）家铉翁：《春秋集传详说纲领·原春秋托始上》。
② （清）赵翼著，王树民校证《廿二史札记校证》，中华书局，1984，第552页。

选贤任能，如此国家才能兴盛，政权才能巩固。

国家强盛，贵在君主有自强之志，如此才能内利于国，外能御辱。在《春秋集传详说》中，对于郑国的兴衰，家铉翁评价："然此一郑也，在庄公用之而有余，及其子孙迫于强国，颠沛陨越，不能自振，以迄于《春秋》之终。是以有国有家者，必贵自强。孟子曰：'能治其国家，谁敢侮之？'"① 他认为君主不能自强，是郑国由盛转衰的主要原因。他引用孟子的话说明国家强大则不受外侮的道理。对于鲁国的衰落，家铉翁亦将其归结为君主不能自强："鲁之弱，非果弱也。由君臣无自强之志，齐霸则求援于齐，晋霸则求援于晋，楚强则折节于楚，积弱不竞，以至于此……故有国者，不可以不自强。"② 再如《春秋集传详说》卷 14 对"文公十有八年，秋，八月，公子遂、叔孙得臣如齐"解释为："中值文公庸暗，怠于政事。仲由此威福自恣，内交嬖宠，外结强邻，权势顿出诸臣之右"，"由文公无正家之法，嬖妾得交用事之臣，预为夺嫡之计。赤之死，接之立，此乃贼臣嬖妾之本谋，特文公昏而不悟耳"。③ 鲁文公统治时期，公室渐微，国势渐衰，内有襄仲、三桓争雄，外有秦晋争霸，鲁弱而以晋为尊。家铉翁指出，君主若无自强之志，最终必将导致国无士气，力量日虚。

国家强盛有赖于君主要有自强之志，使贤人君子得其位，否则将祸乱不绝。《春秋集传详说》卷 13 "文公元年，夏，四月，丁巳，葬我君僖公"："鲁初年，国之贤臣更迭为政，亦有奋于野、举于士而在卿大夫之位者。至僖公之世，季氏用事，仲、叔继兴，世为政于鲁，贤人君子始无位以行其志。自兹以降，政日趋于下，国无人焉耳。"家铉翁指出，贤人君子不能在位以行其志，权奸任事，政事日非，国家亦会陷于危乱。

家铉翁在《春秋集传详说》中借解释经文以维护宋王朝的正统地位，身为亡国之臣，痛定思痛，他认为国之兴盛系于国君之自强。南宋末年，理宗"中年怠于政事，权移奸臣"；度宗"拱手权奸，衰敝浸甚"，此后南

---

① （宋）家铉翁：《则堂先生春秋集传详说》卷 4 桓公下"夏，五月，癸未，郑伯寤生卒"条。

② （宋）家铉翁：《则堂先生春秋集传详说》卷 14 文公下"冬，十月，甲午，叔孙得臣败狄于咸"条。

③ （宋）家铉翁：《则堂先生春秋集传详说》卷 14 文公下"秋，八月，公子遂、叔孙得臣如齐"条。

宋衰落之势一发不可收拾。因此，家铉翁特别强调"所贵乎国君者，选贤拔能，布在有位，信之任之，与之共图国政，近习不得闻也"。①

由于民族矛盾等社会及政治因素的影响，宋人格外重视对《春秋》学的研读，强调尊王攘夷等家国意识，强调雪耻复仇之大旨，形成了忠贞不移的政治气节。自范仲淹、欧阳修等，"以直言谠论倡于朝，于是中外搢绅知以名节相高，廉耻相尚，尽去五季之陋矣。故靖康之变，志士投袂，起而勤王，临难不屈，所在有之。及宋之亡，忠节相望，班班可书，匡直辅翼之功，盖非一日之积也"。②《春秋》学对于士人忠节品格的形成具有一定贡献。

宋社既屋，家铉翁深感国破家亡之痛，其治《春秋》，常借杯浇臆，深寓宋朝覆亡的家国之恨，也有对现实人生的思考与借鉴：家铉翁以《春秋》教授弟子，数为诸生谈宋故事，及宋兴亡之故，表达自己的历史认知。他将阐发《春秋》大义，影响身边的士子，作为一种人生理念；在漫长的岁月中，家铉翁以著述、讲授《春秋》作为亡国之臣坚守志节的一种表达形式，成为他生命存在的一种方式。

正是因为如此，明代学者何乔新认为，家铉翁治《春秋》重在弘扬大义，"其于君臣上下之分，道义功利之辨，讲之明而信之笃矣"。③家铉翁的志节成就了其《春秋集传详说》，而《春秋集传详说》中的学说主张又验证了他的忠义情怀。

---

① （宋）家铉翁：《则堂先生春秋集传详说》卷23昭公一"北燕伯款出奔齐"条。
② （元）脱脱：《宋史》卷446《忠义列传序》，第13149页。
③ （明）何乔新：《赐宋使者家铉翁号处士遣还乡》，《椒邱文集》卷8，《景印文渊阁四库全书》本。何乔新（1427～1502），字廷秀，江西广昌（今江西广昌）人，景泰五年（1454）进士，授南京礼部主事，累官刑部右侍郎。撰有《椒邱文集》四十四卷，又有《周礼集注》《策府群玉》等，并行于世。

结　语

　　宋末元初是一个天崩地裂、价值倾覆、命运多舛的时期。面对国破家亡的悲剧，文人士大夫面临严峻的人生考验和抉择。宋代士人深受程朱理学的影响，自程颐标揭"饿死事小，失节事大"后，"春秋大义""夷夏之辨"，深入人心。因此，在改朝换代的惊涛骇浪面前，士大夫中既有奋起反抗、赴汤蹈火、万死不辞的忠勇，如文天祥之勤王抗元、从容就义，谢翱之投身义军、悲愤恸哭，谢枋得之满门忠烈、绝食殉节，邓剡之崖山兵溃、蹈海者再，又有身负学术众望、著书讲学以终的儒者，如王应麟之著《困学纪闻》，胡三省之注《资治通鉴》，以及金履祥、何梦桂、方逢辰、周密、牟𪩘等；既有冒死而捡拾皇陵遗骸，免遭元僧破坏的义士，如林景熙、唐珏，又有吟啸山林、结社吟诗、誓绝异族的隐士，如方凤、吴思齐、郑思肖等。宋末元初涌现出众多个性鲜明、有所作为，在历史上刻下生动印迹的宋遗民。

　　本书所考述之家铉翁是一位拳拳于故国誓不事元的南宋遗民，也是一位辗转于大江南北被圈禁北方的亡宋流人。与大多数江南遗民以隐居著述、聚众授徒、啸咏山林为主要生活方式不同的是，家铉翁羁縻北方，年老体衰，流落他乡，独自忍受国破家亡的苦难。正是对故国的深沉大爱、对国君的忠义之忱，对人格的执着追求，使他羁留而志不改，日夜想南归，时愈穷而节愈坚，在中国历史上成为又一个出使而执节不屈的苏武、洪皓式人物。

　　从文学创作上来说，家铉翁本是一位学者型官员，由于特殊的命运安排和人生选择，他深怀亡国之恨、家国之思，或抒发胸臆而赋诗，或应他人之请而作文，经过岁月积累，作品日丰，诗文成集。从宋亡时家铉翁已是六十七岁的白须老者、南归时已逾八十岁的寿翁这一史实，可以想见，家铉翁的创作是基于年老体衰的高龄，沧桑坎坷的阅历，执着沉稳的个性，坚韧深邃的思想，胸中蕴藏忠义之风骨、期待之情怀，正因如此，其创作风格自然舒缓委婉、情真意切、大义磅礴。诗如其人，文如其人，诗以人而重，这是家铉翁诗歌创作的独特风格。

家铉翁在南宋时曾身份显赫，国亡前夕临危受命而官至签书枢密院事，这一官职虽然在宋亡后已没有实际意义，但在其被圈禁河间时，是贴在身上的一个无形的标签，使他这位誓不臣服的前朝遗老更为独特，也更加被人们所尊重。正因为如此，《则堂集》中收录了相当多的"命题作文"，都是家铉翁应当地人之请而作的记、说、赞、箴等应用性文字。这些文章一方面展示了家铉翁渊博的学识修养、良好的文学造诣，另一方面也可感知家铉翁的生活状态和人格魅力。

宋代经学繁荣，在时代环境的影响下，《春秋》学成为显学。家铉翁学问赅博，在困守异乡的漫长岁月中，他为当地弟子讲授《春秋》，又以讲义为基础，完成著述《春秋集传详说》三十卷。在教授与治学中，他找到了一种既能作为情感抒发与精神依托的通道，又找到一种有价值、有意义又可操作践行的生活方式。他之于《春秋》学，乃是一种互相成就的关系——家铉翁卓异的志节成就了其《春秋集传详说》，而《春秋集传详说》中的学说主张又印证了他的忠义情怀。

概而言之，家铉翁的坚守、忠义、爱国，是他面临国破家亡的巨变后，经过审慎沉思而做出的人生选择。他忍辱负重，不畏艰辛，坚持为南宋王朝坚守最后的精神家园，维护国家的尊严，并以生命为代价，历尽万苦，终于完成人生意愿。家铉翁的忠义与良知同步，与真性情相伴同行。宋季忠义如文天祥，起兵勤王后即作《指南录》等以诗存史，其浩然正气自始至终有英雄史诗般的情结；又如谢枋得，拒聘绝食，有拒聘诗、却聘书，其拒聘北解产生了极大舆论的轰动，其忠节带有一种偏执的自赏与疯狂。相比之下，家铉翁对节义道德的追求则出于自然，没有丝毫的造作和渲染，那些过于漫长、耗尽心力、无望无期也俯仰无愧的艰辛岁月，铺成了他朝思梦萦的南归之路，也最终成就了历史上的家铉翁。

附录一　家铉翁研究资料汇辑

说明：

[一] 裒辑宋、元、明、清四朝有关家铉翁的研究资料，分为五个部分：一、史传类（家铉翁本事、宋末纪事）；二、方志类；三、诗文类；四、诗文评类；五、序跋书目类。

[二] 五个部分资料的排列总体是以作者年代、征引文献成书时间或作者生卒年为序；或以征引文献类型为序兼及时代，如史传类先正史，后野史；诗文类则遵循的是与家铉翁有交游关系、诗文中间接提到的顺序。

[三] 每则资料的命名，以朝代、作者、书名＋条目的方式标注，对于个别没有条目名称的，笔者依据内容自拟标题。

[四] 每条征引文献，均加以现代标点断句，或据内容适当分段。

[五] 每条征引资料在文末注明出处及版本。

一　史传类

（一）家铉翁本事

（宋）王应麟：家铉翁依前直华文阁枢密副都承旨特授知临安府浙西安抚使诰

敕具官某：朕慨思时艰，迪简贤尹。商邑为四方之极，用谨固于本根；周官倡九牧之风，乃力辞于侍从。有嘉廉逊，载锡宠褒。尔粹学融明，素履修洁。和平之政，如古循吏所称；清直之名，惟前文人是似。世济其美，人皆曰贤。肆予更政化之初，命尔导宥密之命。咨日畿浩穰之寄，陟地官论思之联。怡静之操不渝，忠谠之风可揖。予欲成奠枕皇皇之绩，尔惟有游刃恢恢之才。强本折冲，尤难于欧、蔡承平之日；流化自近，非但循赵、张发摘之规。可。

（明代郑真按）铉翁位执政，伯颜令程鹏飞取太后手诏谕州郡降附，太后从之，檄执政皆署，铉翁独不从，使者命缚之，铉翁曰："中书无缚执政之理。"乃止。后为祈请使。国亡，元欲官之，不从，安置至河间讲《易》教授子弟，年逾八十归临安，以寿终，有《春秋传》行世。（王应麟所著《深宁集》久已散佚，今所传者《四明文献集》五卷，明郑真所辑，未有刻本行世。此段按语为明代郑真所加）

——王应麟著，张骁飞点校《四明文献集》（外二种），中华书局，2010

（元）脱脱等：宋史·家铉翁传

家铉翁，眉州人。以荫补官。累官知常州，政誉翕然。迁浙东提点刑狱，入为大理少卿，直华文阁，以秘阁修撰充绍兴府长史，迁枢密都丞旨，知建宁府兼福建转运副使，权户部侍郎兼知临安府、浙西安抚使，迁户部侍郎，权侍右侍郎，仍兼枢密都丞旨。赐进士出身，拜端明殿学士、签书枢密院事。

大元兵次近郊，丞相吴坚、贾余庆檄告天下守令以城降，铉翁独不署。元帅遣使至，欲加缚，铉翁曰："中书省无缚执政之理。"坚奉表祈请于大元，以铉翁介之，礼成不得命，留馆中。闻宋亡，旦夕哭泣，不食饮者数月。大元以其节高欲尊官之，以示南服。铉翁义不二君，辞无诡对。宋三宫北还，铉翁再率故臣迎谒，伏地流涕，顿首谢奉使无状，不能感动上衷，无以保存其国。见者莫不叹息。文天祥女弟坐兄故，系奚官，铉翁倾橐中装赎出之，以归其兄璧。

铉翁状貌奇伟，身长七尺，被服俨雅。其学邃于《春秋》，自号则堂。改馆河间，乃以《春秋》教授弟子，数为诸生谈宋故事及宋兴亡之故，或流涕太息。大元成宗皇帝即位，放还，赐号"处士"，锡赉金币，皆辞不受。又数年以寿终。

——《宋史》卷421《家铉翁传》，中华书局，1977

（明）柯维骐：宋史新编·家铉翁传

家铉翁，眉州人。以荫补官，历户部侍郎、权侍右侍郎，仍兼枢密都承旨，赐进士出身，拜端明殿学士、签书枢密院事。元兵次近郊，丞相吴坚、贾余庆，檄告天下守令以城降，铉翁独不署。元帅遣使至，欲加缚。铉翁曰："中书省无缚执政之理。"坚奉表祈请于元，以铉翁介之。礼成不得命，留馆中。闻宋亡，旦夕哭泣，不食饮者数月。元以其节高，欲尊官之，以示南服。铉翁义不二君，辞无诡对。铉翁遂于《春秋》，自号则堂，改馆河间。乃以《春秋》教授弟子，数为诸生谈宋故事及兴亡之故，或流涕太息。元成宗即位，放还，赐号"处士"，锡赍，皆辞不受。数年以寿终。

…………

论曰：杨栋学宗伊、洛，晚昵贾似道，为名节玷。包恢武健矫纵弛，政声赫然，至用肉刑督公田，酷矣；姚希得，长者；马光祖，惠人；常挺、陈宗礼、高斯得，咸正直士；常楙弃国远遁，将节不苟立乎。家铉翁义不仕元，其顾视留梦炎辈，何啻犬彘也？

——《宋史新编》卷 159，台北新文丰出版公司，1974

（明）钱士升：南宋书·马章陈家等列传

家铉翁，眉州人。知常州，政誉翕然。拜签枢密院事。元兵次近郊，丞相吴坚、贾余庆檄告天下守令以城降，铉翁独不署。元帅遣使至，欲加缚，铉翁曰："中书省无缚执政之理。"坚奉表祈请于大元，以铉翁介之，礼成不得命，留馆中。闻宋亡，旦夕哭泣，不食饮者数月。元以其节高，欲官之。铉翁力拒。宋三宫北迁，铉翁率故臣迎谒，伏地流涕，顿首谢奉使无状，无以存国。文天祥女弟坐兄故，系奚官，铉翁倾囊中装赎出之，以归其兄璧。

铉翁状貌奇伟，身长七尺，被服俨雅。其学遂于《春秋》，改馆河间，以《春秋》教授弟子，数为诸生谈宋故事及宋兴亡之故，或流涕太息。大元成宗皇帝即位，放还，赐号"处士"，锡赍金币，皆辞不受。又数年以寿终。

…………

汪元量，字大有，钱塘人。以善琴出入宋宫掖。临安不守，太后嫔御北行，汪从之，留宿蓟门数年。文丞相被执在狱，汪谒勉丞相，必以忠孝白天下。元世祖命奏琴，赐为黄冠师。南归，故幼主瀛国公、故福王平原公、故相吴坚、留梦炎、参政家铉翁、文及翁、宫人王昭仪等，分韵赋诗饯行，有《水云诗》一卷，多纪国亡事。亲见苍黄归附，展转北行。元帝后赐三宫燕，赍宋宫人分嫁北匠，有种种悲叹。其《酬王昭仪》及《平原公第夜宴》《谢太后挽诗》尤凄绝。故相马廷鸾、章鉴、谢枋得咸序曰"诗史"。后往来匡庐、彭蠡之间，人莫测其去留之迹。

论曰：人臣当国事已危之日，力不为之挽回，虽有忠心，无可如何。迨其亡也，托身隐遁，其志亦可怜矣。身没之日，固故国之纯臣也。廷鸾、鉴守正于立朝，埋名于在野；宜中拮据无用，流离自苦；铉翁播越羁囚，隐沦草莽。要归洁其身矣。若乃唐、郑、谢、汪，各行其志，一贞不辱，匹夫不可夺。君子哉，若人乎！

——林开甲、唐子恒点校《南宋书》卷62，齐鲁书社，2000

（明）王鏊：历代忠义录·家铉翁

家铉翁，眉州人。举进士，累官签书枢密院事。元兵至，奉表祈请，被执。闻宋亡，日夕哭泣，不食饮。元世祖高其节，欲授以官，不受，遂安置河间。每语及宋兴亡之迹，辄流涕太息。后年逾八十，赐号"处士"，放还乡。锡予金帛，皆不受。寻卒。

张时泰曰：君子观家铉翁高致，则赵孟頫、留梦炎诸人，当亦惭愧于地下矣。

——《历代忠义录》卷七，明嘉靖刻本

（明）曹学佺：蜀中广记·家铉翁传

家铉翁以父荫补官，六迁安抚浙东，所至皆著能名。上特赐进士出身，拜端明殿学士，金书枢密院事。元兵次近郊，丞相吴坚、贾余庆檄告天下守令以城降，铉翁独不署。元帅遣使至，欲加缚。铉翁曰："中书省无缚执政之理！请归家。"卒亦不敢无礼。坚奉表祈请于元，以铉翁为介，不得命。留馆中，闻宋亡，旦夕哭泣，不食饮者数日。元以其节高，欲尊官之，铉翁义不二君，辞无诡对。及宋三宫北迁，铉翁率故臣迎谒。伏地流涕，顿首谢奉使无状，无以保存其国。见者莫不叹息。文天祥女弟坐兄故，系奚官。铉翁倾囊中装赎之，以归其兄璧。元人解禁，听其自便，乃移河间。以《春秋》教授弟子，数为诸生谈宋故事及宋兴亡之故。或流涕太息。元成宗即位，欲显擢之。铉翁曰："臣年八十矣。亡国之俘，不能死，陛下安用之。得以骸骨，归葬先人冢旁，受恩多矣。"成宗赐千金，放还眉山，仍赐应付驰驿，号"处士"。铉翁力辞金币、应付。徒步还家。

——《蜀中广记》卷46，《景印文渊阁四库全书》本

（明）（嘉靖）建宁府志·名宦·家铉翁

家铉翁，蜀人。咸淳间，知建宁府兼福建转运副使，后签书枢密院事。元兵次近郊，铉翁不署降表。宋亡，旦夕哭泣，不食饮者数月。后放还，赐号"处士"，锡赍，皆不受。

——《（嘉靖）建宁府志》卷6，明嘉清刻本

（明）蒋一葵：尧山堂外纪·家铉翁则堂先生

元兵南下，次高亭，宋朝纳降，吴坚为左相，家铉翁为参政，与贾余庆、刘岊为祈请使北行。文天祥诗云："当代老儒居首揆，殿前陪拜率公卿。"又云："程婴存赵真公志，赖有忠良壮此行。"前谓吴，后谓家也。

至北，铉翁抗节不屈，拘留河间。世祖崩，成宗即位，始赐衣服，遣还乡里，年逾八十矣。林景熙有诗送之云："濒死孤臣雪满颠，冰毡啮尽偶生全。衣冠万里风尘老，名节千年日月悬。清泪秋荒辽海鹤，古魂春老蜀山鹃。归来亲旧惊相问，禾黍离离夕照边。"

——《尧山堂外纪》卷63，宋明刻本

（明）何乔新：赐宋使者家铉翁号处士遣还乡

士之仕也，犹女之嫁也。嫁而更二夫，不可谓之贞妇，仕而更二姓，其可谓之忠臣乎？宋之亡也，士大夫仗节死义者固多，然贪生失节者亦不少焉。留梦炎，宰相也，事元为尚书；赵孟頫，宗室也，事元为学士。彼皆号通古今者也，不知平日所学何事哉？若家铉翁者，可谓不负所学矣！铉翁学专《春秋》，其于君臣上下之分，道义功利之辨，讲之明而信之笃矣。故元师入杭也，不署谕降之檄。及奉使北行也，不受敌国之官，安置河间，流离困悴，曾无毫发怨悔之心。至其年逾八十，赐号"处士"，遣还乡里，赐予金币，皆固辞不受。皭然不染于污尘，而俯视肤敏裸将之士，殆若沙虫酰鸡。所谓忠臣不事二君者，铉翁有之矣。彼梦炎、孟頫，影缨垂组，扬扬出入元之朝廷者，闻铉翁之风，其颡能无泚乎？

——《椒邱文集》卷8，《景印文渊阁四库全书》本

（明）钱士升：赐余堂集·家铉翁

马廷鸾、章鉴、陈宜中、家铉翁传

人臣当国事已危之日，力不能为之挽回，虽有忠心无可如何。迨其亡

也，托身隐遁，其志亦可怜矣。身没之日，固故国之纯臣也。廷鸾、鉴守正于立朝，埋名于在野；宜中拮据无用，流离自苦；铉翁播越羁囚，隐沦草莽，同归洁其身矣。若乃唐、郑、谢、汪各行其志，一贞不辱，匹夫不可夺。君子哉，若人乎。

——《赐余堂集》卷 10，清乾隆四年钱佳刻本

（清）万斯同：宋季忠义录·家铉翁传

家铉翁，眉州人。以荫补官。累官知常州，政誉翕然。迁浙东提点刑狱，入为大理少卿，直华文阁，以秘阁修撰充绍兴府长史，迁枢密都丞旨，知建宁府兼福建转运副使，权户部侍郎兼知临安府、浙东安抚使，迁户部侍郎，权侍右侍郎，仍兼枢密都丞旨。赐进士出身，拜端明殿学士、签书枢密院事。元兵次近郊，丞相吴坚、贾余庆檄告天下守令以城降，铉翁独不署。元帅遣使至，欲加缚，铉翁曰："中书省无缚执政之理。"坚奉表祈请于元，以铉翁介之，礼成不得命，留馆中。闻宋亡，旦夕哭泣，不食饮者数月。大元以其节高，欲尊官之，以示南服。铉翁义不二君，辞无诡对。宋三宫北还，铉翁再率故臣迎谒，伏地流涕，顿首谢奉使无状，不能感动上衷，无以保存其国。见者莫不叹息。文天祥女弟坐兄故，系狱官，铉翁倾囊中装赎出之，以归其兄璧。铉翁状貌奇伟，身长七尺，被服俨雅。其学邃于《春秋》，自号则堂，改馆河间，乃以《春秋》教授弟子，数为诸生谈宋故事及宋兴亡之故，或流涕太息。元成宗皇帝即位，放还，赐号"处士"，锡赉金币，皆辞不受。又数年以寿终。

——《宋季忠义录》卷 10，广陵书社《四明丛书》本，2006

（清）王梓材、冯云濠：宋元学案补遗·象山学案·补遗·家则堂先生铉翁

家铉翁，字□□，眉州人。大酉孙。赐进士，官至端明殿学士，签书枢密院事。元兵次近郊，为祈请使，留馆中，闻宋亡，旦夕哭泣，不食饮者数月。其学邃于《春秋》，自号则堂，改馆河间，乃以《春秋》教授弟子。成宗放还，赐号"处士"。（《宋史》）

《春秋集传详说》

《鲁论》"三年无改于父之道"，诸说不同，及读公羊《春秋传》而得

其说。"三年无改于父之道"者，称子之义也。君薨，太子立，既为君矣，而尤称子于其国中，既葬而后称爵，以子道终丧不忍代君，所以为孝也，推其不忍代君之心，则事死如生，丧亡若存，而为其孝无所不在矣。

《春秋》以诛乱贼而始，亦以诛乱贼而终。陈恒弑君，孔子沐浴，请讨，公不能用。是岁，《春秋》以获麟绝笔。盖鲁大乱，君以弑死者四世，《春秋》所以始。齐大乱，君以弑死亦三世，《春秋》所以终。

梓材谨案：《四库全书》著录先生《春秋详说》三十卷。提要云：其说以春秋主乎垂法，不主乎记事。其或详或略，或书或不书，大率皆抑扬予夺之所系。要当探得圣人心法所寓，然后参稽众说而求其是。故其论平正通达，非复孙、胡诸人务为刻酷者所能及。其在河间作《假馆诗》云："平生著书苦不多，可传者见之《春秋》与《周易》。"盖亦确然自信者。今惟此书存，其《周易》则不可考矣。又案：阮亭《居易录》载是书引高邮龚璛跋云：至元丙子，宋亡，以则堂先生归置诸瀛者十年，卒成此书。自瀛寄宣，托于其友肃斋潘公从大藏之。泰定乙丑，宣学锓梓凡三十卷，《纲领》十篇。一原《春秋》托始，二推明行夏时之意，三辨五始，四评三传，五明□，六以经正例。阮亭云：案，铉翁祖大酉，名列朱文公党籍。大酉曾祖愿，父勤国，与二苏为同门友，尝愤王安石废《春秋》，著《春秋新义》。盖家学云。

则堂遗文

人受中以生，其本心之所以根柢万善而希圣希贤者，曰仁而已。仁道至大，未易名言，而"恕"之一字，则圣门平日教人以求仁之方。由恕而仁，涂辙正大，脉理融彻，用功之久，而功在是矣。子贡尝问："一言而可以终身行之者？"子曰："其恕乎！己所不欲，勿施于人。"勿之为言，遏绝私欲，不使有萌，则恕之在我日以充，而仁不远矣。他日子贡又曰："吾不欲人之加诸我，吾亦欲无加诸人。"夫子则告之曰："赐也，非尔所及也。"盖子贡自以为有得于仁，而夫子惟许之以恕，所以勉其进而几乎仁也。

盖仁者，天地生物之心，所以散见乎万形者也。人得天地生物之心以为心，故是心之恕，发达乎事物之间，惟公惟溥，广大而纯一，皆其本然固有之善，随事而见者也。但心交乎外，有时而蔽于物，则公者梏于私，广大者梏于隘狭，则本心之德，不能推以及人，则去仁于是乎始远矣。譬之涉千里之途，仁则其所欲止之处，恕则通都大逵，由之必可以至于仁。然非识之精、行之力，则是途也，虽车辙所必由，有时而榛塞，将滞碍而不得通。何者？私欲为之蔽，由乎恕，而未及乎仁也。孟子曰："强恕而行，求仁莫近焉。"恕而言强，见其用力之难。勉勉朝夕，然后能至于所止。（以上《恕斋说》）

附录

文文山曰：则堂先生蜀名家，有学问，举动必以礼。朝中老成典刑也。当国都不守，先生签书枢密，见房持正议。左丞相吴坚、右丞相贾余庆，以省札遍告天下，令以城归附。先生不押字，房自省中胁以无礼，公不为动。竟末如之何。后以祈请使为名，群诣北庭，既至，上书申祈请之议。忤北庭意，留燕邸，已而移渔阳，又移河间。如我朝羁置特官，给饮食而已。途过河间，得一二相见。先生风采，非复宿昔，而忠贞俨然。使人望而知敬。呜呼！其可谓正人矣！

谢皋羽《怀峨眉家先生》诗曰："露下湿百草，病思生积愁。窟泉春洗屐，毡雪莫过楼。魂梦来巴峡，衣冠老代州。平生仗忠义，心自与身仇。"

林景熙《闻家大参南归》诗曰："滨死孤臣雪满颠，冰毡啮尽偶生全。衣冠万里风尘老，名节千年日月悬。清唳秋荒辽海鹤，古魂春冷蜀山鹃。归来亲旧惊相问，禾黍离离夕照边。"

——《宋元学案补遗》卷58，广陵书社，2006

（清）章邦元：读通鉴纲目札记·赐家铉翁号处士

铉翁以《春秋》名家，使元而宋灭，无家可归，乃以《春秋》教授河间十余年，不受元爵，不食元禄，至是赐号处士，遣之还乡。元不失为义，铉翁不失为忠，君义臣忠两得之。为铉翁咏，可也。

——《读通鉴纲目札记》卷20，清光绪十六年铜陵章氏刻本

（清）李鸿章修，黄彭年等纂：畿辅通志·流寓·家铉翁传

家铉翁，眉州人，宋末累官金书枢密院事。使元被留，闻宋亡，哭泣不食。元高其节，欲官之，不屈。改馆河间，乃以《春秋》教授弟子，数为诸生谈宋故事，或流涕太息。（《宋史本传》）

文山丞相北来，过河间，宿其家，相对大哭，赋诗而去。至成宗即位，赐号"处士"，放还。锡赉金帛，一无所受，归蜀。数年卒。（《河间县志》）

——《畿辅通志》卷244，上海商务印书馆，1934

（元）陶宗仪：南村辍耕录·奚奴温酒

宋季参政家公铉翁，于杭将求一容貌才艺兼全之妾，经旬余，未能惬意。忽有奚奴者至，姿色固美。问其艺，则曰能温酒。左右皆失笑。公漫尔留试之。及执事，初甚热，次略寒，三次微温，公方饮。既而，每日并如初之第三次。公喜，遂纳焉。终公之身，未尝有过不及时。归附后，公携入京。公死，囊橐皆为所有，因而巨富，人称曰"奚娘子"者是也。吁！彼女流贱隶耳，一事精至，便能动人，亦其专心致志而然。士君子之学为穷理正心修己治人之道，而不能至于当然之极者，视彼有间矣。

——《南村辍耕录》卷7，中华书局，1959

（明）田汝成：西湖游览志余·香奁艳语

宋季，参政家铉翁于杭州将求一容貌才艺兼全之妾，经旬余，未能惬意。忽有奚奴者至，姿色固美，问其艺，则曰："能温酒。"左右皆失笑，公漫尔留试之。及执事，初甚热，次略寒，三次微温，公方饮。既而，每日并如初之第三次，公喜，遂纳焉。终公之身，未尝有过不及之时。归元后，公携入燕京。公死，囊橐皆为所有，因是巨富。人称为"奚娘子"。

——《西湖游览志余》卷16，上海古籍出版社，1958

（二）宋末纪事

（宋）周密：癸辛杂识·机速房

咸淳癸酉三月，御笔以师相固请行边不已，照张浚、赵鼎旧例，别置机速房。凡急切边事先行后奏，赏罚支用亦如之。其常程则密院行移，无建督于京之名，而有其实奚不可，内重其势，外御其侮，庶不失为挽留也，师相其勿辞。贾遂毅然祗承，条具以闻，辟属官二员，右司许自，检详家铉翁，制领十员，使臣九十员。于封桩库作料科拨激赏第一料金五百两，银一万两，关子五万贯，十八界会二十万。行遣提点文字沈因、张梦龙、徐良弼、沈大发，书写文字王景阳、张国珍、张汝楫、吴桂芳，监印陈柯、汪云、郑大渊。又添给诸路戍兵生券三分之一，增招车等下军装钱，置枢密院都副统制一员，补归明人官资。凡有上书献书关涉边事者，并送本房面问，如有可行者，并与施行。忽有蜀人杨安宇者，献策奇谲，右司许自扣之，不相投合。许自乃操闽音秽语以为高，欲乞朝廷竟差许自前往边邮，操秽语以骂贼退师（云云）。于是遂将安宇行遣，而机速房之望顾轻矣。且许自乃一不通世务之闽士，仅能作诗文之外，他无所能，而乃令当此选，用之者固谬，而自亦可谓不揣矣。一筹不画，坐致危亡，非不幸也。

——《癸辛杂识·别集下》，中华书局，1988

（宋）严光大：祈请使行程记

德祐丙子二月初九日，宣奉大夫左相吴坚，自天庆观方丈出北关门，送通议大夫右丞相兼枢密使贾余庆、银青光禄大夫枢密使谢堂、端明殿大学士中奉大夫充祈请使刘岊、承议郎守监察御史充奉表纳土官杨应奎、朝奉郎充奉表纳土官赵岩秀。当登舟时，南北朝阿里议事传巴延丞相命，留吴相。登舟，泊于北新桥岸下，终夜流涕。北军差军前唆都相公勉谕之。此日，会文天祥于军前，忠义激烈，分辨夷夏，遂激北朝丞相之怒，遂点差坚战头目守之。

初十日，枢使谢堂纳赂免行，遂回。是夕，泊谢村。

十一日，吴坚、贾余庆、家铉翁、刘岊各乞封赠三代妻属，众官乞封赠三代，奏从之。午后，文天祥自北寨登舟，同特穆尔万户至。诸使众官会于唐西寺，就宿舟中。

……

[闰三月]初十日，马入燕京阳春门。诸色妓乐等祗候迎入会同馆，焦参政劝酒馆内。歇来远堂。贾右相、家参政歇于穆宾堂右。吴、刘二相歇于穆宾堂左，属官分歇后堂，从者分歇前两廊。此馆系大金四大王府，今改为驿，两廊有八十余间。酒食米菜之类，专委断事官分拨轮到，各责

同知排办齐整。厨子、工夫等人，分房祇直。每日委监察御史等官觉问，逐一宣问茶饭好歹。贾相病甚，仍宿馆内。

…………

[闰三月]二十四日，诸使出阳春门，迓太后、嗣君于五里外，起居隆国夫人、王昭仪、新安宫正、新定安康、安定夫人，天眷福王、沂王，谢枢密从驾车大小九十三辆，大小宫使六十余人。张知府濡继至，有绯绿妓乐、神鬼清乐，戴珠翠，衣销金，乘马而坐，旌队枪刀、金鼓等迎接入燕京。随驾下车，入中堂内，垂帘而坐。诸使属官立班两拜，后班稍侧，又两拜退。

…………

五月初一日，早，出西门五里外，太后、嗣君、福王、隆国夫人、中使作一班在前，吴坚、谢堂、家铉翁、刘岊并属官作一班在后。北边设一紫锦罳罳，即家庙也。庙前两拜，太后及内人各胡跪，福王、宰执如南礼。又一人对罳罳前致语，拜两拜而退。

初二日，太后、嗣君、福王、隆国夫人、中使等，天晓，尽出南门十余里，宰执同属官亦列，铺设金银玉帛一百余卓在草地上行宫殿下，作初见进贡礼仪。行宫殿宇宏丽，金碧煌耀。诸妃、诸王但升殿卷帘列坐，皇帝皇后共坐罳中，诸王列坐两序。太后、嗣君、福王、宰执以次展敬，腰金服紫。属官绯绿，各依次序立班，行朝甚肃。皇帝云："不要改变服色，只依宋朝甚好。"班退，升殿，再两拜，就留御宴，皇帝问吴丞相云："汝老矣，如何为丞相领事？"答云："自陈丞相以下遁去，朝廷无人任职，无人肯做，故臣为相未久。念臣衰老，乞归田里。"

——《祈请使行程记》，《宋代日记丛编》3，上海书店出版社，2013

（元）佚名撰、王瑞来笺证：宋季三朝政要·少帝

[德祐元年]十月，陈宜中再相，团结京城民丁及招年十五以上者为军，号武定军。长不满四尺，观者寒心。……家铉翁同签书枢密院事，谢堂知临安府，赐太学生张景忠等并出身。

[德祐二年正月]大元丞相巴延领兵进皋亭山，去城三十里，北使请执政军前议事。文天祥请行，陈宜中夜遁。十九日，除文天祥右丞相兼枢密院，天祥辞不拜，乃以贾余庆为右丞相，吴坚为左丞相，谢堂枢密院，

家铉翁参知政事，刘岊同知枢密院事。侍从交赞公出。天祥曰：国事至此，吾不得爱身。翊日，以资政殿大学士行至高亭山，见伯颜丞相。天祥抗辞慷慨，议论不屈，遂留之不使归南。

……是月，镇巢军曹旺、无为军刘权并降。

二十日，伯颜丞相入临安府，请太皇太后降令，太皇降诏，江南诸郡归附，各郡付一省札。吴坚一如贾余庆之命，惟家铉翁不书名。程雄飞作色欲缚铉翁。铉翁叱曰："中书无缚执政之理。"遂止。遣使祈请。朝廷自十二月至二月，信使往来，和议未决。北使请宰执亲往燕京朝觐，乃以吴坚、贾余庆、谢堂、家铉翁、刘岊五人诣大都为祈请使。

二月初九日，贾余庆等登舟。是日，吴坚出北关门外，送诸使登舟。时传伯颜丞相命留吴相，登舟偕行。是日，会文天祥于军前，词气益壮。初十，谢堂纳赂还。十一，文天祥自北寨登舟，同铁目儿万户。至二十九日，舟次镇江，文天祥乘间逸去。

三月初一日早，方知文丞相脱，闭城三日，索之不见。收从人干仆并所差馆伴者囚之。

闰三月初十日，至燕京，宿会同馆。十四日，贾余庆薨。

——《宋季三朝政要笺证》卷5，中华书局，2010

（元）刘一清：钱塘遗事·京城归附

丙子正月二十日，大兵入临安府，太皇太后请降。纳太皇太后诏江南诸郡归附。诏云："今根本已拨，诸城虽欲拒守，民何辜焉？诏书到日，其各归附，庶几生民免遭荼毒。"时贾余庆令学士院降诏，俾天下归附之，各付一省札。惟家铉翁不肯署押，吴坚一如贾余庆之命，程鹏飞作色，欲缚铉翁，铉翁云："中书无缚执政之理！归私厅以待。"程竟不敢谁何也。朝廷自乙亥十二月至丙子正月，信使往来，和议未决。正月二十四日，北使请宰执亲往燕京朝觐，于是以吴坚、贾余庆、家铉翁、刘岊、文天祥五人为祈请使。朝廷百官或在或遁，至是为之一空矣。二月初一日，巴延丞相指挥收京城军器。至十二日，索宫女、内侍、乐官诸色人等，宫人赴莲池死者不可计。二十日，北使请三宫北迁。二十二日，宋少帝令太后、隆国夫人黄氏、朱美人、王夫人以下百余人从行，福王与芮、参政谢堂、高应松、驸马都尉杨镇、台谏段登炳、邹琪、陈秀伯、知临安府翁仲德等以下数千人，太学、宗学生数百人，皆在遣中，惟太皇太后以疾留大内。

——《钱塘遗事》卷8，上海古籍出版社，1985

（元）刘一清：钱塘遗事·丙子北狩

祈请使：左相吴坚（天台人），右相贾余庆（海州人），参政刘岊（重庆人），枢密文天祥（吉州人），参政家铉翁（眉州人）。

奉表献玺纳土官：监察御史杨应奎（庐州人），大宗丞赵若秀（临安人）。

日记官：宗丞赵时镇（庐州人），阁赞严光大（绍兴人）。

书状官：御带高州太守徐用礼（临安人），潮州通判吴庆月（临安人），惠州通判朱仁举，处州通判沈庚会，浙东路钤吴嘉兴。

掌管礼物官：通事总管高举（江陵人），总管吴顺。

提举礼物官：环卫总管潘应时，总管吴椿，环卫总管刘玉信（扬州人）。

掌仪官：浙东路钤詹囷，带行官属五十四员，随行人从二百四十人，扛抬礼物将兵三千人。

北朝馆伴使：巴延丞相贴差特穆尔万户，阿术元帅贴差焦愈相。

——《钱塘遗事》卷9，上海古籍出版社，1985

（元）脱脱等：宋史·度宗本纪

［咸淳五年］六月庚辰，以吕文福为复州团练使、知濠州兼淮西安抚副使。甲申，皇子昰生。辛卯，家铉翁辞免新命，诏别授职。庚子，李庭芝辞免兼淮东提举，不允。

［咸淳八年］六月乙巳，以家铉翁兼权知绍兴府、浙东安抚提举司事，以唐震为浙西提点刑狱。……八月丙戌朔，日有食之。辛丑，诏家铉翁赴阙。丁未，绍兴府六邑水，发米振遭水家。

——《宋史》卷46，中华书局，1977

（元）脱脱等：宋史·瀛国公　二王附

［德祐二年］春正月丙戌，命天祥同吴坚使大元军。赐家铉翁进士出身、签书枢密院事，贾余庆同签书枢密院事、知临安府。戊子，知建德军方回、知婺州刘怡、知处州梁椅、知台州杨必大皆降。是月，知临江军滕岩瞻遁。

二月丁酉朔，日中有黑子相荡，如鹅卵。辛丑，率百官拜表祥曦殿，诏谕郡县使降。大元使者入临安府，封府库，收史馆、礼寺图书及百司符印、告敕，罢官府及侍卫军。壬寅，犹遣贾余庆、吴坚、谢堂、刘岊、家铉翁充祈请使。是日，大元军军钱塘江沙上，潮三日不至。

——《宋史》卷 47，中华书局，1977

（明）宋濂等：元史·世祖本纪

［至元十三年］二月丁酉朔，诏刘颛、程德辉招淮西制置使夏贵。己亥，克临江军。庚子，宋主㬎率文武百僚诣祥曦殿，望阙上表，乞为藩辅；遣右丞相兼枢密使贾余庆、枢密使谢堂、端明殿学士金枢密院事家铉翁、端明殿学士同金枢密院事刘岊奉表以闻。

——《元史》卷 9，中华书局，1976

（明）宋濂等：元史·成宗本纪

［至元三十一年］六月，宋使家铉翁安置河间，年逾八十，赐衣服，遣还其家。

——《元史》卷 18，中华书局，1976

（明）商辂等：御批续资治通鉴纲目

［元至元］甲午三十一年

春正月帝崩

［六月］赐宋使臣家铉翁号处士，遣还乡。

初，世祖欲官铉翁，不受，遂安置河间，以《春秋》教授弟子，数为诸生谈及宋兴亡之故，辄流涕太息。至是，年逾八十，诏赐号"处士"，放还乡里，锡予金币，皆不受，寻卒。

［发明］书宋使臣家铉翁，一以予其不忘故国，一以予其不辱夫君命也。铉翁自德祐二年使元，当时同使者有贾余庆、刘岊、吴坚诸人，或物故，或归降，此独书遣铉翁，则其予之之意盖可见矣。直书于册，交予之也。

［广义］君子观铉翁之高致，则赵孟頫合亦惭愧于地下矣。

——《御批续资治通鉴纲目》卷 23，《景印文渊阁四库全书》本

（明）陈邦瞻：宋史纪事本末·元伯颜入临安

二月丁酉，帝率文武百僚诣祥曦殿，望元阙上表，乞为藩辅。

元伯颜承制，以临安为两浙大都督府，命忙兀台、范文虎入城，治都督府事。又令程鹏飞取太皇太后手诏，及三省枢密院吴坚、贾余庆等檄，谕天下州郡降附。执政皆署，家铉翁独不署，鹏飞命缚之，铉翁曰："中书省无缚执政之理，归私第以待命可也。"乃止。

——《宋史纪事本末》卷107，中华书局，1977

（清）毕沅：续资治通鉴·宋纪一百七十九

［度宗咸淳八年］六月乙巳，以家铉翁兼权知绍兴府、浙东安抚提举司事，以唐震为浙西提点刑狱。铉翁，眉州人；震，余姚人也。

——《续资治通鉴》卷179，中华书局，1957

（清）毕沅：续资治通鉴·宋纪一百八十二

［帝显德祐二年］二月，丁酉朔，日中有黑子相荡。帝率文武百僚诣祥曦殿望元阙上表，乞为籓辅。元巴延承制以临安为两浙大都督府，命蒙古岱、范文虎入城，治都督事，又令程鹏飞取太皇太后手诏及三省、枢密院吴坚、贾余庆等檄，谕天下州郡降附。执政皆署，家铉翁独不署。鹏飞命缚之，铉翁曰："中书省无缚执政之理，归私第以待命可也。"乃止。

……

壬寅，罢遣文天祥所部勤王兵，以贾余庆为右丞相兼枢密使，刘岊同签书枢密院事，与吴坚、谢堂、家铉翁并充祈请使，诣元大都。

——《续资治通鉴》卷182，中华书局，1957

（清）毕沅：续资治通鉴·元纪一

［元世祖至元十三年］（五月）初，宋吴坚等来使，不得命，留馆中。高应松绝粒不语，七日而卒，贾余庆病死。家铉翁闻国亡，旦夕哭泣，不食饮者数日。帝高其节，欲尊官之，铉翁辞不受。宋主显及全太后至燕，铉翁迎谒，伏地流涕，谢奉使无状，不能保存宋社。宋主显及太后遂赴上都。

——《续资治通鉴》卷183，中华书局，1957

（清）毕沅：续资治通鉴·元纪九

［元世祖至元三十一年六月］初，宋端明殿学士、签书枢密院事家铉翁来使，世祖欲官之，不受。遂安置河间，以《春秋》教授弟子，数为诸生谈及宋兴亡之故，辄流涕太息。至是年逾八十，辛丑，诏赐号"处士"，

放还乡里。锡予金币，皆不受。寻卒。

——《续资治通鉴》卷191，中华书局，1957

二 方志类

（宋）史能之：（咸淳）重修毗陵志·官寺一

立斋，在平易堂西。咸淳二年，家守铉翁建，取《易·恒》卦"立不易方"之义。

静镇，在便厅后，家守铉翁建。

极高明，在外子城上。乾道初，叶守衡建，名"净远"，杨诚斋有"犯雪来登"之句。（见词翰门）嘉定间，史守弥忞更名"高爽"。淳祐八年，李守迪又更曰"景邹"，以尝为广陵校官，实踵道乡故武，尤切仰止，暇日登城北望，或指似道乡松楸，故名。咸淳二年，家守铉翁又更曰"极高明"。

——《（咸淳）重修毗陵志》卷5，明初刻本

（宋）史能之：（咸淳）重修毗陵志·秩官二

家铉翁

景定五年十二月，朝奉郎、监行在诸司粮料院出守。咸淳二年十月，除太府寺丞。当月改江西提刑。十二月改浙东提刑。

——《（咸淳）重修毗陵志》卷8，明初刻本

（宋）史能之：（咸淳）重修毗陵志·学校

咸淳元年，太守家铉翁以两邑学子有请，即法济废寺改创，撤浮屠像，塑先圣、先师、十哲，绘从祀于两庑，立讲堂，扁以"尊经"，列斋四：传文、辅仁、升俊、复礼，即寺租为学粮。土木既竟，将见教养之盛。

——《（咸淳）重修毗陵志》卷11，明初刻本

（宋）史能之：（咸淳）重修毗陵志·祠庙·东坡先生祠

咸淳三年家守铉翁以法济废寺，武进县良田入学，以供春秋释奠。

——《（咸淳）重修毗陵志》卷14，明初刻本

（宋）史能之：（咸淳）重修毗陵志·观寺

法济禅院，在州东南二里。初名"浴堂院"，太平兴国中改"法济"，迩年浸废。

咸淳初，元权管僧德永以院之江阴庄私献贵戚家，其徒讼于郡，家守铉翁屏之。时朝建已置晋武两县主学，教养无所因。士众有请，白之礼部，为两县学，就以江阴庄养士，符从之。

——《（咸淳）重修毗陵志》卷25，明初刻本

（元）俞希鲁：（至顺）镇江志·刺守

家铉翁　朝奉大夫直宝章阁。咸淳九年六月至，十二月去。

——《（至顺）镇江志》卷15，江苏古籍出版社，1999

（明）卓天锡等修：（成化）重修毗陵志·祠庙

咸淳三年，郡守家铉翁以法济废寺、武进县粮田入学，以供春秋释奠。元至大间，改建东坡书院；至正末，废为民居。

——《（成化）重修毗陵志》卷27，明成化刻本

（明）陈道监修，黄仲昭编纂：（弘治）八闽通志·秩官·宋福建路转运司

家铉翁，眉州人。宋末知建宁府兼福建转运副使，后金书枢密院事。元兵次近郊，铉翁独不署降表。宋亡，旦夕哭泣，不食饮者数月。成宗即位，放还，赐号"处士"。锡赉皆不受，竟以寿终。

——《（弘治）八闽通志》卷36，福建人民出版社，1990

（明）刘伯缙：（万历）杭州府志·古今守令表二

宋元国朝守·宋

德祐二年　家铉翁　眉州人。

——《（万历）杭州府志》卷14，台北成文出版社有限公司，1983

（明）萧良幹修，（明）张元忭、孙鑛纂：（万历）绍兴府志·职官志一·统辖

家铉翁　眉州人。度宗咸淳（1265～1274）中，浙东提刑。

——（明）萧良幹修，（明）张元忭、孙鑛纂，李能成点校

《万历〈绍兴府志〉点校本》卷25，宁波出版社，2012

（明）萧良幹修，（明）张元忭、孙鑛纂：（万历）绍兴府志·人物志五·寓贤·家铉翁

家铉翁，眉州人。以秘阁修撰充绍兴府长史，又为浙东提刑。元兵逼

近郊，铉翁签枢密独不署降状，元帅欲缚之，铉翁曰："中书省无缚执政之礼。"乃得免。寻奉表使元被留，以其节欲官之，铉翁义不屈。三宫北狩，铉翁率故臣迎谒，伏地流涕，见者叹息。文天祥女弟坐兄故系狱，铉翁倾装赎出之，以归其兄璧。元成宗时放还，年八十余。居于越，与林景熙相唱和，以寿终。

——（明）萧良幹修，（明）张元忭、孙鑛纂，李能成点校
《万历〈绍兴府志〉点校本》卷39，宁波出版社，2012

（清）于琨修，（清）陈玉璂纂：（康熙）常州府志·职官

［度宗咸淳元年］家铉翁，景定中任。是年，创晋陵县学，累迁大府丞，江西提点刑狱。有《传》。

——《（康熙）常州府志》卷13，江苏古籍出版社，1991

（清）于琨修，（清）陈玉璂纂：（康熙）常州府志·古迹

极高明　旧在武进外子城上。宋乾道初，郡守叶衡建，名：静远。杨诚斋有"犯雪来登"之句。咸淳二年，郡守家铉翁更名：极高明。今谯楼即其地。

——《（康熙）常州府志》卷20，江苏古籍出版社，1991

（清）王祖肃等修纂：（乾隆）武进县志·县学

县儒学在县治东南一里左厢崇文坊内，今属阳湖县。境右庙左学。按《宋志》，晋陵、武进二县，旧附于郡。

咸淳元年，郡守家铉翁即法济废寺改创，撤浮屠像，塑先圣十哲，绘从祀于两庑。立讲堂，扁以"尊经"。列斋四：传文、辅仁、升俊、复礼。以寺租为学粮。宋季，学毁。元初，设教谕一员，附于郡学。

——《（乾隆）武进县志》卷4，清乾隆刻本

（清）王其淦、吴康寿修，（清）汤成烈等纂：（光绪）武进阳湖县志·学宫

县学在阳湖左厢北岸东。旧为武进县学。宋咸淳元年，知常州家铉翁建。

——《（光绪）武进阳湖县志》卷5，江苏古籍出版社，1991

（清）王其淦、吴康寿修，（清）汤成烈等纂：（光绪）武进阳湖县志·杂事　拾遗

［学校类］宋晋陵、武进二县学附于州。咸淳元年，知常州家铉翁废法济寺，建学殿，中塑至圣、十哲像，两庑绘先贤、先儒像；建传文、辅仁、升俊、复礼四斋，明伦堂、振德堂讲堂，并名讲堂曰"尊经"。

——《（光绪）武进阳湖县志》卷30，江苏古籍出版社，1991

（清）陈汝咸修，（清）林登虎纂：（康熙）漳浦县志·艺文志（下）

四贤诗（有引）

郑郏　莆田遗老

恭谒先师黄文明公祠感赋

百折难柔一片心，英风萧飒到于今。故山谁复培松桧，冷魄犹思溉釜鬵。雨洒宫墙尘尽洗，霞清俎豆蚁皆沈。招魂此日渐无术，瞻仰荒祠泪不禁。（其一）

忆昔夜深立雪时，至今落落负须眉。出师未捷人兴叹，避世苟延我自痴。敢道铉翁存教泽，徒传皋羽解歌诗。精灵鉴此一腔血，忍向祠前涕泪披。（其二）

——《漳浦县志》卷18，台北成文出版社有限公司，1968

（清）彭遵泗：蜀故·人物

家铉翁则堂，眉州人。宋末为枢密。贾余庆卖宋，令学士草降诏，俾天下州郡归附之，又各州付一省札，铉翁不肯署札上。程鹏飞作色，欲缚之。则堂云：中书省无缚执政之理！归私厅以待。执北竟不敢谁何。时文信国在北，以忠义孤立，闻其事，以自壮。赋诗云："山河四塞旧瓯金，艺祖高宗实鉴临。一日尽将输敌手，何人卖国独甘心。中书堂帖下诸城，摇首庭中号独清。此后方知枢密事，从今北地转相惊。"先是，铉翁同丞相吴坚、贾余庆等奉表北庭，号"祈请使"。贾卖国，余听贾，惟铉翁非愿从者，意见北主或可语，欲陈说为赵家存一脉，故引决所未忍也。时文信亦陷在房中，俱有诗，咏则堂诗云：廷净堂堂负直声，飘零沙漠若为情。程婴存赵真公志，赖有忠良壮此行。

——《蜀故》卷14，清乾隆刻补修本

（清）杜甲修，（清）黄文莲纂：（乾隆）河间府新志·人物志·寓贤志·家铉翁传

家铉翁，宋末端明殿学士，签书枢密院事。宋少帝既降元，铉翁随之北迁。至燕，日夕悲哭，元帝重其节，欲使为大官，以示宋时江南旧臣。铉翁固辞不受。曰："已常事宋，义不更仕，且亡国之俘，无颜立与朝。"乃听之。时铉翁家已破，且原在蜀，不能归。其学素长《春秋》，得便居河间府，遂以《春秋》教授河间，供衣食。文文山北来，相见于河间，相对大哭，赋诗而去。至元成宗即位，赐以处士之号，而放使归，赐之金帛，一无所受。还。卒于蜀。

——《（乾隆）河间府新志》卷13，上海书店出版社，2006

（清）杜甲修，（清）黄文莲纂：（乾隆）河间府新志·人物志·寓贤志·汪元亮传

汪元亮，杭人。以善鼓琴供奉宋帝宫中。宋亡，元亮亦从至燕，后得归。过河间，家铉翁学士其在临安旧识也，因留铉翁所数月。两人倡和赋诗，皆悲凉慷慨，读者增黍离之哀。元亮既归，以黄冠老。（见《冰雪集序》）

——《（乾隆）河间府新志》卷13，上海书店出版社，2006

王铭新等修，杨卫星、郭庆琳纂：（民国）眉山县志·人物志一·列士

家铉翁，《宋史》本传。眉州人。以荫补官。累官知常州，政誉翕然。迁浙东提点刑狱，入为大理少卿，直华文阁，以秘阁修撰充绍兴府长史，迁枢密都丞旨，知建宁府兼福建转运副使，权户部侍郎兼知临安府、浙西安抚使，迁户部侍郎，权侍右侍郎，仍兼枢密都丞旨。赐进士出身，拜端明殿学士、签书枢密院事。大元兵次近郊，丞相吴坚、贾余庆檄告天下守令以城降，铉翁独不署。元帅遣使至，欲加缚，（文天祥诗序云：加缚之人为程鹏飞也）铉翁曰："中书省无缚执政之理。"坚奉表祈请于大元，以铉翁介之，礼成不得，命留馆中。闻宋亡，旦夕哭泣，不食饮者数月。大元以其节高，欲尊官之，以示南服。铉翁义不二君，辞无诡对。宋三宫北还，铉翁再率故臣迎谒，伏地流涕，顿首谢奉使无状，不能感动上衷，无以保存其国。见者莫不叹息。文天祥女弟坐兄故，系隶官，铉翁倾囊中装赎出之，以归其兄璧。铉翁状貌奇伟，身长七尺，被服俨雅。其学邃于

《春秋》，自号则堂，改馆河间，乃以《春秋》教授弟子，数为诸生谈宋故事及宋兴亡之故，或流涕太息。大元成宗皇帝即位，放还，赐号"处士"，锡赍金币，皆辞不受。又数年以寿终。

文天祥闻家铉翁不书降元札子事，赋诗云："山河四塞旧瓯金，艺祖高宗实鉴临。一日尽将输敌手，何人卖国独甘心。中书堂帖下诸城，摇首庭中号独清。此后方知枢密事，从今北地转相惊。"又闻则堂介坚奉表北庭，欲见北主陈说，为赵存一脉，因表以诗云："廷争堂堂负直声，飘零沙漠若为情。程婴存赵真公志，赖有忠良壮此行。"

——《（民国）眉山县志》卷 10，巴蜀书社，1992

三　诗文类

（宋）文天祥：则堂二首

北入京城，贾余庆迎逢卖国。既令学士降诏，俾天下州郡归附之，又各州付一省札。惟枢密则堂家先生铉翁，于省札上不肯押号。吴丞相坚，号老儒，不能自持，一切惟贾余庆之命。其愧则堂甚矣！程鹏飞见则堂不肯奉命，堂中作色，欲缚之去。则堂云："中书省无缚执政之理。"归私厅以待执，北竟不敢谁何！予在北以忠义孤立，闻其事以自壮云。

山河四塞旧瓯金，艺祖高宗实鉴临。一日尽将输敌手，何人卖国独甘心！

中书堂帖下诸城，摇首庭中号独清。此后方知枢密事，从今北地转相惊。

——《文天祥全集》卷 13《指南录》，江西人民出版社，1987

（宋）文天祥：使北

……贾幸国难，自诡北人，气焰不可向迩；谢无识附和；吴老儒，畏怯不能争；刘狴邪小人，方乘时取美官，扬扬自得；惟家公非愿从者。犹以为赵祈请，意北主或可语，冀一见陈说，为国家有一线，故引决所未忍也……先一夕，予作家书，处置家事，拟翌日定行止。行则引决，不为偷生。及见吴丞相、家参政，吴殊无徇国之意，家则以为死伤勇，祈而不许，死未为晚。予以是徘徊隐忍，犹冀一日有以报国。惟是贾余庆凶狡残忍，出于天性。密告伯颜，使启北庭，拘予于沙漠。彼则卖国佞北，自谓使毕即归，愚不可言也！谢堂已宿谢村，初九日，忽驾舟而回。或谓唆都为之地，伯颜得贿而免。堂曲意奉北，可鄙恶尤多。诗记其事。

自说家乡古相州，白麻风旨出狂酉。中书尽出除元表，北渡黄河衣锦游。（贾）

至尊驰表献燕城，肉食那知以死争。当代老儒居首揆，殿前陪拜率公卿。（吴）

江南浪子是何官？只当空庐杂剧看。拨取公卿如粪土，沐猴徒自辱衣冠。（刘）

公子方张奉使旗，行行且尼复何为。似闻倾尽黄金坞，辛苦平生只为谁？（谢）

廷争堂堂负直声，飘零沙漠若为情。程婴存赵真公志，赖有忠良壮此行。（家）

初修降表我无名，不是随班拜舞人。谁遣附庸祈请使，要教索虏识忠臣。

客子漂摇万里程，北征情味似南征。小臣事主宁无罪，只作幽州谪吏行。

使旌尽道有回期，独陷羁臣去牧羝。中尔含沙浑小事，白云飞处楚天低。

——《文天祥全集》卷 13《指南录》，江西人民出版社，1987

（宋）文天祥：思则堂先生

初四日，予在桂公塘。北骑数千东行，莫知其故。贾家庄有樵夫云："昨夜北营甘泉西，去城四十里，有白须老子，设青里恩饭于救生寺灶前，称南朝相公。"问其何如？曰"面大而体肥"。以意逆之，则堂家先生也。因知昨日，北驱奉使北去，与其所掠老小辎重偕行。予虽不免颠踣道路，较诸先生，不以彼易此也！先生尝云："某四十规行矩步，今日乃有此厄。"流涕二十八字。

白须老子宿招提，香积厨边供晚炊。借问鱼羹何处少？北风安得似南枝！

　　　　——《文天祥全集》卷13《指南录》，江西人民出版社，1987

（宋）文天祥：怀则堂实堂

　　二先生于予厚，予之惓惓于二先生，知二先生亦惓惓于予也。

白头北使驾双鞯，沙阔天长泪晓烟。中夜想应发深省，故人南北地行仙。

　　　　——《文天祥全集》卷13《指南录》，江西人民出版社，1987

（宋）文天祥：河间三首

　　夜宿河间，恰家则翁寓焉，因成三绝。

空有丹心贯碧霄，泮冰亡国不崇朝。小臣万死无遗慨，曾见天家十八朝。

南归雁荡报郎君，老子精神健十分。不为瀛洲复相见，阿戎翻隔万山云。

江南车盖走燕山，老子旁观袖手间。见说新诗题甲子，桃源元只在人间。

　　　　——《文天祥全集》卷14《指南后录》，江西人民出版社，1987

（宋）文天祥：集杜诗·家枢密铉翁

　　则堂先生家铉翁，蜀名家，有学问，举动必以礼，朝中老成典刑也。当国都不守，先生签书枢密，见虏持正议。左丞相吴坚、右丞相贾余庆，以省札遍告天下，令以城归附。先生不押字，虏自省中胁以无礼，公不为动，竟末如之何。后以祈请使为名，群诣北庭，既至，上书申祈请之议。忤北庭意，留燕邸，已而移渔阳，又移河间。如我朝羁置特官，给饮食而已。余过河间，得一二相见。先生风采，非复宿昔，而忠贞俨然。使人望而知敬。呜呼！其可谓正人矣。

出处同世网（《郑公虔》），高谊迈等伦（《别蔡著作》）。

异方惊会面（《送韦别驾》），慰此真良臣（《寄唐使君》）。

——《文天祥全集》卷16《集杜诗》第138首，江西人民出版社，1987

（宋）林景熙：闻家则堂大参归自北寄呈

章祖程注：丙子春，伯颜兵至杭州，则堂家铉翁以参知政事与丞相吴坚等充祈请使，诣燕申祈请之议。国亡守志不仕，贬河中府十九载，至元三十一年甲午召还放自便。乃归江南，时年八十有二矣。

滨死孤臣雪满颠，冰毡啮尽偶生全。衣冠万里风尘老，名节千年日月悬。清唳秋荒辽海鹤，古魂春冷蜀山鹃。归来亲旧惊相问，禾黍离离夕照边。

——（元）章祖程注，（元）陈增杰补注《林景熙集补注》，
浙江古籍出版社，2012

（宋）谢翱：因北游者寄峨眉家先生，先生曾宰建之浦城，故末章及之

其一

灵关高缥缈，缥缈出曾城。其上盘紫云，倏忽牛马形。鸡鹍不栖树，浴彼清泠泓。惟有孤鸷鸶，衔命此山灵。迎风遡寥廓，杳杳西北征。羽毛中道折，六月霜霰零。回首灵关云，泪下如悬缨。

其二

江淹所治县，粤王曾种树。山人雨后来，空台唯宿莽。故人出端平，子孙今不武。寥寥南峰寺，枯禅尚灵雨。犹记桐乡祠，影前及僧语。

——《晞发集》卷6，《景印文渊阁四库全书》本

（宋）谢翱：怀峨眉家先生

露下湿百草，病思生积愁。窟泉春洗屐，毡雪莫过楼。

魂梦来巴峡，衣冠老代州。平生仗忠义，心自与身仇。

——《晞发集》卷7，《景印文渊阁四库全书》本

（宋）汪元量：登蓟门用家则堂韵

蓟门高处小凝眸，雨后林峦翠欲流。车笠自来还自去，笳箫如怨复如愁。

珍珠络臂夸燕舞，纱帽蒙头笑楚囚。忽忆旧家行乐地，春风花柳十三楼。

——《增订湖山类稿》卷3，中华书局，1984

（宋）卫宗武：和家则堂韵赠高教之北

别时欠折苏堤柳，西方美人无恙否。子卿啮雪十九年，何似生前一杯酒。

麒麟胡可系而羁，要使为祥在郊薮。当年谁擅西湖春，公闾遗臭千载后。

但知金屋醉蛾眉，簸弄威权翻覆手。徒劳吉士远有行，令人骄骄赋维莠。

君今重整燕蓟辕，老子莞然欣得偶。殷勤为我问平安，司马深衣想如旧。

——《秋声集》卷2，《景印文渊阁四库全书》本

（元）释英：家则堂大参南归

故国衣裳已变迁，灵光此际独依然。一身幽蓟三千里，两鬓风霜十九年。

归去午桥非旧日，梦飞秋塞隔遥天。江南遗老如公少，青史名高万古传。

——《元诗选初集》

（宋）陈著：贺新除浙东家宪（铉翁）启

中诏起家，外台司臬。绣衣持斧，乍辞汉日之边；熟路驾车，未觉周原之远。观瞻之下，精采维新。恭惟某官高名斗山，邃学渊海。出尘拔俗，生东坡之后百年；（家翁，眉州人也。）揽胜饕奇，自西蜀而来万里。培植传家之业，发挥经世之猷。吾国自为之精神，天下想闻其风采。粤乃

221

缥组，烨然行碑。出长则任州县之劳，细民胥庆；来仪则为朝廷之瑞，善类相观。虽材巨而难容，誉重而见忌，然姜桂之性弥辣，松柏之姿自坚。吾道非邪，重为己任；有臣如此，简在帝心。将纳于清彻之班，姑宠以光华之遣。况地以近亲而重，而今之持宪者难。非深厚如吕坦夫，不能靖变；非精严如周茂叔，何以洗冤？亟起我公，往钦此寄。不然弄印之已久，岂无揽辔而先登。水鉴平明，小人得以情白；金茎峭洁，污吏望而毛寒。上以广钦恤之恩，下以副澄清之望。行且柄用，此特刃余。某嗜古如饴，与世无味。父师左右，颇闻所学之指归；宇宙中间，欲免此身之愧怍。庶全存其在我，敢傥觊其有他。

——《全宋文》卷8101

（宋）陈著：谢家宪（铉翁）举升陟启

举词云："卓然有立，介而能通。使居台阁之官，实允缙绅之望。"

绣衣行部，所至肃清，墨绶效官，乃叨升举。曾无平生之素，可谓特达之知。某窃惟监司之官，要在扬清而激浊，县令之职，类称学道而爱人。至于访察之初，每有蔽欺之患。誉阿毁即墨，鲜不惑于所闻；使肥廉中牟，能无遗于未见？自非舍之世妆之外，识之古眼之中，则于孤寒，谁其荐引？况如某者，梅枯犹活，荼苦如甘。受命父师，凛兢兢乎本色；授徒乡曲，凄冉冉其中年。偶然得官，知其非分。亦曰一命以上，皆可及人；苟得百里而君，庶几行志。幸获逃于选阱，遂来溯于县滩。顾瞻雪溪，密迩霞峤。谓山深俗美，可适意以鸣琴；而世异事殊，竟投身于沸鼎。然而迂乃其学，拙本于姿。纷乎应酬而无涯，随所抵牾而罔觉。居今之世，岂其徇俗之皆非；泥古之心，亦以信书之成癖。怪屡遭其吠日，毒且伏于含沙。自顾此身为何人，安能每事而尽善。惟知无过之地，当反而求；如其获罪于天，殆不可追。徒恃二天之覆，以为一日之安。揽辔之来，未敢望风而走；除途以俟，将为请命之图。过蒙包函，免赐汰斥。方抚躬而自幸，忽荐目之遽腾。靖惟渺然，何以得此？取诸宾客，则游从之未尝；采诸士民，则是非之方起。顾独行于公道，若有出于私情。人固难知，己尤莫喻。如南轩取滋味于食杞，胜供膏粱；如康节以根荄而见花，略去枝叶。载披华衮，益悚懦襟。松柏之寒未深，立何能卓；山林之胜犹痼，分奚以通。至云居台阁之官，抑恐发缙绅之笑。兹盖恭遇某官斯文元气，善类泰山。运用天下之规模，十分正当；

揭取人才于衡鉴，一切平明。凡或品题之过情，盖有作成之深意。遂从属部，首举非才。某敢不谨谨受持，惺惺点检。功名余事，惟忧道谊之难盟；宇宙中间，幸有门墙之为主。寸丹所倚，点墨非诬。

——《全宋文》卷 8101

（宋）陈著：通浙东家宪（铉翁）缴札

某伏以孟冬之月，生意所根。恭惟某官直指风行，列城雷竦，穹示迪吉，台候动止万福。某宿斋而后敢奏记于典史氏，仰祈原宥。某辄律稽彝，具严甲染，天生英儒，以主盟斯文，司命下土。虽使华所向，嘘阳吸阴，自我寒燠，然鼎铼衮衣之奉，某犹不能不与七州四十三县之旄倪，望尘加额，为执事者祝。某兹审疏渥宸庭，详刑关辅。泰茅一拔，知天地之必春；节荡载驰，与风霜而俱肃。世道幸甚，人情快哉！

恭惟某官精神足以强本朝，力量足以斡世运，文雅足以识治体。盍相丹屏紫极间，振扬家学，展尽素蕴，以福天下？上顾浙河之左，臬事尤重，而弄印滋久，其命以礼乐遣公，姑为此行。一札召还，置诸左右，善类延颈。

某闻昔三苏父子始来京师，当世人士无问贤否，皆愿为之交识。某幸从长公游，（景定辛酉、壬戌为湖南帅准，与机家桂翁为同寮）每欲夤缘进拜老先生堂下，因循岁月，祗重责沈之愧。天开机幸，兹得以属邑小吏，受容察于上堂，某鼓带自庆。

某甬东末学，窃服师友绪余，仕未能信，学政古剡，一考而余恐负心，洗手奉法，不敢毫末自庆。世道弗竞，岌其殆哉！忽戴二天，实获私心，敢不益自洗濯，以仰承条教。某下情无任惓惓。某敬修俪辞，以严事上之礼。滓秽奎璧，一盼荣甚。某仰瞻上界，偃佺环辑，戬谷轮困，有问斯答。凡有指使，拱俟下行。

——《全宋文》卷 8096

（宋）陈著：谢家则堂提刑（铉翁）应诏特荐书

举词云："介特自持，疏通无滞。不交游谈，以取虚誉。务修实政，以妥疲氓。察其所施，足以任重。"

伏准札翰缄赐应诏特荐照帖，某尝谓古之为政，先教化，次狱讼，征赋末也。教化行而狱讼省，而征赋在其中矣。世远道散，政失其序，以征赋为第一事，狱讼犹以为缓，复暇及教化乎？春秋之际，武城弦歌已为仅见，至汉惟卓鲁有古之意。寥寥千载，非惟下之人懵然此道，而上之人所以使之者，固不在此也。

某虽不才，无所谓学，侥幸为百里宰，窃亦有志焉。而所遇之地，声势震撼，豪奢掀舞，哗者狡者，群吠而交嗷焉。不敢轻以掉之，恐其浮而纷纷也；不敢重以抑之，恐其窒而闷闷也。就此之所可能，酌彼之所可受，约其气之过，扶其习之偏，凡所酬酢，凡所言语，无所不周其心。庶几其或应，而或可以自信也。彼好事于后者，方且笑其非所先；督办于前者，方且讶其失所急。

特先生味其所苦，如嗜昌歜菹；拾其所弃，如见古罍洗。今日以升陟举，明日以应诏荐。某于先生无游扬之助，无趋抠之旧，六辔驰驱，不下负弩矢之一，望光尘而已。知何其深，爱何其笃也！然则其自信于心者，虽未必民之果应，而先生固已可之矣。昔有问坡公政事之美者，答曰："吾从欧公学来。"然则欧公何尝以政事教坡公哉，亦不过意以相求耳。先生今日欧阳公也，抱古心，行古政事，某于坡公虽拟非其伦，何敢不益坚素志，以从先生于岁寒？

——《全宋文》卷8097

（宋）陈著：答上虞陈宰（阜）书

某鼎烹上坐暑瓿，非病之病良苦。好风自西溪来，吹下真帖，展而读之，如服飞雪，散毛骨肝肠，洒洒其忽变换也，况赐我以佳友如史兄者乎。是兄面带雪岭气，口有眉山文，叩之而不穷，即之而愈远，宗文所取友端矣！第邑计荒凉，不能免孙泰山之皇皇，我有愧焉。则堂先生之于某，无一事不用情欺之者，实仁言也。黄东发（震村）。为越倅，近奉檄道下邑，亦有称美盛，岂有筑堰事，文移或有抵牾耶？然在我者又何愧？剡庠课试已结局，拟试凡数百卷，赋出云云，论出云云，策首问，乃某乱道。盖邑士皆以三边为请，某乃问古，则《江东十鉴》皆队仗，方问今，则又难下笔，终不于今事檃括之。敢以密呈。其二三问，却说拟试与雪溪故实，乃主学之笔，不敢录。大手笔问拟试中间说僭拟处，乃某平生所欲言，愧无其权位以行之，今读此问，不觉神醒而心快。会陈贾，（策，上虞人。）望为再三致意。

——《全宋文》卷8097

（宋）陈著：故节干范君墓志铭

四明素多士，山川气分，前辈风流，日以衰落，尚其如吾友范纯甫者，几何人哉？而死矣！他日，其孙鹤孙曳衰踵门曰："鹤孙大父善于子，葬且有日，敢以状请铭。"余执而哭之，不得辞。

君讳应发，纯甫其字也。庆元府昌国县人。曾祖庠，祖希颜。父镕，前迪功郎、滁州清流县主簿。君早孤，母赵氏力贫教其子，资之师从，不远千里，文声蔼然旁魄。再宾秋荐，晚始第名奉官，授迪功郎、嘉兴府崇德县县尉。县当孔道，吏饕民嚚，号最难治。本之清苦，推以果达，当路才之，丛难以委。摘奸钩隐，冤涤滞疏。间抱牍立台府下，相可伈伈不少动。于门大书云："更无私入路，常是大开门。"宪使李公庚行部，见之异，下车访问。随事敷答，无遗余。曰："此非神明尉乎！"即路腾剡。唐公震继之，与郡守俞浙、漕使许公自争出我子。赵公孟传檄入幕。家公铉翁伏其干办临安府节制司公事。厄于时，志不克竟，归老于里。吁，命也夫！君平生尝笃于其所知，不以世故迁。其有不辱吾类，容明气扬，称道不离口。其有过，虽夙所敬说，必面折，不以情隐。于家东偏辟一室，放忠宣公遗意，曰"著作林"。家毁，并其先人墓以居，号小范。既而买屋城中，图史左右，日有手抄，惟意所可，曰"自足记"。交游既广，客坐无虚顷，觞咏留连，率竟日乃去。盖其心旷远萧散，所适皆乐如此。

君生于己巳五月六日，终于戊子十有二月二十有一日，享年八十。娶陈氏，端懿静和，宾敬尽老，越明年十有一月十日，亦以寿七十有七岁终于内寝。子男二：长逢甲，漕贡进士，先君五年卒。次埴，后其姻亲冯氏，前承信郎。女二：长适前礼部进士赵嗣镇，次适前迪功郎赵嗣铚。孙男一，取埴之子，鹤孙是也。女一，适赵必圣。君盖棺甫半月，延燎垂及，鹤孙亟奉之出丛于奉化县禽孝乡冯氏墓庐山之阴，为道士壝。君治命："我死，于此乎葬"，己丑十有二月甲申启蓘，以陈氏枢合葬。铭曰：学以成名，而迟于成。仕以行志，而啬于行。维寿则丰，维心之亨。式宁其归，尚泽云仍。

——《全宋文》卷8117

（宋）牟巘：通交代浙东提刑启（家铉翁）

予环趣入，方劳使臣之来；出节俾行，猥承贤者之后。辄修初贽，自托下风。某官问学淳涵，风猷整峻。大儿孔文举，一老高视于人群，难兄陈元芳，二季共称于世瑞。越自驰英声于茂宰，成美最于价藩。擢外府丞，维天子使。并涛江而东骛，乃冯翊之左区。路熟重来，风生一道，苍崖赤子，自以为不冤；玉壶清冰，挠之而勿浊。含香径跻于省户，寓直密傍于奎钩。有功见知，原省因任。留之以为帝乡之重，待之以成宣室之厘。方底绿绨，顿觉小蓬莱之近；属车清跸，即跻旧笔橐之班。某积愧空餐，日寻归梦。顾铅刀之钝甚，如绣斧之轻何。必咨于周，敢以驰驱而自诡，其则不远，庶几渠馑之是承。

——《全宋文》卷8224

（宋）牟巘：义斋记

临安山水天下奇，异时英雄崛起之迹，历久而平。钱氏子孙希白、穆父辈，皆去而为文词、取科目、司诰命。至近代平齐洪君出，又以伦纪常著名节，流风余论，今犹可考也。方君天瑞生于是乡，妙龄秀发，雅慕前修，劬书嗜古，而喜为诗。其居有山月吟窗，日啸咏其间。

家则堂尝为作诗，序其胸次已不俗。又以"义"名其书斋，而问于予。予曰："识瞀学落，然尝闻仁以义节，故亲亲而仁民，仁民而爱物，否则爱无差等，墨氏也。气可配道与义，故浩然塞乎天地，否则以义为外，告子也。敬义立，故德不孤，否则敬以直内，而不以义方外，释氏也。若是者，皆不能以无义。义者，固非一行一致之为，而子犹昭昭焉以义为揭者，何哉？岂有半夜叩门、摄衣从之，而不以在亡为解者乎？亦有怀愤不直、咈人色上，而稠人广众辄谯责不顾者乎？抑亦有排难解纷、辞千金而不受、因绝其人不与通者乎？"

天瑞曰："是之所义，非吾之所谓义也。况井以辨义，义之与比君子喻义之类，曷尝不专言之，而元麟之取节，则《原道》"行而宜之"之语也。昔曾子曰："义者，宜此也。"《中庸》曰："义者，宜也。"扬子云曰："予得此义，谓之义也。"韩子殆本此欤？"予于是知天瑞真好义者矣。

夫天下事物，其不皆有当然之则。子之居是斋也，盍试思之。自君臣、父子、兄弟，以至朋友、乡党、邻里，以至一语一言一举动，云为之际，凡行之而得其当，处之而得其平，由之而得其正，辨之而得其分者，皆所谓宜也、义也。是义之名也，固标绝于一辞之表；而义之实，每裁制于众理之中。虽以之为诗，可以兴，可以立，可以怨，可亦义之宜也。发于情，止于理义，止亦宜之义也。《传》曰："《诗》《书》，义之府也。"孰谓吟窗之不谓义斋乎？

——《全宋文》卷 8234

（宋）牟巘：书陈养大祖赠告

自昔丧乱之际，至有以大将军告身易一醉。况有甚于此者，故家遗物，云散潦空，不自意全。古杭陈养大，乃能访求其大父赠朝议大夫告。虽断缣尺许，而明禋之赐恩，吏部之印章，陈氏两世之官名，犹有可考。盖其一念思亲，志存旧物，期于必获，故造物者实阴相之。世有藏唐诰，多颜鲁公所书。而陆农师追封其祖，亦米南宫为书告。家则堂师慕平原者也，既识其事，而性存又以忠孝称之。则陈氏之所得侈矣，不但取元章之字画而已也。

——《全宋文》卷 8229

（宋）牟巘：黄提干行状

先生姓黄氏，讳某，字济叔，隆州井研人。其先自金华入蜀，子孙散居邛、资、隆三郡，而隆之族为大。四世祖迁，登元祐三年进士第。元符中，以选人上书，诋时宰，名在党籍。曾祖考时敏，三冠里选，尝著《易》，通六经，释疑义，号为博学。祖考顺卿，与兄朝卿同举于乡，里中称双凤。朝卿后登绍兴二十一年进士乙科，为青神宰。考子说，性刚介。青神当磨勘朝奉郎，告且下而卒，无子。或谓君宜亟图之，庶几赏延者，君正色持不可，人以为难。曾祖妣陈氏，祖妣喻氏，妣王氏。

先生生于庆元丁巳，髫龀嗜书。十九丧父，哀毁柴立。免丧即负笈游蜀，学成都石室。郡四方士殆万数，先生试辄上游。已而叹曰："是不足为吾学。"归，闭户穷经，贫益甚，学益苦，从之游者日益众。普慈素多士，岁率以夏秋之间为讲会。坐皋比者皆宿学大师。士不惮裹粮，竞往听。先生持所见与之相叩击，连折五鹿君，会下竦服。早游秀岩、东窗二李先生之门，而某之大父雪溪公、先人存斋公尤敬之，奉书币延至家塾。先生以师道自处，诲诸生有法。每讲诵过夜分，未尝假以词色。诸生一笑语稍哗，一步趋稍异，一容止稍慢，先生辄厉声呵责之，人谓焦先生弗是过也。大父即世，与先人俱东，流落厄穷，有不堪其忧者。二老方相与绅绎经传，考注同异，以不足日为事。其后先生家于吴，书问往还无虚时。岁或一再过，先人留辄累月，子弟奉巾屦侍左右，不敢怠。与先人道同志合，每相规以正。先人立朝，议论或抵忤，先生辄喜。闻其得请去，尤喜。诸贤闻先生行谊，皆愿交。退庵吴公、朔斋刘公、双溪李公，前后交聘。先生独从朔斋、双溪，而于朔斋尤久。朔斋以文墨称一时，往往质之先生而后出。先人守当涂，先生已倦游，强以往，凡书翰墨，以烦先生。尝建小学，属先生为之规约，甚备。先人得罪权贵人，归卧苕雪，先生亦杜门教子，不复出。

先生连蹇名场，淳祐癸卯，甫荐江东。景定壬戌，以累举当入对，诸老力劝之行。会有旨，学县皆设官职教，视郡博士，先生得主庆元昌国县。昌国居海中洲，学虽具而无教法。先生首以白鹿洞规从事，升堂讲《学记》一则，使学者先知学之所以误，与其所以学之序。自是朔旦辄讲，反复推尽，不为空言。学者翕然，以得师为幸。间复严课试，岁终则校分而升黜之。学廪旧县令持簿书，愿并属先生，先生力却之，勿虑十数反，曰：“君任养，吾任教，毋相淆可也。”令不能强。始至无所舍，有夫容洲，屋仅三楹，上雨旁风。先生请于县捐奉，撤而新之。复增堂二，公居，以为来者利，一不以扰县。家丞相、西涧先生叶公时在鄞闽，得先生讲义，大加叹赏。即书其牍曰：“学问深醇，讲说明畅，堪充经术精通，可备讲读科。”且将及春而举之，会先生解去，弗及用。咸淳以覃恩循修职郎，再调台州宁德县丞。丞厅岁催役钱，为关子九万有奇，人逆惮莫敢向。屡更聊摄，弊益滋，逋如山积。而诸吏揽上户相表里，不可问，甚者去其籍。先生究知其病，乃条画，诣郡白之，且曰：“州县母子相依，痛痒相关。盍立定期往专卒乎？毋徒困其子。”守戴侯恫一始见辄握手论文，如旧相识。留之幕府，先生力恳还，曰：“丞虽卑，吾职也。敢旷官乎？”侯益敬叹，先生所请悉行之。至邑，则户予一青册，使有钞者销，无钞者纳。未几，负者毕输，解新补旧，不督而办，下户预借之弊尽革。

先生初与贰卿家公同寓吴，幅巾短褐，日相从萧寺。公性高简，不可一世士，独敬先生。二子颐山坤翁、则堂铉翁因与先生厚。至是则堂提点本路刑狱，首问先生所在。屡罗致不就，举以关升。应诏荐士，复以先生为首，曰：“学有渊源，文有楷法。持论坚正，制行洁清。早登西州诸老之门，独擅汝南旦评之誉。蔚为人物之表，宜备师儒之官。"其相推重如此。

赵侯子寅来为守，未识面，亦以所知举先生。宁海为叶公通德里。公角巾还第，先生候之郊坰。公犹不忘昌国时，一见喜甚，摘赏赘文警语再三，间语其乡人，以先生学问操履称之不容口。迨解归，公复贻书中朝相料理。而先生已无意荣进矣。过越，则堂力要权检法官，先生亦为之尽心谳议，务得其情。使者出循部，先生留司，吏抱成案，促详覆，驿致行司，日不下十数椟。先生剖析详明，傅以经义，多所平反。壬申秋，则堂召而某继之，辞不获命。先生知某当来，趣为装将归。某亟书丐少留，愿受教。先生曰："子以一致之性，处群物之会，吾为子惧。虽然，勉之，无负所学。"时雪崖先生洪公起帅越，兼庾事，雅知先生。辟茶盐司准备差遣。幕府省文书，日与同僚赋诗饮酒为乐。退辄掩关，馈问不通，门无杂宾。郡有《西汉书》板，脱误踳差，几不可读。先生欲白府刊正之。适洪公以真文忠公所编《文章正宗》属先生校雠，先生曰"是吾志也"，乃并《汉书》白之。即仓司置局，字字参计，虽盛暑弗置。所厘正稿具，未刻梓，先生忽感风眩，谒告少间，犹自力拟文牍，阅书策，应人事，如它时。时先生二子请举江东未还，某往省，先生使人逆拒之。因属先生之姻杨君明复，昼夜视先生。先生谢医并药，曰："吾无所苦也。"一日与杨君坐语至暮，忽痰薄咽间，疾复作，竟终于官之正寝。癸酉九月乙酉也。某以诸生实制服受吊，洪公尤嗟惜，赠赙特厚，且经纪归其丧。

先生性静专，于书无所不读，一再过则终身不忘。尤粹于经，格言要义，往往皆成诵。讲明义理，居多自得。其大旨率本伊洛，而诸儒之说，亦皆参考互绎，贯穿融液，以会其归。义有未安者，未尝苟同，颇为改易。其于象数、制度、名物，口讲手画，粲然可观。以至训故义疏，一语之疑，一字之误，人所不经意者，先生言之甚精。伦类博通，本末该贯，世之号为儒者，未之能及也。每叹学者好高骛远，躐等凌节之病，故其教人必以致知格物为先，而主之以敬，使人静坐，收敛心身，整齐庄肃，曰："不如此，无下手处。"平居寡言笑，及讲学则乐于开导诱掖，旁引曲譬，亹亹不倦，其词气反益宽平，真得讲师三昧。虽过时而学者，皆言下有省。先生制行甚谨，如蹈规矩，如奉圭璧。终日兢兢，未尝见有燕惰之色。不欺暗室，不愧屋漏，先生有焉。威如之教行于家，方严不可犯。然其中洞然无城府，处事接物一出于诚，与人交笃至周尽，终始无间。人有片善寸长，不啻如自己出，逢人辄称道不置。闻言人之恶，则掩耳避去。尤谨于礼，笃老不废。虽童幼亦与为酬对，不少忽。不求人之知，而人自知之，于其知之者，亦介然自处，不可亲疏。言不及利，遍游诸老而贫，自居环堵，萧然无担石储，不顾也。所居必痛扫溉，一室艺兰菊，列图史，布衣蔬食其间，以名教自乐，不知岁月之徂。学成行尊，朋友信之，乡里化之，公卿大夫敬之。不得已而仕，白首下位，不沮不戚，惟职业自尽。盖有为乘田委吏、不卑小官之意。然明炼通达，宿于其官者所不如，故所至有去思。

其于文，根据渊源，力闳以肆，大抵取诸胸中而书之。凡钩章棘句，巧鏧悦而窘边幅者，先生所不为。诗则薄晚唐，尚王、苏，精深华健，得《骚》《雅》意。与大父、先人暨朔斋诸老，倡酬联轴。笔法尤遒劲，逼欧、柳，置之名帖中，莫辨也。为金石书者，以不得先生书为憾。如《岷峨楼记》《喻德君墓碣》《太白祠堂记》《黄庭经》等书，皆尽其妙，争宝藏之。晚自号樗庵老人，有《论语幼学》《说易集传》《诗会解》《汉晋史节》《通鉴类》《名物度数》《性理指南》《信笔录》等书，皆蝇头细字，每帙不下十数策，藏于家。

始先生逾四十不娶，大父以孙明复、邵康节之事感之。娶史氏，省元元一之孙。子男四人，寿文、起潜，待省进士，黄中为外祖喻氏后，皆力学能文词，世其家。良老早夭。女三人，长早卒，次在室，次适进士王佐材，先二年卒。孙男三人，见心、奎寿、晦老，皆夭。孙女三人。其孤，将以甲戌十月庚午，奉先生枢，葬于平江吴县至德乡凤凰山之坤原。

呜呼！先生师道之立，经学之术，如胡翼之、孙明复，使其稍进于时，必能助成王德，有补世道。而位不配其德，用不究其学，赍志以殁，其所就仅如此，可胜痛哉！

某丱角受学先生，先生视之如子，耳提面命，以至成人，虽不敢自谓有得于先生之万一，犹庶几未死之年，日闻师训，以不为小人之归。讵意一旦梁坏山颓，呜呼已矣，无复可言矣。罔极之恩，其何以报矣！患难余生，志气颓落，方为门墙羞，其何能论次先生之平生！而先生遗意，谊不得辞，顾葬日薄，乃掇言行之大略著于篇。它尚多所遗，无以发先生道德精蕴，此则某之罪也。立言君子尚矜而赐之铭，尚有取于斯焉。

——《全宋文》卷 8236

（宋）牟巘：野翁禅师塔铭

始予闻野翁为《本论》，疑焉。及观其所谓本，则曰“吾宗本漕溪，漕溪本达摩，心传面命，具有先后，其传愈远，支派互分，然本未尝不一也”。野翁一本乎禅，故有此论。且深以竞华逐末为世戒，在其法中，庶乎知本矣，其何疑于是？野翁之葬且三四年，其徒即是、因是来自鄞越，以觉恩上人所次遗事，求铭厥藏。

按师讳炳同，野翁字也，越新昌张氏。生嘉定癸未，年十一出家，投邑之大明寺僧大轰为师。端平乙未，祝发受戒。夙具聪敏，有志于道，负笈从台东掖宪法师习天台教。居数岁，弃所习，复从大轰。大轰课之特严，其长而克有成者，轰之教也。端、嘉以来，吾蜀痴绝冲公、无准范公倡道东南，学者倾向，皆愿为之徒。师首从痴绝于天童，一见刮目。坐数岁，有大警发，乃之径山见无准。时间道者肩相摩，师年最少，机最捷，无准亦骤进之。又数岁，往造大慈济大川。之宣明，举腊月火烧山话拟对，竹篦杖之。当下有省，因留不去。川本灵隐，以为书记，力辞，且荐归云度、禅云盛有词藻，人多师焉，让焉。后掌记。履斋吴公判郡，知其人，俾出世。自大慈迁延寿，又迁香山。越丙子，屏迹雪窦，静阅世故。会杖锡逊席，不得避，一住十二年，靡怀不在乡里。剡川自更兵火，积骸满野，即收聚焚化，殆有万数。设水陆大斋于石佛寺前，广为说戒，惠及枯骨矣。山多虎豹，人家小儿，横遭咀咋，作《驱虎行》，声其恶而去之。虎岩灵隐愿以师补藏，至则大新僧堂及诸寮舍，学徒四来，振起遁庵、密庵时气象。无锡官河，客舟一日而覆，溺者三十八人。师悯之，斫石为尊胜幢六级，其长一寻有半，自为铭，刻而立之洲渚之上，施食设以拔沉冤。三年东归，游双径、云峰，有遁堂舍盖意。亟微服还杖锡，扁其室曰“晚泊”，闭户书《法华经》，有“老来非厌客，静里欲书经”之句。雪窦虚席，众谓无以易师，因共举师。育王亦争欲得师，不能夺。寺榜“应梦名山”，昭陵所感，穆陵所书，号为胜处。师益喜得此，虽岁苦缺食，两持钵浙右，不惮也。用宾礼延致东岩石公，相得欢甚。它日行寺东偏，岩谓师："盍遂即此营菟裘？"既成，家性存之巽书"寄幻"二字揭之。挹乳峰珠树雪瀑，映带左右，师往来游憩，禅宴其间，随化委顺，意甚自适。壬寅八月十一日，升堂语众，劝厉极慈切，盖自别也。众请留偈，笑而不答，至夕而逝。越七日，奉全身葬寄幻，遂塔焉。寿八十，腊六十八。度弟子若干人。师为人宽厚笃实，病者与药，贫者周之，随意作佛事。不藏人善，片言只字，称道不容口。文集十卷，该淹经史，诗偈尤洒落。每升座记禅人骚语，联络贯穿，总为一说，而条分缕析，各中肯綮，颇效痴绝云。如周伯弢、家则堂、文本心、黄东发、舒阆风，咸与之游。予谓："野翁立谈不忘本，临行不留偈，遗戒不茶毗，塔而铭之，岂师意乎？"其徒曰："是之谓寄幻。"铭曰：

一切世界，及一切法，无有坚固，幻依幻灭。幻既俱空，所寄何地？而复于何，寄于所寄。幻则非寄，寄则非幻，强立名字，未离二患。欲问寄幻，寄幻久寂，瀑流千丈，雪峰之侧。幻为奇观，砰处溅雹，凡有耳目，如梦斯觉。乃刻坚珉，与寄幻对。幻身何在？法身不坏。

——《全宋文》卷 8236

（宋）谢枋得：送史县尹朝京序

建阳号难治，秋苗不满九千石，站户不征输者过半，养新军余五百人，邮卒不与焉。邑当广南江浙诸道之要会，省官、御史、宣慰、按察多行部，邻郡守贰多假途，驿使将宸命来往，烦廪庖者无虚日。令尹迎必数十里外，遇霖霆积潦，瞻马首俟至，跪拜泥淖马粪中，移时不敢兴，马上人命之退，则退。客就馆，用大牲，小则刲羊刺豕，折俎充庭，号曰"献茶饭"。令拱手立堂下，三跪进酒上食。客露顶跌坐，必醉饱，喜动颜色，无不满。上马去，送必数里外而归。令尹对妻子举酒相贺曰："吾知免矣。"子事父、臣事君不如是，其严甚于皂隶之奉主人翁也，为令尹者劳矣哉！中原将家子史尹宰邑三年，以宽平和易为政，不求赫赫名。民安之，但见其可狎，不见其可畏。余隐者耳，不闻理乱，初不知史君何如人也。癸未十月，政和民不靖，流毒千里，平民无辜而死者几万人。史君得龚遂对汉宣帝遗意，人以为贼盗，吾以为赤子，人方治乱丝而棼之，吾乃治乱绳而解之，不杀一人而定。会大赦，闽浙更生者何止百万，赦未至而冤死者亦多矣。史称活千人者子孙有封，史君之后其昌乎！既受代，僦庐托妻子于此邑，亦以士民依依不忍相舍也。如京师谒吏部，求禄以养母，朋友载酒崇肉而饯之者五十人，前期各赋诗。

余闻而出山谒之，一见如旧识。因道前朝四十年遗事：宰相之仁鄙，将帅之知愚，军民之苦乐，兵财之多寡，士大夫人品之高下。史君无问不知，如响斯答，如养叔之射叶，矢必中的；庖丁之解牛，刀必中窾；伛偻丈夫之承蜩，累丸愈多而愈不失其锱铢。听之者心快神畅，可喜可敬，可愤可泣，始知东南科举士误天下苍生者百年；曾不如中原将家子不习时文者可与谈天下事。今人以作邑为劳，宜乎史君，但见其逸也。

余老且病矣，只欠一死。回思少年遇知己，如忠斋刘公、敬斋谢公、梅石赵公、则堂家公、实堂吴公、泉石青阳公，皆待以国士，期以远业。入仕二十一年，居官仅八月，宰相荐拔者十一人，皆议论不合，绝意浮世事，退而尚友安期生、梅子真，遂为穹壤间无用之物。予之负知己多矣！不知诸老先生存者几人，子游中原，过齐、鲁、燕、赵，当历历为予问之。朱希真云："早年京洛识前辈，晚景江湖无故人。难与儿童谈旧事，夜攀庭树数星辰。"予每诵此诗，未始不临风洒泪也！安得明敏卓荦之才，如史君者，日罄欵吾侧哉！朋友谓予旧有能诗声，当以诗为赠。余方读礼，言且不成文，岂能写衢童壤老之真情乎！有扬觯者曰："不载酒崇肉，又不赋诗者罚！"余乃自罚，为《建阳士大夫饯令尹史君诗序》。

——《全宋文》卷 8217

（元）黄溍：盘峰先生墓表

睦之桐庐，有隐君子曰盘峰先生，以至大三年正月八日卒，年六十有七。越七年，乃克葬于县北大隐阡先墓之次，延祐三年十一月某日也。

去年秋，某以退休之余，被命复出，舣舟桐庐驿。先生之孙裕来谒曰："吾祖之葬，予之乡先生方公凤既为志于玄堂，而未有以表诸封隧，今三十有三年矣。惧愈久人无得而称焉，敢惟子也请。"昔在宋季，先生之外舅、将作少监朱公杰，与溍之曾大父户部府君仕同朝，居同里，先生于溍为大父行。溍年十六七，即参陪于杖屦之末。先生古貌野服，高谈雄辩，四座尽倾。每语当世事，及前代故实，亹亹不倦。然喜汲引后进，有如溍之无所肖似，犹不以凡子见遇，每折行辈以相倾下。兴怀畴昔，梦寐不忘。窃愿以一言自托于先生不可得，而溍亦老矣，矧以裕重有请乎？先

233

生少力学，工于文辞。尝携所业贽见内翰刘公克庄，大奇之，由是名动州邑。弱冠游太学，登咸淳四年甲科，赐进士及第。调衢州军事判官，用龙飞恩，阶文林郎。居官有廉能声。大参家公铉翁详刑浙左，雅知先生，所至辄挽以自随，狱事悉委焉。属部之民有纵火杀人者，株连坐系甚众，岁久不决。先生探得其情，多所平反，它疑狱经先生详谳，无不服其明允。衢俗好斗，不相能，则弄兵以相仇。先生被郡檄，遍行村落戒谕之，皆委刀剑为良民。蜀名卿史公绳祖侨寓是邦，先生暇日辄相与研究先儒性理之学，为士者往往闻其绪言而有所开悟。故相留公梦炎，郡人也，爱先生才且贤，欲以女归之。先生不可，乃已。秩满，辟御前军器所干办公事。未几国破，而家亦毁，先生避地万山中，草栖露宿，若与世隔。久之乃归，而稍复其故宇，为终焉之计。程公钜夫以侍御史将使指南来，求遗逸之士，得先生以应诏。先生固辞，弗能强也。留公入觐，后为吏部尚书，所荐前进士七人，独王公龙泽起为行台监察御史，而先生甘老于布衣。

桐君，古隐者，庐于东峰，指桐为姓，县以得名。先生居东峰之下，西望汉严子陵钓台、唐方玄英白云原仅数十里。山崎川流，仪刑如在。先生徘徊其间，慨然以古人之风节自期。与乡先生袁公易、魏公新之为三友，袁魏云亡，先生踦孤孑立，如鼎一足。意有不适，咄咄书空而已。

家公当运祚之垂绝，以使事如京师，久留河间，先生数致书候安否。既得归，年已八十，先生徒步往见之，握手道旧故，辄相对歔欷泣下。前郡守方公回，既奉版图上于职方，复以总管兼府尹，终更犹留，居久乃去。前后十有二年，先生不一造其门。后与之邂逅于钱唐，始恨识先生晚，赋诗愧谢焉。先生属纩前二日，犹与亲友剧谈尽数刻，精神无少愦耄，亦足见其所养有素矣。孔子曰："殷有三仁焉。"说者以为，人臣之义，莫易明于死节，莫难明于去国，而屈辱用晦者，亦所难辩。宋之亡也，先生不在其位，而未始行乎患难；不降其志，而卒以明哲保身，从容于出处去就之际，而不至于屈辱，其善用晦者欤？盖人之难能，亦非人之所难辩。是用因其迹以推其心之所存，论次而表显之，庶百世之下，有观感而兴起者焉。其言行之详，志所载已具，兹不复赘。

先生姓孙氏，讳潼发，字帝锡，一字君文，盘峰其别号也。先世由婺之金华徙桐庐，遂为睦人。高祖显，曾祖宝，祖漕贡进士廉，父承奉郎致仕之才，母孺人方氏，妻朱氏。子男二人，潘、谊。女二人，适施昉、毛元。孙男若干人，女若干人。曾孙男若干人，女若干人。先生所著述，散见于学者之家，子死孙幼，久未克衷聚汇次以行，惟手编前贤纪咏桐君事，曰《桐君山集》者，人多传之。

　　　　　　　　　　　　　　　　　　　　——《全元文》卷965

（明）郑真：书盘峰先生墓表后

予读元故侍讲黄公著《盘峰先生孙公墓表》，窃有感于心。宋至咸淳间，权奸擅命，强敌构兵，剥床及肤之时也。先生以科第显而弗得在尊位，其为硕果之君子乎？当时缙绅之士号知先生者，若王公龙泽对策以舍和吐气为说，附会贾氏，遂取上第。逮仕北朝官为台丞出处大致殆无足言；方公虚谷上十可斩之说，得领郡符，不旋踵，降敌，复领守事，言与行违，士论羞之，与王公无以过也；留忠斋由状元至宰辅，不能出一言、效一策以救其危，乃从瀛国入觐，复取显宦，视先生有愧矣。独则堂家公以清节著，其不署降表，首为文丞相所称。虽以祈请使北，终不受爵，命居河间讲《易》，北方学者师尊之。归殁临安，遗爱在民，有不忘者于先生，其志同道合者乎。先生与诸君子生相先后而同仕于朝，运去物改，其富贵也，非有攀附之荣；沦落也，不失久要之谊。节义天下大闲，惟先生守之。终其身是岂不足以扶世教，敦薄俗也耶。侍讲公论著，其平生而表之墓隧，宁有浮辞溢美者乎？……

　　　　——《荥阳外史集》卷40《题跋杂识》，《景印文渊阁四库全书》本

（明）陈邦瞻：瀛台次家铉翁韵

瀛城虎踞有高台，秋日遥临亦壮哉。代漠烽烟随乌没，滹沱雪浪自天来。西风旧洒羁臣泪，北雁长生过客哀。三辅于今饶王气，清时登眺好衔杯。

　　　　　　——《荷华山房诗稿》卷21，明万历四十六年牛维赤刻本

（明）瞿佑：剪灯新话·天台访隐录

台人徐逸，粗通书史，以端午日入天台山采药。同行数人，惮于涉险，中道而返。惟逸爱其山明水秀，树木阴翳，进不知止，且诵孙兴公之赋而赞其妙曰："'赤城震起而建标，瀑布泉流而界道。'诚非虚语也。"更

前数里，则斜阳在岭，飞鸟投林，进无所抵，退不及还矣。踟蹰之间，忽涧水中有巨瓢流出，喜曰："此岂有居人乎？否则必琳宫梵宇也。"遂沿涧而行，不里余，至一弄口，以巨石为门，入数十步。则豁然宽敞，有居民四五十家，衣冠古朴，气质淳厚，石田茅屋，竹户荆扉，犬吠鸡鸣，桑麻掩映，俨然一村落也。见逸至，惊问曰："客何为者？焉得而涉吾境？"逸告以入山采药，失路至此，遂相顾不语，漠然无延接之意。惟一老人，衣冠若儒者，扶藜而前，自称太学陶上舍，揖逸而言曰："山泽深险，豺狼之所嗥，魑魅之所游，日又晚矣，若固相拒，是见溺而不援也。"乃邀逸归其室。坐定，逸起问曰："仆生于斯，长于斯，游于斯久矣，未闻有此村落也。敢问。"上舍颦蹙而答曰："避世之士，逃难之人，若述往事，徒增伤感耳！"逸固请其故。始曰："吾自宋朝已卜居于此矣。"逸大惊。上舍乃具述曰："仆生于理宗嘉熙丁酉之岁，既长，寓名太学，居率履斋，以讲《周易》为众所推。度宗朝，两冠堂试，一登省荐，方欲立身扬名，以显于世，不幸度皇晏驾，太后临朗，北兵渡江，时事大变。嗣君改元德祐之岁，则挈家逃难于此。其余诸人，亦皆同时避难者也。年深岁久，因遂安焉。种田得粟，采山得薪，凿井而饮，架屋而息。寒往暑来，日居月诸，但见花开为春，叶脱为秋，不知今日是何朝代，是何甲子也。"逸曰："今天子圣神文武，继元启运，混一华夏，国号大明，太岁在阏逢摄提格，改元洪武之七载也。"上舍曰："噫，吾止知有宋，不知有元，安知今日为大明之世也！愿客为我略陈三代兴亡之故，使得闻之。"逸乃曰："宋德祐丙子岁，元兵入临安，三宫迁北。是岁，广王即位于海上，改元景炎。未几而崩，谥端宗。益王继立，为元兵所迫，赴水而死，宋祚遂亡，实元朝戊寅之岁也。元既并宋，奄有南北，逮至正丁未，历甲子一周有半而灭。今则大明肇统，洪武万年之七年也。盖自德祐丙子至今，上下已及百岁矣。"上舍闻之，不觉流涕。已而山空夜静，万籁寂然，逸宿于其室，土床石枕，亦甚整洁，但神清骨冷，不能成寐耳。明日，杀鸡为黍，以瓦盎盛松醪饮逸。上舍自制《金缕词》一阕，歌以侑觞曰：

梦觉黄粱熟。怪人间、曲吹别调，棋翻新局。一片残山并剩水，几度英雄争鹿！算到了谁荣谁辱？白发书生差耐久，向林间啸傲山间宿。耕绿野，饭黄犊。　　市朝迁变成陵谷。问东凤、旧家燕子，飞归谁屋？前度刘郎今尚在，不带看花之福，但燕麦兔葵盈目。羊胛光阴容易过，叹浮生待足何时足？樽有酒。且相属。

歌罢，复与逸话前宋旧事，亹亹不厌，乃言："宝祐丙辰，亲策进士，文天祥卷在四，而理皇易为举首。贾似道当国，造第于葛岭，当时有'朝中无宰相，湖上有平章'之句。一宗室任岭南县令，献孔雀二，置之圃中，见其驯扰可爱，即除其人为本郡守。襄阳之围，吕文焕募人以蜡书告急于朝，其人恳于似道曰：'襄阳之围六年矣，易子而食，析骸而爨，亡在朝夕。而师相方且铺张太平，迷惑主听，一旦虏马饮江，家国倾覆，师相亦安得久有此富贵耶？'遂扼吭而死。谢堂乃太后之侄，殷富无比，尝夜宴客，设水晶帘，烧沉香火，以径尺玛瑙盘，盛大珠四颗，光照一室，不用灯烛；优人献诵乐语，有黄金七宝酒瓮，重十数斤，即于座上赐之不吝。谢后临朝，梦天倾东南，一人擎之，力若不胜，蹶而复起者三，已而一日坠地，傍有一人捧之而奔，觉而遍访于朝，得二人焉，厥状极肖，擎天者文天祥，捧日者陆秀夫也，遂不次用之。江万里去国，都民送之郭外者以千计，攀辕不忍舍去，城门既阖，多宿于野。贾似道出督，御白银铠，真珠马鞍；千里马二，一驮督府之印，一载制书并随军赏格，以黄帕覆之，都民罢市而观。出师之盛，未之有也。"又论当时诸臣曰："陈宜中谋而不断，家铉翁节而不通，张世杰勇而不果，李庭芝智而不达，其最优者，文天祥乎！"如是者凡数百言，皆历历可听。是夕，逸又宿焉。明旦，告归，上舍复为古风一篇以饯行……

——《剪灯新话》卷 2，上海古籍出版社，1981

（清）朱筠：家铉翁馆

宋室金书元縶臣，海滨东望失闽津。泣庭别对传经客，书帛全无得信人。死者叠文同不愧，邑中轼辙此堪亲。吊公刚过陶篱候，三复当年赐号真。（不屈放还，赐号"处士"）

——《清代诗文集汇编》（366），上海古籍出版社，2010

（清）钱谦益：冷饮示侍儿

花前宜试乐天杯，冷饮东垣未可哈。笑杀家翁买燕女，错将温酒当行媒。（家铉翁事见周公谨小说）

——《牧斋初学集》卷 7，上海古籍出版社，1985

（清）严首升：《濑园诗文集》补遗·田伯珩书来示毛君近扶有妹自军中赎归感赋

廿载伊人愚匪愚，无成王事尚完躯。弟堪付母聊收骨，贼用为兵适剥肤。处士应归文氏妹，官军曾仗陆家姑。黄冠脱得还乡井，来共雕虫老覆瓿。（元赐家铉翁号"处士"）

——《濑园诗文集》，清顺治十四年刻增修本

（清）沈钦韩：幼学堂诗文稿·谒宋丞相陆公祠

不金谢道清，不作瀛国公。孤儿与寡妇，乃似田横雄。始知陆丞相，愧死家铉翁。有宋三百年，以此全始终。身抱龙髯堕，魂归凤阙空。（用宋濂赞语）瓢城如斗大，闲气积所钟。至今荣故里，衣冠想灵宫。薄游至斯地，伛偻明余衷。壁间漫潒字，阶下童童松。斗棋窥病鸥，绛帷触暗虫。咨嗟一瞻顾，上雨连旁风。古人称入境，即知殿最功。于斯弗表率，人士安所宗。雪涕吊崖山，瓣香呼苍穹。精神常不灭，耿耿此心同。

——《幼学堂诗文稿》卷2，清嘉庆十八年刻道光八年增修本

（清）孙锡蕃：访黄慈云征士

悲歌经岁冷渔樵，独对书床影寂寥。游子风尘三尺剑，山人湖海一诗瓢。铉翁旧服青鞋老，元量离琴爨尾焦。最喜玉台丹井在，犹存松菊洗寒霄。

——《复庵删诗旧集》卷5，清康熙麓樵居刻本

（清）方文：六声猿·家参政河间谈经

昔徐文长作《四声猿》，借祢衡诸君之口以泄其胸中不平，真千古绝唱矣！予欲仿其义作《六声猿》，盖取宋末遗臣六事，演为杂剧，词曲易工，但音律未谙，既作复止，先记以诗，俟他日遇知音者始填词焉。

谢侍郎建阳卖卜
肮脏乾坤八尺躯，且将卜肆溷屠沽。当时犹解钦风节，今日程刘辈亦无。（程文海、刘梦炎也）

家参政河间谈经

平生志业在《春秋》，说与诸生涕泗流。吴楚风诗犹不采，那堪戎索遍神州。

唐玉潜冬青记骨

凤巢龙穴不成栖，玉匣珠襦踏作泥。唯有年年寒食节，冬青树下杜鹃啼。

郑所南铁函藏书

吴门春草绿参差，枯井藏书那得知。三百余年书始出，中原又似画兰时。

王炎午生祭文相

文相精忠泣鬼神，当年犹有见疑人。可知尽节唯应死，才说权宜便不真。

谢皋羽恸哭西台

严子滩头风雪飘，生刍一束蓟门遥。伤心岂独悲柴市，万古崖山恨不销。

——《盋山集》卷 12，黄山书社，2010

（清）方文：春日斋居杂咏

驱策来山邑，人师愧不能。推贤承茂宰，问字悉良朋。近水借衡宇，远村遗斗升。因缘随处有，踪迹类孤僧。

诸生富才藻，下问复谦冲。学道能经国，论文本在躬。尝思革除际，并话乱离中。往往皆流涕，犹疑河间翁。宋臣家铉翁入元不仕，授经河间，与诸生言至革除之际，辄流涕蔽面。

寄迹无生产，诗书是力田。室虽花县里，人似杏坛边。树影催春课，雷声起昼眠。邻翁强解事，又笑腹便便。

凿壁开南牖，西斋避夕阳。更添檐数尺，欲取夏微凉。奥湿菌生户，椽低茅覆床。自堪容偃仰，何用慕高堂。

穷巷罕人迹，柴扉昼不扃。微云生远岫，骤雨集空庭。山色镜中见，溪声枕上听。鬓毛黄且短，羞杀柳条青。

——《盋山集》卷 5，黄山书社，2010

（清）王夫之：读通鉴论·后主

名教之于人甚矣！国虽破，君虽降，而下犹以降为耻，不能死而不以死为忧，行其志以免于惭，名教未亡于心也。

陈亡，袁宪侍后主而不忍去，许善心奉使未返，而衰服以临；周罗睺大临三日，而后放兵散仗；陈叔慎置酒长叹，而谢基伏而流涕；任瓌劝王勇求陈后立之，不听而弃官以隐；于仵节死义未能决也，而皆有可劝者焉。慕容、姚、苻、高氏之灭，未有此也，其或拥兵而起，则皆挟雄心以徼利者尔。晋南渡而衣冠移于江左，贤不肖之不齐，而风范廉隅养其耻心者，非暴君篡主之能销铄也。诸子之不死，隋不杀之耳，皆无自免于死之道也；无求免于死之道而不死，不死不足以为其节累。且陈氏之为君微矣，其得国也不以义，非有不可解君臣之分也；所不忍亡者，永嘉以来，中原士大夫之故国，先代仅存之文物，不忍沦没于一旦也。虽然，陈不能守，而隋得之，固愈于五胡之种多矣。诸子者，视家铉翁、谢枋得而尤可不死，然而毅然以名教自尽也，不尤贤乎！

——《读通鉴论》卷18，万有文库，商务印书馆，1936

（清）王夫之：殷浴日时艺序

家则堂南归，以《春秋》教授，则未知其所授者，以道圣人经世之意邪，其以为所授者羔雁之技邪？夫必有辨。谢侍郎卖卜，与子言孝，与弟言弟，则授以道矣。庖丁曰："臣之所好者技也，而进乎道。"技道合，则则堂可无河汉于叠山。何也？其登之技者，敬而乐也。敬业以尽人，乐群以因天。进乎道矣。甲午避兵入宜江山中，有侄子之恸，浴日拂拭而慰之。少闲，无以阅日，浴日始以帖括见示。继此而宜江士友泛晋而与余言帖括。十年来乍骇人以未能尝试，余怵然惧。观既止，要其能敬以乐，无能度骅骝前者，余以知浴日之天至而人全。与之因天，与之尽人，余乃脱然释其惧于浴日。言必有所牖，意必有所肖。未有言意以先，谐而谲者，导人以往，无敬之心，则纳其媚矣。方有言意以放恣而逞者，迫人以来，无乐之度，则用其争矣。今求浴日于御意择言之际，索其媚与争者无有，闲然油然，文非道也，而所以御之择之者，岂非道哉。故余乐亲浴日而不惧，而后遂忘其泛也，实自此始基之。浴日少与余同文场，已与余同漂泊，今又与余同为训诂师以自给。而浴日多幸，浴日虽贫，有亲可事，有从子之孤可恤，敬以乐，有所施矣。《书》曰："令德孝恭。"其敬之谓也。《诗》曰："子子孙孙，勿替引之。"其乐之谓也。以意征言，将期于道。有知言者，当谓余非与浴日言技矣。

      ——《王船山诗文集》之《姜斋文集》卷3，中华书局，1962

（清）王夫之：为晋宁诸子说春秋口占自笑（乙未）

腹借征南库，灯邀汉寿光。伤心难自遣，开卷是春王。（其一）

蠹死墨魂失，鸢饥远视仍。纸窗钻不透，大抵是痴蝇。（其二）

南岳经声苦，东林眉宇犟。似他添强笑，犹恐隔邻嗔。（其三）

荧泽宏演肝，伊川辛有泪。未知家则堂，云何宣此义。（其四）

      ——《王船山诗文集》之《姜斋文集》卷3，中华书局，1962

（清）罗正钧、李柏荣纂：船山师友记·殷广文铭

殷铭，字浴日，常宁人。顺治朝贡生，官澧州学正。与衡阳王姜斋先生交好，为序其文集行世。（《沅湘耆旧集》小传）

《姜斋文集·殷浴日时艺序》云：家则堂南归，以《春秋》教授，则未知所授者，以道圣人经世之意耶？其以为所授者羔雁之技耶？谢侍郎卖卜，与子言孝，与弟言弟，则授以道矣。技道合，则则堂可无河汉于叠山。何也？进乎道矣。甲午，避兵入宜江山中，有侄子之恸，浴日拂拭而慰之。少间，无以阅日，浴日始以帖括见示。继此而宜江士友泛晋而与言帖括。浴日少与余同文场，已与余同漂没，今又与余同为训诂师以自给。以意征言，将期于道。有知言者，当谓余非与浴日言技也。

      ——（清）罗正钧、李柏荣纂：《船山师友记》卷8，岳麓书社，1982

（清）彭孙贻：茗香堂史论·宋（史）

宋季名臣江万里、文天祥、谢枋得、汪立信、李廷芝、家铉翁、陆秀夫等，宜以类相从，乃忠奸并列，何也？陈仲微里山兵败走安南，死葬其地，其子文孙降元，导其师入国。安南王愤伐仲微墓，斧其棺，忠孝而亏，何以腼立于世？

      ——《茗香堂史论》卷3，清光绪十年刻碧琳琅馆丛书本

（明）徐枋：答宫保张大司农书（名有誉）

徐枋顿首顿首，敬答书于宫保大司农阁下。

枋生也晚，然窃论当代人物及古今得失之林，间尝慨然以为阁下固国朝三百年来名计相也。以阁下德望之崇，规摹之远，何难使国有文景之富，俗有成康之隆也哉。顾乃崩天构祸，宗社为墟，致窜身于香林白社以老，俯仰今昔，能无泫然。昔张苍为汉计相，佐高祖定天下，功名克终，封侯累世，何其盛也。以苍之贤，讵能望阁下哉，而人生遭逢不同有如此者，又可慨矣。然伏念古人正复有如阁下之所处者，李伯纪无救于中原之陷，家铉翁不能挽临安之亡，意者天笃生若人，又以振两间之正气，维万古之纲常，为大且重，而非所论于一国一朝之存亡乎？至于国破以后，名臣遗老其立节之严，处身之当，远者吾不能知，若大江以南固未有如阁下者也。

——《居易堂集》卷 2，华东师范大学出版社，2009

（清）梁同书：漫题五绝

海宁吴兔床以妻病，托友人当湖买婢，误娶。妾至，吴君视为义女，择佳耦配之。同人传其事，作诗，予亦漫题五绝。

市头为访柳家婢，渡口却迎桃叶姝。政与家翁作翻案，买姬误得一奚奴。用家铉翁事，见《辍耕录》。

为君此事费商量，倘惹人猜作季常。不是河东狮子吼，倩他暖老亦何妨。

愿持箕帚托华茵，君自无因彼有因。一段错牵红线事，翻教婢子学夫人。

头颅六十已星星，肯为双荷困此生。毕竟香山老居士，放杨枝是剧无情。

贫家有女破瓜时，谁与经营厨帐为。从此免随厮养卒，祝君德曜定齐眉。

——《频罗庵遗集》卷 3，上海古籍出版社，2010

（清）陈田：明诗纪事·李模

李模（一首）

模字子木，太仓州人。天启乙丑进士，除东莞知县。征授御史，以忤阉，谪南国子典籍。福王时起御史。有《碧幢集》。

《百城烟水》：密庵旧筑在阊门后板厂，为李侍御灌溪宅，后圃内有桃坞、草堂及芥阁诸胜。

徐坊《居易堂集》：昔宋室既亡，故相家铉翁，隐居教授，不涉世事十有九年而逝。史称为宋遗臣。前侍御李灌溪先生，遭世变，潜节固守，确乎不拔。自鼎革时，年未五十，乃自五十而六十、七十、八十，守益固，节益高，三十余年如一日，皭然不滓，聿称完人，史册所希有也。

初扫密庵旧筑

昔日深深意，今依幻住身。蓬蒿迷若醒，竹柏故犹新。

小得蜘蛛隐，居惟钟声邻。扫苔迎古佛，竺国备遗民。

——《明诗纪事》辛签卷18，上海古籍出版社，1993

四　诗文评类

（明）瞿佑：归田诗话·家铉翁持节

元兵南下，次高亭，宋朝纳降。吴坚为左相，家铉翁为参政，与贾余庆、刘岊为祈请使北行。文天祥诗云："当代老儒居首揆，殿前陪拜率公卿。"又云："程婴存赵真公志，赖有忠良壮此行。"前谓吴，后谓家也。至北，铉翁抗节不屈，拘留河间。世祖崩，成宗即位，始赐衣服，遣还乡里，年逾八十矣。林景熙有诗送之云："濒死孤臣雪满颠，冰毡啮尽偶生全。衣冠万里风尘老，名节千年日月悬。清唳秋荒辽海鹤，古魂春冷蜀山鹃。归来亲旧惊相问，禾黍离离夕照边。"可谓不负文山所期矣。

——《归田诗话》中卷，中华书局，1985

（明）安磐：颐山诗话·谢翱《怀峨眉家先生》诗

谢翱有《怀峨眉家先生》诗小序"先生曾宰建之浦城"，诗云："露下湿百草，病思生积愁。窟泉春洗屐，毡雪莫登楼。魂梦来巴峡，衣冠老代州。平生仗忠信，自与身为仇。"则家先生者，盖余峨眉人，而寓于代者。惜乎名字行履不可考。然观仗忠信之语，其人亦自不同也。

——《颐山诗话》，《景印文渊阁四库全书》本

（明）杨慎：升庵集·刘须溪

庐陵刘辰翁会孟，号须溪，于唐人诸诗及宋苏、黄而下皆有批，评《三子口义》及《世说新语》《史》《汉》异同皆然，士林服其赏鉴之精，

而不知其节行之高也。余见元人张孟浩赠须溪诗云："首阳饿夫甘一死，叩马何曾罪辛已。渊明头上漉酒巾，义熙以后为全人。"盖宋亡之后，须溪竟不出也。与伯夷、陶潜何异哉！同时合志向者如闽中之谢皋羽，徽州之胡余学，慈溪之黄东发，峨眉之家铉翁，自以南宋遗人，不肯屈节，不知其几？宋朝待士之效深矣。

——《升庵集》卷49，《景印文渊阁四库全书》本

（清）贺贻孙：诗筏·家铉翁《忆故人》诗

谓宋诗不如唐，宋末诗又不如宋，似矣。然宋之欧、苏，其诗别成一派，在盛唐中亦可名家。而宋末诗人，当革命之际，一腔悲愤，尽泄于诗。如家铉翁《忆故人》诗云："曾向钱塘住，闻鹃忆蜀乡。不知今夜梦，到蜀到钱塘？"王曼之《幽窗诗》云："西窗枕寒池，池边老松树。渴猿下偷泉，见影忽惊去。"谢皋羽咏《商人妇》云："抱儿来拜月，去日尔初生。已自满三载，无人问五行。孤灯寒杵石，残梦远钟声。夜夜邻家女，吹箫到二更。"又《过杭州故宫诗》二首云："禾黍何人为守阍，落花台殿暗销魂。朝元阁下归来燕，不见前头鹦鹉言。""紫云楼阁宴流霞，今日凄凉佛子家。残照下山花雾散，万年枝上挂袈裟。"皆宋、元间人也，情真语切，意在言外，何遽减唐人耶？

——《清诗话续编》（上），上海古籍出版社，1983

（清）佚名：题西曹杂诗

辛未仲春，仆三上长安，寓居李北部松客邸，闭门深坐，不问朝市事。秋冬之际，采菊剥蟹，颇似江乡。宾主相对，脱略礼法，致足乐也。偶得吴江吴汉槎孝廉《西曹杂诗》《秋笳集》两帙，哀其负才沦落，抄以送日，抄既毕，与王元倬先生《南陔堂诗》，藏之枕函。或谓汉槎与元倬先生不侔，元倬先生胜国遗逸，操履善全，《南陔堂诗》感时触事，篇篇忠孝，字字涕洟。俾读之者生《黍离》《麦秀》之悲，增鹃血猿肠之惨，人传诗传固其所也。汉槎则流窜塞外，其羁孤忧郁，纪述土风，伤今吊古，谀贵求生，摛词虽工，结衷实鄙。顾何庸钞？钞亦何庸与《南陔堂诗》合置一处？仆唯唯否否。慨念文信国、谢信州、家铉翁、郑所南、杨铁崖、倪元镇诸公尚矣。逮元遗山、萨都剌、高青丘、刘文成、袁白燕、徐幼文，世亦未尽非之。仆第取其诗，悲其遇，至两孝廉之志节行事，自

随时代先后，未可一概论之也。或人不言而退。

——吴兆骞《秋笳集》附录，上海古籍出版社，2009

（清）罗惇衍：集义轩咏史诗钞·家铉翁

家铉翁，字则堂，眉州人。初，知常州，后拜签书枢密院事。使元，被留。宋亡，元欲官之，不屈。元成宗赐号"处士"，放归，以寿终。

不联吴贾檄郊圻，奉使难随旅雁归。北路拜无新主蓐，西山餐有故臣薇。红颜收赎忠贞显，白发兴亡寄托微。处士并辞金币赐，春秋大义重歔欷。

吴贾　元兵次近郊，丞相吴坚、贾余庆檄告天下守令以城降，铉翁独不署。

奉使　元帅遣使至，欲加缚，铉翁曰："中书省无缚执政之理。"吴坚奉表祈请于元，以铉翁介之，礼成不得命，留馆中。闻宋亡，旦夕哭泣，不食饮。

新主　元以其节高欲尊官之，以示南服，铉翁以义不二君辞。

故臣　元使诡言宋三宫北迁，铉翁再率故臣迎谒，伏路流涕，顿首谢奉使无状，不能感动上衷，无以保存其国。见者莫不叹息。

收赎　文天祥女弟坐兄故，系奚官狱，铉翁倾囊中装赎出之，以归其兄璧。

兴亡　铉翁状貌奇伟，身长七尺，被服俨雅。其学邃于《春秋》，自号"则堂"，改馆河间，乃以《春秋》教授弟子，数为诸生谈宋故事及宋兴亡之故，或流涕太息。

金币　元成宗皇帝即位，放还，赐号"处士"，锡赍金币，皆辞不受。又数年而卒。

——《集义轩咏史诗钞校证》卷48，三秦出版社，2014

（清）蔡世远：《古文雅正》评语·柳宗元《唐陆文通先生墓表》

仲尼祖述尧舜，宪章文武，而作《春秋》。陆氏盖知此意，以求其道法之原，非若他家莫得而本者也。此文醇深峻整，虽西京艺文志，殆不是过。文通字符冲，本名淳，避宪宗讳，赐今名。所著《春秋》三种，兼采啖、赵，时益以己见，啖、赵之专家，久不孤行，其所存者，恃此而已。解《春秋》者，三传之外，有唐三传。啖助、赵匡、陆淳三家是也。始能绎经而不专信传。最得《春秋》体要，宋程伊川、胡康侯、刘原父最善，余尤喜原父之说。宋末家氏铉翁亦明快，宜为文信国所心赏之人。

——《〈古文雅正〉评语》卷9，《景印文渊阁四库全书》本

五 序跋书目

（一）春秋集传详说·序跋

（宋）家铉翁：《春秋集传详说》序

《春秋》非史也，谓《春秋》为史者，后儒浅见不明乎《春秋》者也。昔夫子因《鲁史》习《春秋》，垂王法以示后世。《鲁史》，史也。《春秋》则一王法也，而岂史之谓哉？陋儒曲学以史而观《春秋》，谓其间或书，或不书，或书之详，或书之略，或小事得书，大事缺书，遂以此疑《春秋》。其尤无忌惮者，至目《春秋》为断烂朝报，以此误天下后世，有不可胜诛之罪，由其不明圣人作经之意，妄以《春秋》为一时记事之书也。或曰："《春秋》与《晋乘》《楚梼杌》并传，皆史也，子何以知其非史而为是言乎？"曰：史者，备记当时事者也。《春秋》主乎垂法，不主乎记事。如僖公二十八年，晋文始霸，是岁所书者皆晋事；庄九年齐桓公入，是岁所书者皆齐事；隐四年卫州吁弑君，是岁所书者皆卫事；昭八年楚灭陈，是岁所书者皆陈事。有自春徂秋止书一事者，自今岁秋冬迄明年春夏，阅三时之久而仅书二三事者。或一事而累数十言，或一事而屡书特书，或著其首不及其末；或有其义而无其辞，大率皆予夺抑扬之所系，而宏纲奥旨绝出语言文字之外，皆圣人心法之所寓，夫岂史之谓哉？盖《晋乘》《楚梼杌》《鲁春秋》，史也，圣人修之则为经。昧者以史而求经，妄加拟议，如蚓蜗伏乎块壤，乌知宇宙之大、江海之深？是盖可悯，不足深责也。

铉翁早读《春秋》，惟前辈训说是从，不能自有所见。中年以后，阅习既久，粗若有得，乃弃去旧说，益求其所未至。明夏时以著《春秋》奉天时之意，本之夫子之告颜渊；原托始以昭《春秋》诛乱贼之心，本之孟子之告公都子。不敢苟同诸说之已言，不敢苟异先儒之成训。三传之是者取焉，否则参稽众说而求其是；众说或尚有疑，夫然后以某鄙陋所闻具列于下。如是再纪，犹不敢轻出示人，将俟晚暮辑而成编，从四方友旧更加

订证。会国有大难，奉命起家，无补于时，坐荒旧学。既遂北行，平生片文幅书无一在者。忧患困踬之久，覃思旧闻，十失五六。已而自燕来瀛，又为暴客所剽。然以地近中原，士大夫知贵经籍，始得尽见《春秋》文字，因答问以述己意，卒旧业焉。书成，撮为纲领，揭之篇端。一原《春秋》所以托始，二推明夫子行夏时之意，三辨五始，四评三传，五明霸，六以经正例，凡十篇。俾观者先有考于此，庶知区区积年用意之所在。夫若僭踰之罪，则无所逃。眉山后学寓古杭家铉翁谨书。

——《全宋文》卷 8066

（元）龚璛：《春秋详说》原跋

至元丙子宋亡，以则堂先生归置诸瀛者十年，卒成此书。书成，自瀛寄宣，托于其友肃斋潘公从大藏之。盖久而《纲目》十篇，学士大夫已盛传于世矣。泰定乙丑，宣学以廪士之赢刊《大学疏义》等书，取诸潘氏，锓梓于学，凡三十卷。其曰：《春秋集传详说》盖俟夫，说约者得经旨焉，此先生著述意也。先生之祖大酉，以成都府教授列于朱文公学党之籍，其源流有自云。高邮龚璛谨跋。

——《春秋集传详说》卷末，《通志堂经解》本

春秋集传详说·卷首提要

《春秋详说》三十卷。宋家铉翁撰。铉翁号则堂，官至端明殿学士，签书枢密院事。龚璛跋曰：“至元丙子，宋亡，以则堂先生归置诸瀛者，十年成此书。自瀛寄宣，托于其友肃斋潘公从大藏之。”今考《宋史》本传，元兵次近郊，铉翁方为祈请使，留馆中，闻宋亡，不食饮者数日。改馆河间，以《春秋》教授弟子，则是书信为北迁以后所作矣。铉翁之说以为《春秋》主乎垂法，不主乎说事。其或详或略，或书或不书，大率皆予夺抑扬之所系。宏纲奥旨，绝出语言之外。说之者，要当探得圣人心法之所寓，然后参稽众说而求其是。故其论平正通达，与废传解经祛旧说辟私论者殆不可同年语。非孙复诸人所能及也。况其立身本末，亦宋季之铮铮者。因其人而重其言，则是书不可不亟录矣。

——《景印文渊阁四库全书》本

四库全书总目·春秋详说

《春秋详说》三十卷。宋家铉翁撰。铉翁号则堂，以荫补官。后赐进

士出身，官至端明殿学士、签书枢密院事。事迹具《宋史》本传。是书末有龚璛《跋》曰："至元丙子宋亡，以则堂先生归置诸瀛州者十年，成此书。自瀛寄宣，托于其友潘公从大藏之。"今考《宋史》本传，称铉翁在河间，以《春秋》教授弟子。河间即瀛州也。又铉翁《则堂集》中有为其弟所作《志堂说》，称："余自燕以来瀛，卒《春秋》旧业，成《集传》三十卷。"篇末题"甲申正望"。甲申为至元二十一年，上距宋亡凡十年，与璛《跋》十年之说合；下距元贞元年赐号放归复十年，与璛《跋》成书于瀛之说亦合。惟铉翁自称《集传》，而此曰《详说》，或后又改名欤？其说以《春秋》主乎垂法，不主乎记事，其或详或略，或书或不书，大率皆抑扬予夺之所系。要当探得圣人心法所寓，然后参稽众说而求其是。故其论平正通达，非孙复、胡安国诸人务为刻酷者所能及。其在河间作《假馆诗》云："平生著书苦不多，可传者见之《春秋》与《周易》。"盖亦确然自信者。今惟此书存，其《周易》则不可考矣。

———《四库全书总目》卷27，中华书局，1965

四库全书简明目录·春秋详说

《春秋详说》三十卷，宋家铉翁撰。其说谓《春秋》主乎垂法，不主乎记事，其或详或略，或书或不书，大率皆抑扬予夺之所击，盖亦字字求褒贬之故者。然其论多平正通达，无孙复、故安国等刻酷锻炼之习。

———《四库全书简明目录》卷3，上海古籍出版社，1985

（二）春秋集传详说·书目著录

（明）孙能传等：内阁藏书目录·春秋详说

《春秋详说》八册，全。宋家铉翁著。抄本。

《春秋集传纲领》一册，全。宋家铉翁著。凡六篇。首《原春秋托始》，次《原夏正》，次《明五始》，次《评三传》，次《明伯》，次《明凡例》，即《详说》首篇也。

———《内阁藏书目录》卷2，清迟云楼抄本

（明）焦竑：国史经籍志·春秋集传详说

《春秋集传详说》三十卷。

———《国史经籍志》卷2《经类》，明徐象橒刻本

（明）祁承爜：澹生堂藏书目·则堂春秋集传详说

《则堂春秋集传详说》三十卷。十五卷。

——《澹生堂藏书目》，清宋氏漫堂抄本

（明）朱睦㮮：万卷堂书目·春秋集传详说、序列

《春秋集传详说》三十卷，家铉翁。《春秋序例》一卷，家铉翁。

——《万卷堂书目》卷 1，清观古堂书目丛刊本

（明）朱睦㮮：授经图义例·春秋集传详说

《春秋集传详说》三十卷，家铉翁。

——《授经图义例》卷 16，《景印文渊阁四库全书》本

（清）黄虞稷：千顷堂书目·春秋集传详说、纲领

家铉翁《春秋集传详说》三十卷，《纲领》一卷。（铉翁北迁，时居河间所作，因答问以述己意。《纲领》凡六类，首《原春秋托始》，次《原夏正》，次《明五始》，次《明三传》，次《明伯》，次《明凡例》，共十篇。）

——（清）黄虞稷撰，瞿凤起、潘景郑整理《千顷堂书目》卷 2，上海古籍出版社，2001

（清）朱彝尊：经义考·春秋详说

家氏（铉翁）《春秋详说》三十卷，存。

铉翁自序：（略）。龚璛《跋》（略）。《宋史·家铉翁》（略）

黄虞稷曰：铉翁北迁，时居河间所作，因答问以述己意。《纲领》凡十篇。

——《经义考》卷 191《春秋》，《景印文渊阁四库全书》本

（清）徐乾学：传是楼书目·春秋集传详说

《春秋集传详说》三十卷，四本。

——《传是楼书目》，清道光八年味经书屋抄本

（清）倪灿撰，卢文弨订正：宋史艺文志补·春秋集传详说

《春秋集传详说》三十卷，《纲领》一卷。

——《宋史艺文志补》，中华书局，1985

（清）毛扆：汲古阁珍藏秘本书目·家则堂春秋集传详说

《家则堂春秋集传详说》十五本。

——《汲古阁珍藏秘本书目》，《士礼居丛书》景明抄本

（清）卢文弨：经籍考·春秋集传详说

《春秋集传详说》三十卷。

——《经籍考》，清抄本

（清）法式善：陶庐杂录·春秋集传详说

《春秋集传详说》三十卷，《纲领》一卷。

——《陶庐杂录》卷4，清嘉庆二十二年陈预刻本

（清）周中孚：郑堂读书记·春秋集传详说

《春秋集传详说》三十卷，《纲领》一卷。

——《郑堂读书记》卷10经部六上，民国《吴兴丛书》本

（三）则堂集·序跋

（元）吴师道：家则堂诗卷后题

士大夫当废兴存亡之际，而能秉节守义，归洁其身，为清议所予，其言论风旨之存者，人固望而实之。在宋之季，则文天祥、谢枋得之诗章，与家公之《春秋义说》是也。屏岩张先生在宋师时，得公所写赠书若干篇藏家。其子枢衷以为卷，且推明古昔行人之义，以赞我朝待公之有礼而成其志，是皆民彝世教之所关者。

予观家公故宋大臣，遭履艰险而制行卓然，固不可及。及张先生以太学诸生从主北迁，例得拜官，或因以致通显，先生顾以母老，受乡郡教授归，年四十既辞禄谢事，从容去就，亦无愧焉。君子之所予以其类，则家公之惓惓于先生也，宜哉！

读其诗，想其时风羁雨绁，饮泣相顾，麦秀之歌，其声凄然，使人悲而不禁也。钟仪之操，越石之吟，其志皎然，使人悚而起立也。吁！其可以有所感也夫。

——《吴师道集》卷17，吉林文史出版社，2008

四库全书总目·则堂集

《则堂集》六卷。宋家铉翁撰。铉翁喜谈《春秋》，尤喜谈《易》。其

《河间假馆诗》曰："拟从诸君豫乞石一方，他年埋之冢前三四尺。上书宋使姓某其名某，下书人是西州之西老缝掖。平生著书苦不多，可传者见之《春秋》与《周易》。"然《春秋详说》至今尚有刊本，已别著录。其说《易》之书与其文集二十卷，则已全佚。惟《永乐大典》收其诗文尚多。谨裒合排比，以类相从，厘为文四卷、诗词二卷。核其所作，大半皆在河间，而明神宗时樊深撰《河间府志》，已不能采录，则其佚在万历前矣。铉翁隶籍眉山，与苏轼为里人。故集中如文《品堂记》《养志堂记》《志堂说》《笃信斋说》《跋太白赏月图》《和归去来词》诸篇及《豌豆菜》诗，自注间或称述轼事迹。广汉张栻亦其乡人。故《敬室记》首亦概然于南轩之学渐昧其传。然其学问渊源，则实出金溪，观集中《心斋说》《主静箴》诸篇，可以概见。故其持论浸淫于佛氏。其说《易》亦惟以先天太极研思于虚杳之中。而《尊教堂记》一篇，至援陆九渊之言以三教归一立说，尤为乖舛。顾其立言大旨，皆归于敦厚风俗，崇奖名教。随事推阐，无非以礼义为训。原未尝混漾恣肆，如明代姚江之末流。其词意真朴，文不掩质。亦异乎南宋末年纤诡繁碎之格，尚为多有可取耳。且迹厥生平，上虽不及文天祥，而下比留梦炎辈则皭然其不侔。零篇断简，以其人重之可也。

——《四库全书总目》卷165，中华书局，1965

四库全书简明目录·则堂集

《则堂集》六卷，宋家铉翁撰。原本久佚，今从《永乐大典》录出。其学源出陆九翁，故以三教归一立论，然大旨主于敦厚风俗，崇奖名教，事事以礼义为训。与金溪末派摆落防检者迥殊。诗文皆词意真朴，文不掩质，亦无宋季纤仄之调。

——《四库全书简明目录》卷16，上海古籍出版社，1985

傅增湘：校抄本《则堂集》跋

《家铉翁文集》二十卷，亡佚已久。乾隆时从《永乐大典》中辑出，定为六卷，收入《四库全书》，未尝刊版行世。惟集中诸文多羁北以后所作，官行都以前之文则绝少概见也。余从文津阁中抄出，颇有讹舛，苦无别本可校。

顷赵君斐云自南中搜得四库馆当日原编清本，每册均钤有翰林院大官印，因以所录合本携入颐和园中，坐湖西临河殿对校一过，凡改正一百一十八字。其卷第先后及文字篇数一切皆同，惟字句小有参差耳。异时刊蜀贤文集可据以审定也。辛未九月二十一日，藏园记。

——《藏园群书题记》卷15，上海古籍出版社，1989

（四）则堂集·书目著录

（明）孙能传、张萱等编：内阁藏书目录·则堂先生文集

《则堂先生文集》六册，全。宋末家铉翁著，名《瀛洲集》，九十六卷。（雪莹按："九"当为"凡"字误。）

——《内阁藏书目录》卷3，清迟云楼钞本

（明）焦竑：国史经籍志·则堂集

《则堂集》十六卷。

——《国史经籍志》卷5，明徐象橒刻本

（清）黄虞稷：千顷堂书目·则堂先生文集

《则堂先生文集》十八卷。

——《千顷堂书目》卷29，《景印文渊阁四库全书》本

（清）倪灿：宋史艺文志补·则堂文集

《则堂文集》十六卷。

——《宋史艺文志补》，中华书局，1985

（清）嵇璜：续文献通考·则堂集

《则堂集》六卷。

——《续文献通考》卷190《经籍考》，《景印文渊阁四库全书》本

（清）陆心源：皕宋楼藏书志·则堂集

《则堂集》六卷，文澜阁传抄本。

——《皕宋楼藏书志》卷93《集部》，清光绪万卷楼藏本

（清）陆心源：仪顾堂题跋·则堂文稿

《则堂文稿》二十卷，明抄足本。

——《仪顾堂题跋》卷5"带经堂陈氏书目书后"条，清刻潜园总集本

附录二　家铉翁《则堂集》集外佚文

附录二包含两个部分：一是《家铉翁〈则堂集〉漏佚、隐佚、误收诗文考》，发表在《古籍整理研究学刊》（2012 年第 2 期）；二是在该文发表后，笔者又陆续发现《则堂集》佚诗一首、佚文一篇，存目佚诗四首，存目佚文一篇。今作为附录二一并摘录如下。

一　《则堂集》漏佚、隐佚、误收诗文考

（一）佚文：书苏轼《相视新河次张秉道韵》诗后（文题为笔者所加）

旧闻乡曲前辈言，东坡先生将卜居于杭，乃买田阳羡。以先之志，实在杭，而不谓阳羡可久居也。观公《题寿星寺》及《寄张秉道》二诗，可以见平日之志。山之苍苍，泉之涓涓，公之精神，无一日不在是也。铉翁侍亲东来，奠居此邦垂三十年，亦惟曰先生经行之旧，每当撰杖入麓，慨然遐想，为公拂拭旧题，徘徊其下不能去。复得二诗墨本，以授住山龚君文焕，俾勒石岩窦，以诏来者。龚君因请摘诗中语，扁宾位曰一庵。予不得而辞也，敬跋诗后。

咸淳六年（1270）十一月旦。是日冬至。眉山家铉翁书。

按：此文见于宋道士孟宗宝所撰《洞霄诗集》卷 2（《宛委别藏》本，江苏古籍出版社，1988，第 16～17 页），四库本《则堂集》及《全元文》均未载。《洞霄诗集》乃《四库》未收书，多载古今名公尤其是唐宋诸贤游访洞霄宫的诗文题咏。洞霄宫在余杭县（今浙江杭州）西南 18 里，读家铉翁《则堂集》可知其一生曾多次游历洞霄宫。家铉翁有诗《寄洞霄道友清溪翁》，《洞霄诗集》卷 9 题作《诗寄洞霄道友清溪翁，书于寓舍归

253

洁》,"寓舍归洁",据其《志堂说》乃"古瀛归洁道院",可知该诗作于他羁留河间府时,其诗抒发了对洞霄道友的思念之情。此外,家铉翁还有两篇文章为洞霄宫而作:其一,咸淳九年(1273)六月作《洞霄宫庄田记》(载《洞霄图志》卷4,《四库》本),其时尚在南宋;其二,元贞元年(1295)九月作《洞霄宫记》,此时他已被放还,时值洞霄宫复建告成,元朝政府请他为记。

《洞霄诗集》卷2载有苏轼《相视新河次张秉道韵》,此诗在家铉翁跋文之前。家铉翁生平资料,《则堂集》中所见不多,而家铉翁在该文中云:"铉翁侍亲东来,奠居此邦垂三十年",由篇末"咸淳六年(1270)书"可知,以此前推三十年,则为1240年前后,而1240年是理宗嘉熙四年。据此可知,家铉翁父入临安任职当在嘉熙三、四年间。该文为研究家铉翁生平提供了宝贵的资料。

(二)隐佚诗(一)

洛花古来称第一,人人爱花几人识。

惟有天津桥上观物翁,独向根心验生色。

四时之春四德元,惟花与翁天其天。

春陵无人彭泽不可起,千载识花一邵子。

按:此诗见于《则堂集》卷5《牡丹坪诗并引》的"引"中,其《引》曰:"曩在吴门幕府,人有问余者曰:'莲以周子为知己,菊以靖节为主人。牡丹名花也,独未有所属,舒元舆一赋甚丽,君许之乎?'曰:'否。元舆比德于色,花之羞也。康节邵子其牡丹知己乎?'因为诗曰:'洛花古来称第一,人人爱花几人识。惟有天津桥上观物翁,独向根心验生色。四时之春四德元,惟花与翁天其天。春陵无人彭泽不可起,千载识花一邵子。'今三十年矣。近见洛阳人书以遗之,寄题种花处。夜梦人语余云:'子忆大峨中峰乎?吾家其下。'觉而味其语,岂牡丹坪为皇人守花者乎?谩成此诗,见乡国之思也。"据此《引》所说,此诗乃家铉翁30年前之旧作,隐藏于《牡丹坪诗》"引"文中,在《则堂集》《全宋诗》等诸集中并未独立成篇,故以"隐佚诗"称之。

(三)隐佚诗(二)

西州最重眉山饼,冬后春前无别羞。

今度燕山试收拾，中间惟欠一元修。

《则堂集》卷6有诗题云："西州旧俗：每当立春前后以巢菜作饼，互相招邀，名曰东坡饼。顷在燕，尝有诗云：'西州最重眉山饼，冬后春前无别羞。今度燕山试收拾，中间惟欠一元修。''元修'即巢菜之别号，盖豌豆菜也。东坡故人巢元修尝致其种于黄冈下，因得名'元修'。南方有之，燕中无此种，余来河间再见，立春感旧事用前韵。"其"用前韵"所作新诗三首如下：

朔风吹我过瀛州，釜甑生尘转可羞。

聊向春前寻故事，定知食饼记前修。（自注：河间士友甚知慕东坡，以为元遗山一派之所从来也）

我家自贵东坡饼，不为人间肉食羞。

闻道西山薇蕨长，摘来我可辈元修。

凄凉如在黄冈下，苦淡从教邻壁羞。

拟向城隅问耕稼，锄犁阙坏不堪修。

按：南宋灭亡后，家铉翁以"祈请使"的身份被押解到元大都，后被流寓河间。据"顷在燕，尝有诗云""今度燕山""燕中无此种，余来河间再见"及前韵新诗中"朔风吹我过瀛州""西山"等语可知，此诗当是家铉翁移居河间前滞留大都时之旧作，借此诗题得以保存。然此诗在《则堂集》《全宋诗》等诸集中并未独立成篇，故以"隐佚诗"称之。

（四）误收诗《和唐寿隆上元三首（壬戌）》

家铉翁《则堂集》卷6有《和唐寿隆上元三首（壬戌）》：

满城和气在春台，玉漏沉沉铁锁开。明月谁知千里共，华灯同照万人来。

市桥未涨丰容柳，江路犹残的皪梅。欲与先生拼醉赏，未须归去隐蒿莱。（其一）

明月升天镜上台，灯如莲沼万枝开。恨无立部歌仍舞，空有游人往更来。

秀如王子登门竹，味胜曹公止渴梅。已向歌谣挹和气，预知丰岁变污

255

莱。(其二)

几年踪迹远中台，梦想传柑宴罕开。懒拥牙旗穿市去，纵看玉李堕天来。

从教独照青藜炬，莫使轻吹画角梅。也有江风浮彩峨，坐令形势卷东莱。(其三)

按：这三首诗非家铉翁之作。查诗题《和唐寿隆上元三首（壬戌）》所署的"壬戌"年，在此前后有北宋神宗元丰五年（1082），高宗绍兴十二年（1142），南宋宁宗嘉泰二年（1202），理宗景定三年（1262）。学术界一般认为，家铉翁生年在南宋嘉定六年（1213），卒年在大德二年（1298）前后，此间（1213～1298）的壬戌年为理宗景定三年，其时家铉翁尚在江南，而《则堂集》中所载，除了《浙西判官高越可水部郎中制》等极少数篇章外，其余皆作于河间，故《则堂集》又名《瀛洲集》。所以该诗在时间上与家铉翁不符。而北宋胡寅《斐然集》卷3则载有《和唐寿隆上元五首（壬戌）》如下：

满城和气在春台，玉漏沉沉铁锁开。明月谁知千里共，华灯同照万人来。

市桥渐涨丰容柳，江路犹残的皪梅。欲与先生拼醉赏，未须归去隐蒿莱。(其一)

明月升天镜上台，灯如莲沼万枝开。恨无立部歌仍舞，空有游人往更来。

续法未能窥佛祖，赓歌聊得继欧梅。壮心消尽嬉游兴，剥复斑衣怅老莱。(其二)

名章络绎走陪台，得对春风一笑开。楼外未知明月出，袖中疑有夜光来。

秀如王子登门竹，味胜曹公止渴梅。已向歌谣挹和气，预知丰稔变污莱。(其三)

山寨云色暗阳台，俄复晨曦万里开。行雨忽随新梦断，春风还似故人来。

精神总属陶潜柳，燮理须归傅说梅。已共此邦同乐岁，更须躬稼辟田莱。(其四)

几年踪迹远中台，梦想传柑宴罨开。懒拥牙旗穿市去，纵看玉李堕天来。

从教独照青藜炬，莫使轻吹画角梅。也有江风浮彩崄，坐令形势卷东莱。（其五）

按：其诗第一首、第二首的前四句和第三首的后四句、第五首合在一起正是家铉翁《则堂集·和唐寿隆上元三首（壬戌）》，其中"预知丰岁变污莱"中的"岁"字，胡寅《斐然集·和唐寿隆上元五首》作"稔"，余则完全相同。胡寅（1098～1156），字明仲，学者称致堂先生，建宁崇安人，胡安国弟之子，安国养为己子。宣和三年（1121）进士，靖康（1126～1127）初召为校书郎。杨时为祭酒，寅从之学。迁起居郎，金人南侵，上书高宗，言当纠合义师，北向迎请，不宜遽践大位，遂奉祠归。复召为起居郎，迁中书舍人。时议遣使入云中，寅疏寝罢使命。高宗嘉纳，寻以徽猷阁直学士致仕。秦桧恶之，坐讥讪朝政，安置新州。桧死复官，绍兴二十六年（1156）卒，终年59岁，谥文忠。有《论语详说》《读史管见》《崇正辨》《斐然集》。《宋史》卷435有传。1098年至1156年间的壬戌年为南宋高宗绍兴十二年（1142），此时胡寅45岁，与胡寅创作时间相符。由此可以认定，《和唐寿隆上元三首（壬戌）》不是家铉翁的作品，而是北宋胡寅的作品。检《全宋诗》，卷3344"家铉翁二"载《和唐寿隆上元三首（壬戌）》（第64册39954页），卷1873"胡寅三"载《和唐寿隆上元五首（壬戌）》（第33册第20970页），两家重见，当以胡寅作此诗为准，故《则堂集》卷6及《全宋诗》卷3344"家铉翁二"所载之《和唐寿隆上元三首（壬戌）》为误收，当删。

（五）《宋代蜀文辑存》所载佚文四篇

另外，傅增湘编《宋代蜀文辑存》卷94（第33册第36～46页，1943年刊本）载家铉翁文5篇，分别是：《申中书省送朱元升三易备遗状》（见本书）、《洞霄宫庄田记》（载《洞霄图志》卷4）、《〈春秋集传详说〉序》（《四库全书》已载）、《雪崖说》（载《永乐大典》卷9763）、《一庵说》（载《永乐大典》卷20300）。上述5篇，除《〈春秋集传详说〉序》乃家铉翁《春秋集传详说》自著原序，载于《全元文》卷407（家铉翁一），其他4篇均未载于《则堂集》，且《全元文》亦未收录。又检《全宋文》，发现

《全宋文》亦收录家铉翁《则堂集》，在第 349 册卷 8066～8072，且辑录了《宋代蜀文辑存》的 5 篇文章。特此说明，以备博雅。

二 新发现的家铉翁《则堂集》集外佚文

（一）家铉翁佚诗一首

赠吕若虚先生诗

陋巷久无佳客过，眼明忽见洞中宾。要将昔日黄粱梦，说与人间未悟人。

少年初记识君日，老去相逢天尽头。徒步天涯见坡老，世间能有几元修。

——（宋）邓牧《洞霄图志》卷五"吕金二先生"条，

清《知不足斋丛书》本

按：邓牧《洞霄图志》卷五"吕金二先生"条云："吕贵实，字若虚，徽州休宁县人。通儒业，慕陆永仲隐居来游为道家流。以石室自号，襟韵丽落。宋度宗召为开元宫书记，则堂家铉翁知镇江，檄领紫府观，与天庆聂先生友善。今至元丁丑，举公代之，授明一凝虚冲妙大师，兼本路道录。为政宽而廉，诸山称道官样，多以琴棋觞咏，交游缙绅间。时则堂寓河间，不远千里，往见得赠。诗云："陋巷久无佳客过，眼明忽见洞中宾。要将昔日黄粱梦，说与人间未悟人。少年初记识君日，老去相逢天尽头。徒步天涯见坡老，世间能有几元修。"（巢元修徒步万里，见东坡于海南。《国史》列"卓行"传）年五十二，预知死期，别知识终于天庆方丈。箧空无储，惟古书百余卷，其徒囊骨归葬家山。

（二）家铉翁佚文一篇

题中州诗集后

世之治也，三光五岳之气，钟而为一代人物。其生乎中原，奋乎齐鲁汴洛之间者，固中州人物也。亦有生于四方，奋于遐外，而道学文章为世所宗，功化德业被于海内，虽谓之中州人物可也。盖天为斯世而生斯人，气化之全，光岳之英，实萃于是，一方岂得而私其有哉？迨夫宇县中分，南北异壤，而论道统之所自来，必曰宗于某；言文脉之所从出，必曰派于某。又莫非盛时人物范模宪度之所流衍。故壤地有南北，而人物无南北，道统文脉无南北。虽在万里外，皆中州也，况于在中州者乎？余尝有见于此。自燕徙而河间，稍得与儒冠缙绅游。暇日获观遗山元子所裒《中州集》者，百年而上，南北名人节士、巨儒达官所为诗，与其平生出处，大致皆采录不遗。而宋建炎以后，衔命见留，与留而得归者，其所为诗，与其大节始终，亦复见纪。凡十卷，总而名之曰《中州集》。盛矣哉！元子之为此名也；广矣哉！元子之用心也。夫生于中原，而视九州四海之人物，犹吾同国之人，生于数十百年后，而视数十百年前人物，犹吾生并世之人。片言一善，残编佚诗，搜访惟恐其不能尽，余于是知元子胸怀卓荦，过人远甚。彼小智自私者，同室藩篱，一家尔汝，视元子之宏度伟识，溟涬下风矣。呜呼！若元子者，可谓天下士矣。数百载之下，必有谓予言为然者。

——《元文类》卷38，《景印文渊阁四库全书》本

（三）家铉翁存目佚诗四首

家铉翁：赠张观光直夫诗《雪山辞》等四首

家铉翁赠张观光直夫诗《雪山辞》等四首，见载于元柳贯《跋张直夫先生所得家枢密四诗》，其文云："枢密家公之奉使祈请，此何如时？盖辞命方申，而运祚已去，夷然羑里之拘，痛甚秦庭之哭。公之是心，知有名义，而不知有死生。《春秋》之用，深切著明，固一世之伟人哉！于时吾乡张直夫先生，亦以太学诸生从狩京都，公一见，待以国士，虽其言议曲折，概莫能传，而赠言在纸，尚恳恳如也。先生之嗣子枢宝藏益谨，复为辞请京兆杜原父，用隶古书之，系于其后。贯从枢借观，作而言曰："夷齐之事，于商为烈，而太公谓其义人，扶而去之。然则公之所以自靖自献，而世祖皇帝之所以函容覆护之者，是皆纲常大计之攸系，汉唐末际胡可拟哉！公诗四章，其一《雪山辞》也，著归洁之意，与朋友共之，其属望先生，则诚在矣。宜枢有以表见之也。"（《待制集》卷19，《景印文渊阁四库全书》本）

（四）家铉翁存目佚文一篇

会道观记

按：此条佚文仅存其目。载于明代卢熊《苏州府志》："邓道枢，字应

叔，号山房绵人。儒家子也。幼失父母，学为黄冠宋。端平甲午，随文靖公出蜀，遂居吴郡。守赵与□俾住持文昌宫，继得上官氏废圃，于郡城东为捿息所，名会道观，则堂家铉翁为记。"［（明）卢熊：《（洪武）苏州府志》卷41，明洪武十二年刊本］

按：此条佚文之目并见于明代祝允明《怀星堂集·会道观修建记》，兹节选如下："此吴中会道之观，修建之绩不可默也。始端平中，绵州道士邓道枢从文靖魏公来游，赵守与俾居郡城文昌宫。宋社既亡，斯址继得，即郡人上官氏之废圃也。道士因别筑而栖焉，名会道观，时有家则堂铉翁为记。"［（明）祝允明《怀星堂集》卷30，《景印文渊阁四库全书》本］

此条佚文之目并见于明王鏊《（正德）姑苏志》："邓道枢，字应叔，绵州人。以斋科精严际遇理、度两朝。一日，谢后遣巨珰召至内后门，泣降德音，且令其责军令状，使无泄，乃言：'昨夜梦济王大怒，以为吾且将兵由独松关，灭汝社稷。'以此令道枢于高峰顶，为誓心章，哀告上帝。已而独松果黄头先锋斩关而入。初，道枢端平中随魏了翁出蜀，居吴，赵与□俾住持文昌宫。宋亡，得上官氏废圃于城东栖息，所名会道观。道枢别号山房，家铉翁为记，一时名辈皆与游。工诗、善琴，有《东游集》。"［《（正德）姑苏志》卷58，《景印文渊阁四库全书》本］

另，此条佚文之目并见于明冯汝弼《（嘉靖）常熟县志》："邓道枢，字应叔，绵州人。端平中，从魏了翁出蜀。居于吴，以斋法精严，际遇理、度二宗。后居城东会道观，别号山房。家铉翁为之记。"［《（嘉靖）常熟县志》卷9，明嘉靖刻本］

又载于明王稚登《王百谷集十九种·法因集·重修会道观疏》："会道观者，居姑苏郡城之东向，在长洲县学之北隅。创自宋代端平，修于国朝弘靖。上官氏之废圃千年。旧址尚栽桃。家铉翁之遗文一片、残碑空剥藓。严相国、申相国二相国之日记日疏，至今犹在。"（《王百谷集十九种·法因集》卷1，明刻本）

又载于清李铭皖《（同治）苏州府志》卷42："卫道观，在城东北隅，宋景定间建。卢志作'会道'。《康熙志》云：初名会道。《乾隆志》云：案《姑苏志》，宋季蜀人邓道枢以教法显于理、度两朝，宋既内附，道枢游吴中，得上官氏废圃，建此观。家铉翁为记。"《（同治）苏州府志》卷

135："邓道枢，字应叔，绵州人。以斋科精严际遇理、度两朝。一日，谢后遣巨珰召至内后门，泣降德音，且令其责军令状，使无泄，乃言：'昨夜梦济王大怒，以为吾且将兵由独松关，灭汝社稷。'以此令道枢于高峰顶，为詟心章，哀告上帝。已而独松果黄头先锋斩关而入。初道枢端平中随魏了翁出蜀，居吴，赵与□俾住持文昌宫。宋亡，得上官氏废圃于城东栖息，所名会道观。家铉翁为记，一时名辈皆与游。工诗善琴。有《东游集》。"［《（同治）苏州府志》卷42，清光绪九年刊本］

参考文献

一 古代典籍

（一）经部

（汉）毛亨传，郑玄笺，（唐）孔颖达疏《毛诗注疏》，商务印书馆，1935。

（汉）何休解诂，（唐）徐彦疏《春秋公羊传注疏》，上海古籍出版社《十三经注疏》本。

（晋）杜预：《春秋释例》，清武英殿聚珍版丛书本。

（晋）范宁集解，（唐）杨士勋《春秋穀梁传注疏》，上海古籍出版社《十三经注疏》本。

（晋）杜预注，（唐）孔颖达疏《春秋左传正义》，上海古籍出版社《十三经注疏》本。

（唐）陆淳：《春秋集传纂例》，清武英殿聚珍版丛书本。

（宋）孙复：《春秋尊王发微》，《景印文渊阁四库全书》本。

（宋）胡安国：《春秋传》，《四部丛刊续编》本。

（宋）叶梦得：《春秋传》，《景印文渊阁四库全书》本。

（宋）赵鹏飞：《春秋经筌》，《景印文渊阁四库全书》本。

（宋）陈傅良：《春秋后传》，《景印文渊阁四库全书》本。

（宋）程公说：《春秋分记》，《景印文渊阁四库全书》本。

（宋）洪咨夔：《春秋说》，《景印文渊阁四库全书》本。

（宋）吕大圭：《春秋或问》，《景印文渊阁四库全书》本。

（宋）家铉翁：《则堂先生春秋集传详说》，《通志堂经解》，康熙十九年通志堂刻本。

（清）阮元校刻《十三经注疏》，上海古籍出版社，1998。

李学勤主编《春秋左传正义》，北京大学出版社，1999。

（二）史部

（汉）司马迁：《史记》，中华书局，1959。

（汉）班固撰，唐颜师古注《汉书》，中华书局，1962。

（宋）欧阳修：《新唐书》，中华书局，1975。

（元）脱脱等：《金史》，中华书局，1975。

（元）脱脱等：《宋史》，中华书局，1977。

（明）宋濂等：《元史》，中华书局，1997。

（元）胡三省音注《资治通鉴》，中华书局，1956。

（清）毕沅：《续资治通鉴》，中华书局，1957。

（清）赵翼著，王树民校证《廿二史札记校证》，中华书局，1984。

《宝祐四年登科录》，《景印文渊阁四库全书》本。

（宋）郑樵：《通志》，《景印文渊阁四库全书》本。

佚名：《昭忠录》，中华书局，1985。

（元）佚名撰，王瑞来笺证《宋季三朝政要笺证》，中华书局，2010。

（宋）佚名：《咸淳遗事》，清守山阁丛书本。

（元）刘一清：《钱塘遗事》，上海古籍出版社，1985。

（明）曹学佺：《蜀中广记》，《景印文渊阁四库全书》本。

（明）程敏政：《宋遗民录》，中华书局，1991。

（明）孙静庵：《明遗民录》，浙江古籍出版社，1984。

（清）陈伯陶纂，谢创志整理《胜朝粤东遗民录·宋东莞遗民录》，上海古
　　籍出版社，2011。

（明）商辂：《通鉴纲目续编》，《景印文渊阁四库全书》本。

（明）柯维骐：《宋史新编》，台北新文丰出版公司，1974。

（明）钱士升：《南宋书》，齐鲁书社，2000。

（清）陆心源：《宋史翼》，中华书局，1991。

（清）万斯同：《宋季忠义录》，《四明丛书》本。

（宋）朱熹：《伊洛渊源录》，《景印文渊阁四库全书》本。

沈善洪主编《黄宗羲全集·宋元学案》，浙江古籍出版社，1999。

（清）王梓材、冯云濠编撰，沈芝盈、梁运华点校《宋元学案补遗》，中华
　　书局，2012。

（明）徐象梅：《两浙名贤录》，天启刻本。

（宋）史能之：《（咸淳）重修毗陵志》，明初刻本。

（宋）潜说友：《咸淳临安志》，《景印文渊阁四库全书》本。

（宋）王应麟：《延祐四明志》，《景印文渊阁四库全书》本。

（明）萧良幹：《（万历）绍兴府志》，明万历刻本。

（明）刘广生：《（万历）常州府志》，明万历四十六年刻本。

（清）彭遵泗：《蜀故》，清乾隆刻补修本。

（清）陈汝咸：《（康熙）漳浦县志》，民国十七年翻印本。

《（嘉庆）眉州属志》，景苏堂藏板。

（清）许应鑅：《（光绪）抚州府志》，清光绪二年刊本。

（清）谢旻等监修《江南通志》，《景印文渊阁四库全书》本。

（清）李鸿章修、（清）黄彭年等纂《畿辅通志》，商务印书馆，1934。

《中国地方志集成·四川府县志》，巴蜀书社，1992。

（清）徐兆昺：《四明谈助》，宁波出版社，2003。

谭其骧：《中国历史地图集（1-8）》，中国地图出版社，1982。

（明）孙能传：《内阁藏书目录》，清迟云楼抄本。

（明）焦竑：《国史经籍志》，明徐象橒刻本。

（明）祁承爜：《澹生堂藏书目》，清宋氏漫堂抄本。

（明）朱睦㮮：《授经图义例》，《景印文渊阁四库全书》本。

（清）黄虞稷：《千顷堂书目》，《景印文渊阁四库全书》本。

（清）朱彝尊：《经义考》，《景印文渊阁四库全书》本。

（清）倪灿著、（清）卢文弨订正《宋史艺文志补》，中华书局，1985。

（明）王圻：《续文献通考》，明万历三十年松江府刻本。

（清）嵇璜：《续文献通考》，《景印文渊阁四库全书》本。

（清）陆心源：《皕宋楼藏书志》，清光绪万卷楼藏本。

（清）陆心源：《仪顾堂题跋》，清刻潜园总集本。

（清）毛扆：《汲古阁珍藏秘本书目》，《士礼居丛书》景明抄本。

（清）徐乾学：《传是楼书目》，清道光八年味经书屋抄本。

（清）法式善：《陶庐杂录》，清嘉庆二十二年陈预刻本。

（清）卢文弨：《经籍考》，清抄本。

（清）周中孚：《郑堂读书记》，民国吴兴丛书本。

（清）孙诒让：《温州经籍志》，民国十年刻本。

（清）永瑢等：《四库全书总目》，中华书局，1965。

四川大学古籍整理研究所：《现存宋人别集版本目录》，巴蜀书社，1990。

祝尚书主编《中国古代诗文名著提要·宋代卷》，河北教育出版社，2009。

（宋）王应麟：《姓氏急就篇》，《景印文渊阁四库全书》本。

（明）凌迪知：《万姓统谱》，《景印文渊阁四库全书》本。

（清）全祖望：《甬上族望表》，宁波出版社，2008。

（清）章履仁：《姓史人物考》，清乾隆二十年刻本。

（清）张澍编纂，赵振兴校点《姓氏寻源》，岳麓书社，1992。

（三）子部

杨伯峻：《论语译注》，中华书局，1980。

陈鼓应注译《庄子今注今译》，中华书局，1983。

（宋）黎靖德：《朱子语类》，明成化九年陈炜刻本。

（宋）罗大经：《鹤林玉露》，中华书局，1983。

（宋）周密撰，吴企明点校《癸辛杂识》，中华书局，1988。

（宋）周密撰《齐东野语》，中华书局，1983。

（元）郑元祐：《遂昌杂录》，《景印文渊阁四库全书》本。

（元）陶宗仪：《南村辍耕录》，中华书局，1959。

（明）蒋一葵：《尧山堂外纪》，上海古籍出版社，1996。

（四）集部

（宋）孟宗宝编《洞霄诗集》，《宛委别藏》本，江苏古籍出版社，1988。

（清）顾嗣立：《元诗选》，中华书局，1987。

曾枣庄等主编《全宋文》（全360册），上海辞书出版社、安徽教育出版
    社，2006。

北京大学古文献研究所编《全宋诗》（全72册），北京大学出版社，1995。

唐圭璋编《全宋词》，中华书局，1965。

李修生主编《全元文》（全 60 册），江苏古籍出版社，1999～2004。

钱钟书选注《宋诗选注》，人民文学出版社，1958。

（宋）苏轼著，孔凡礼点校《苏轼文集》（全 6 册），中华书局，1986。

（宋）黄庭坚：《黄庭坚全集》，四川大学出版社，2001。

（宋）洪咨夔：《平斋文集》，《景印文渊阁四库全书》本。

（宋）魏了翁：《鹤山集》，《景印文渊阁四库全书》本。

（宋）文天祥：《文山先生全集》，《四部丛刊》景明本。

熊飞、漆身起、黄顺强校点《文天祥全集》，江西人民出版社，1987。

（宋）谢枋得：《叠山集》，《景印文渊阁四库全书》本。

熊飞等校注《谢叠山全集校注》，华东师范大学出版社，1995。

（宋）陈著：《本堂集》，《景印文渊阁四库全书》本。

（宋）卫宗武：《秋声集》，《景印文渊阁四库全书》本。

（宋）家铉翁：《则堂集》，《景印文渊阁四库全书》本。

（宋）王应麟：《四明文献集》，中华书局，2010。

（宋）谢翱：《天地间集》，《景印文渊阁四库全书》本。

（宋）牟巘：《牟氏陵阳集》，《景印文渊阁四库全书》本。

（宋）谢翱：《晞发集》，《景印文渊阁四库全书》本。

（宋）汪元量：《湖山类稿》，《景印文渊阁四库全书》本。

孔凡礼辑校《增订湖山类稿》，中华书局，1984。

（宋）林景熙：《霁山集》，《景印文渊阁四库全书》本。

（宋）林景熙著，陈增杰校注《林景熙诗集校注》，浙江古籍出版社，1995。

（宋）方凤著，方勇辑校《方凤集》，浙江古籍出版社，1993。

（宋）邓牧：《伯牙琴》，中华书局，1985。

（元）吴澄：《吴文正集》，《景印文渊阁四库全书》本。

（元）仇远：《山村遗稿》，《景印文渊阁四库全书》本。

（元）赵孟頫：《赵孟頫集》，浙江古籍出版社，2012。

（元）刘壎：《水云村稿》，《景印文渊阁四库全书》本。

（元）袁桷：《清容居士集》，《四部丛刊》景元本。

（元）柳贯撰，柳遵杰点校《柳贯诗文集》，浙江古籍出版社，2004。

（元）吴师道：《吴师道集》，《景印文渊阁四库全书》本。

（元）释英：《白云集》，《景印文渊阁四库全书》本。

王颋点校《黄溍全集》，天津古籍出版社，2008。

（元）汪泽民、张师愚编《宛陵群英集》，《景印文渊阁四库全书》本。

（明）郑真：《荥阳外史集》，《景印文渊阁四库全书》本。

（明）何乔新：《椒邱文集》，《景印文渊阁四库全书》本。

（明）宋濂：《文宪集》，《景印文渊阁四库全书》本。

（明）徐枋：《居易堂集》，华东师范大学出版社，2009。

（明）吴讷、徐师曾著，于北山、罗根泽校点《文章辨体序说　文体明辨
　　序说》，人民文学出版社，1962。

（清）钱谦益著，钱曾笺注《牧斋有学集》，上海古籍出版社，1996。

（清）王夫之著，阳建雄校注《姜斋文集校注》，湘潭大学出版社，2013。

（清）王夫之著，傅云龙、吴可主编《船山遗书》，北京出版社，1999。

（清）顾炎武：《亭林诗文集》，《四部丛刊》景清康熙本。

（清）朱筠：《笥河诗集》，清嘉庆九年朱珪椒华吟舫刻本。

（南朝梁）刘勰：《文心雕龙》，安徽教育出版社，1993。

（宋）严羽著，郭绍虞校释《沧浪诗话校释》，人民文学出版社，2006。

（宋）王应麟：《玉海·辞学指南》，《景印文渊阁四库全书》本。

（明）瞿佑：《归田诗话》，中华书局，1985。

（清）厉鹗：《宋诗纪事》，上海古籍出版社，1983。

（清）翁方纲：《石洲诗话》，人民文学出版社，1982。

吴文治主编《明诗话全编》，江苏古籍出版社，1997。

郭绍虞编选、富寿荪校点《清诗话续编》，上海古籍出版社，1983。

丁福保：《历代诗话续编》，中华书局，1983。

二　研究专著

方东树：《昭昧詹言》，人民文学出版社，1961。

唐圭璋：《唐宋两代蜀词》，载华东师范大学中文系古典文学研究室编《词
　　学研究论文集（1911－1949）》，上海古籍出版社，1988。

张元济：《张元济全集》，商务印书馆，2010。

傅增湘：《宋代蜀文辑存》，北京图书馆出版社，2005。

傅增湘:《藏园群书题记》,上海古籍出版社,1989。

许肇鼎:《宋代蜀人著作存佚录》,四川大学出版社,2015。

孔凡礼:《宋代文史记丛》,学苑出版社,2006。

张富祥:《宋元文献学研究》,上海古籍出版社,2006。

昌彼得:《宋人资料传记索引》(全6册),台湾鼎文书局,1975~1977。

李国玲:《宋人传记资料索引补编》(全2册),四川大学出版社,1994。

王德毅:《元人传记资料索引》,中华书局,1987。

曾枣庄、吴洪泽:《宋代文学编年史》,凤凰出版社,2010。

杨镰:《元代文学编年史》,山西教育出版社,2005。

李建军:《宋代〈春秋〉学与宋型文化》,中国社会科学出版社,2008。

方铭:《〈春秋〉三传与经学文化》,长春出版社,2010。

蒋庆:《公羊学引论:儒家的政治智慧与历史信仰》,福建教育出版社,2014。

陈寅恪:《金明馆丛稿二编》,上海古籍出版社,1980。

屠寄:《蒙兀儿史记》,北京市中国书店,1984。

梁启超:《中国近三百年学术史》,中华书局,1986。

李兴盛:《中国流人史》,黑龙江人民出版社,1996。

陈垣:《元西域人华化考》,上海古籍出版社,2000。

曹书杰:《中国古籍辑佚学论稿》,东北师范大学出版社,1998。

蒙思明:《元代社会阶级制度》,上海人民出版社,2006。

张金岭:《宋理宗研究》,人民出版社,2008。

邹重华、粟品孝主编《宋代四川家族与学术论集》,四川大学出版社,2005。

黄宽重:《宋代的家族与社会》,国家图书馆出版社,2009。

杜桂萍:《清初杂剧研究》,人民文学出版社,2005。

钱钟书:《谈艺录》,中华书局,1984。

方勇:《南宋遗民诗人群体研究》,人民出版社,2000。

杨镰:《元诗史》,人民文学出版社,2003。

胡昭曦:《宋代蜀学研究》,巴蜀书社,1997。

牛海蓉:《元初宋金遗民词人研究》,中国社会科学出版社,2007。

祝尚书:《宋代巴蜀文学通论》,巴蜀书社,2005。

杨世明:《巴蜀文学史》,巴蜀书社,2003。

谭兴国：《巴蜀文学史稿》，四川人民出版社，2001。

谭平：《惟蜀有才·宋代四川人才辈出的文化机理》，四川大学出版社，2013。

马茂军：《宋代散文史论》，中华书局，2008。

王水照、熊海英：《南宋文学史》，人民出版社，2009。

勾承益：《晚宋诗歌与社会》，电子科技大学出版社，2001。

祝尚书：《宋元文章学》，中华书局，2013。

李建军：《宋代浙东文派研究》，中华书局，2013。

侯外庐：《中国思想通史》，人民出版社，1957。

周少川：《元代史学思想研究》，社会科学文献出版社，2001。

许总：《宋明理学与中国文学》，百花洲文艺出版社，1999。

查洪德：《理学背景下的元代文论与诗文》，中华书局，2005。

傅道彬：《晚唐钟声：中国文化的精神原型》，东方出版社，1996。

许嘉璐：《古代文体常识》，北京出版社，1980。

吴承学：《中国古代文体学研究》，人民出版社，2011。

曾枣庄：《中国古代文体学》，上海人民出版社、上海书店出版社，2012。

顾宏义、李文整理标校《宋代日记丛编》，上海书店出版社，2013。

周全：《宋遗民志节与文学》，东吴大学出版社，1994。

廖美玉：《回车：中古诗人的生命印记》，台湾里仁书局，2007。

王次澄：《宋遗民诗与诗学》，中华书局，2011。

王成勉：《气节与变节：明末清初士人的处境与抉择》，黎明文化事业股份有限公司，2012。

〔英〕杰弗里·巴勒克拉夫主编《泰晤士世界历史地图集》，生活·读书·新知三联书店，1992。

〔美〕爱德华·萨义德：《知识分子论》，单德兴译，生活·读书·新知三联书店，2013。

三　研究论文

（一）期刊文章

林顺夫：《国家衰亡的预感?：读文及翁的西湖词》，载王成勉编《中华文化的传承与创新：纪念牟复礼教授论文集》，香港中文大学出版社，2009。

周祖谟：《宋亡后仕元之儒学教授》，载张燕瑾、赵敏俐主编《20世纪中国文学研究论文选·辽金元卷》，社会科学文献出版社，2010。

周来祥、仪平策：《论宋代审美文化的双重模态》，《文学遗产》1990年第2期。

刘琳：《唐宋之际北人迁蜀与四川文化的发展》，《宋代文化研究》（二），四川大学出版社，1992。

杨庆存：《宋代散文体裁样式的开拓与创新》，《中国社会科学》1995年第6期。

祝尚书：《论宋代文化中的"眉山现象"》，《四川大学学报》（哲学社会科学版）2004年第3期。

郭学信：《宋代士大夫声伎之乐现象管窥》，《山东师范大学学报》（人文社会科学版）2011年第6期。

王水照：《作品、产品与商品——古代文学作品商品化的一点考察》，《文学遗产》2007年第3期。

张尚英、舒大刚：《宋代〈春秋〉学文献与宋代〈春秋〉学》，《求索》2007年第7期。

马里扬：《"眉山记忆"与苏轼词风的嬗变轨迹》，《文学遗产》2012年第1期。

舒大刚：《宋代巴蜀学术文化述略》，《湖南大学学报》（社会科学版）2013年第1期。

金生杨：《理学与宋代巴蜀〈春秋〉学》，《四川大学学报》（社会科学版）2006年第9期。

魏崇武：《论家铉翁的思想特征——兼论其北上传学的学术史意义》，《西南民族大学学报》（人文社科版）2006年第3期。

魏崇武：《江南遗老瀛边客——家铉翁被元朝羁縻河间的日子》，《文史知识》2006年第7期。

张尚英：《家铉翁〈春秋〉学述论》，《儒藏论坛》（第六辑），四川文艺出版社，2012。

傅德岷：《论宋元之际的"三翁"散文》，《西南民族学院学报》（哲学社会科学版）2002 年第 11 期。

闫雪莹：《家铉翁〈则堂集〉漏佚、隐佚、误收诗文考》，《古籍整理研究
学刊》2012 年第 2 期。

闫雪莹：《宋末家铉翁先祖及家人族亲考述》，《吉林广播电视大学学报》
2012 年第 11 期。

闫雪莹：《家铉翁羁北交游考》，《文艺评论》2013 年第 12 期。

闫雪莹：《亡宋流人家铉翁的家国情怀》，《北方论丛》2016 年第 3 期。

闫雪莹：《文天祥颂家铉翁的志士人格抒写》，《社会科学战线》2018 年第
7 期。

（二）学位论文

胡宇芳：《家铉翁〈春秋集传详说〉研究》，博士学位论文，北京大学，2010。

闫雪莹：《亡宋北解流人诗文研究》，博士学位论文，东北师范大学，2012。

陈娟：《家铉翁及其诗文研究》，硕士学位论文，南京师范大学，2010。

后　记

　　《亡宋流人家铉翁研究》是我在黑龙江大学中国语言文学博士后流动站出站报告的基础上修改而成的。介入家铉翁的研究已 12 年有余，对家氏的关注始于我的博士学位论文《亡宋北解流人诗文研究》。家铉翁作为一位有着崇高气节和人格追求的文人、学者、士大夫，他在国家灭亡之际的特殊人生选择，吸引着我去探寻和思考。但是，限于论文的整体结构，对家氏的研究未能尽诉。故入站后即以此为题，并得到合作导师杜桂萍教授及开题专家组的认可。

　　我与杜师桂萍的学缘源自杜师《论元杂剧与勾栏文化》一文。2010 年夏，我正困学于元杂剧的某些问题，有幸拜读杜师佳作，解除了诸多学术迷茫和困惑。仰慕之心，由此而生。更为荣幸的是，杜师作为我的博士论文答辩委员会主席，对论文提出了诸多中肯的建议。又蒙杜师不弃，我于2013 年春入黑龙江大学中国语言文学博士后流动站，受教于杜师门下。杜师人格上的优雅和学问上的幽深，引领我攀登学术与人生的更高境界。杜师所创建的门下弟子之学术交流平台——"知非论坛"，以"求是知非，昌明学术"为宗旨，自 2013 年 4 月开坛至今，已成功举办 58 期。同门学人相互切磋砥砺，开我心智，导我学行，养我学性，铸我学风，这一学术平台是我学术人生永远的基点。

　　回顾过往的学术历程，首蒙我的博士导师东北师范大学曹书杰先生、硕士导师沈文凡教授，领我走进学术殿堂，助我确立研究方向，使我得到较好的学术训练，逐渐有了独立开展学术研究的能力，拥有向往的问学生活。

　　我在博士后开题、出站时得到黑龙江大学文学院的张恩祖教授、于文秀教授、刘冬颖教授、陈才训教授及复旦大学李桂奎教授、罗剑波教授的悉心指导，同时也得到了哈尔滨师范大学王洪军教授以及我的博士同门哈尔滨学院李宝博士后、哈尔滨师范大学郑晓峰副教授，黑龙江大学李鸿雁教授、杨栋教授，长春师范大学邸宏香教授、邱阳副教授，常熟理工学院牛庆国博士等人的诸多帮助。我的学友东北师范大学古籍整理研究所石磊博士相伴我迈过了一次次学术上的坎坷与沟壑，她的真情铸就了我们一生的友谊！

　　本成果在博士后在站期间，获得了中国博士后第54批面上二等资助、黑龙江省博士后一等资助。这里，我还要特别感谢社会科学文献出版社的宋月华社长，多年来对我的学术成长给予极大的关怀；本书的责任编辑李建廷博士后对我书稿的完善付出了极大的心血。

　　自2002年我与先生王效卓结婚后，连续攻读硕士、博士学位，至博士后研究。20余年来，他一直默默地陪伴着我，点滴成绩都深深浸润着他的浓情厚意！我的父母、公婆倾情帮助，解除我生活上诸多后顾之忧。在站期间，幼子王铭汉不知何时已能诵得家翁诗句"江南遗老瀛边客"，还时常探寻写作进展，他纯真的眼神和萌生的敬畏给我以感动。

　　对家铉翁12年的研究过程，使我有了两个深刻的人生感悟：在那个时代，家铉翁的诗文虽和同时代的文天祥难以比肩，但他之所以被后世高度认可和长久关注，取决于他的志节和人格，我从中领悟到立足于人世间信仰与品行的重要。家铉翁羁北十九年，饱受人生的孤苦和寂寞，使我体会到人生若无深刻的寂寞和孤独，便难有所成就。这使我想起台湾"中研院"文哲所林庆彰先生对我的面命教诲："学问要想出人投面，至少要15年的时间。"由此深深体会到学问、人生是一个艰辛而漫长的过程！

闫雪莹

2022年12月20日于长春远洋书斋

图书在版编目(CIP)数据

亡宋流人家铉翁研究 / 闫雪莹著. -- 北京 : 社会
科学文献出版社,2023.6
ISBN 978 - 7 - 5228 - 1287 - 8

Ⅰ.①亡…　Ⅱ.①闫…　Ⅲ.①家铉翁 - 人物研究
Ⅳ.①K827 = 442

中国版本图书馆 CIP 数据核字(2022)第 254811 号

亡宋流人家铉翁研究

著　　者 / 闫雪莹

出 版 人 / 王利民
责任编辑 / 李建廷
责任印制 / 王京美

出　　版 / 社会科学文献出版社
　　　　　　地址:北京市北三环中路甲 29 号院华龙大厦　邮编:100029
　　　　　　网址:www. ssap. com. cn
发　　行 / 社会科学文献出版社 (010) 59367028
印　　装 / 三河市龙林印务有限公司

规　　格 / 开　本:787mm × 1092mm　1/16
　　　　　　印　张:17.5　字　数:279 千字
版　　次 / 2023 年 6 月第 1 版　2023 年 6 月第 1 次印刷
书　　号 / ISBN 978 - 7 - 5228 - 1287 - 8
定　　价 / 128.00 元

读者服务电话:4008918866